W0210043

Liselotte Buchenauer

Höhenwege in den Hohen Tauern

zwischen Ankogel und Großvenediger

101 Abbildungen, davon 65 in Farbe,
36 Kartenskizzen, 31 Höhenprofile und eine
Übersichtskarte

Bruckmann München

Umschlag-Titel:
Kofler See und Schneebiger Nock, Rieserfernergruppe
(Foto: Dr. Wolfgang Retter).

Umschlag-Rückseite:
Abstieg vom Hochgall, Rieserfernergruppe (oben); St. Nikolaus bei Matrei in Osttirol gegen Malham (unten links); Oberer Rotgüldensee und Großer Hafner (unten rechts).

Vorsatz:
Ausblick vom Glocknergipfel auf den Kleinglockner; im Hintergrund das Tal von Heiligenblut und die Schobergruppe (Tour 15).

Seite 1:
Einer der vielen namenlosen Seen der Hohen Tauern. In der Inneren Kretschitz (Gradental) gegen den Großen Friedrichskopf, der dem Petzeckkamm zugehört (Tour 22).

Seite 2/3:
Blick vom Goldzechkopf (Tour 16) auf den Hohen Sonnblick (rechts) und das Schareck (Goldberggruppe).

Bildnachweis

Gottfried Achberger, Friedrichshafen: 130 o.;
Günther Auferbauer, Graz: 28, 30, 46, 50, 78, 83, 100, 111, 155, 158, Vorsatz;
Adele Bogensberger, Badgastein: 33, 38, 48;
Liselotte Buchenauer, Graz: 23;
Wolfgang Heitzmann, Steyr: 17, 24, 60, 63, 71, 72, 80, 86, 89, 92, 103, 108 o., 108 u., 110, 124, 133, 136 u.;
Engelhart Kendler, Hollenstein a. Ybbs 2/3, 62, 66, 82, 113, 126, 136 o., 139, 148, 150, 151, 154, Umschlag-Rückseite oben;
Klaus Puntschuh, Garmisch-Partenkirchen: 130 u.;
Wolfgang Retter, Lienz: 1, 9, 11, 12, 19, 20, 40, 42, 43, 45, 49, 52, 54, 55, 57, 59, 63 o. l., 63 o. r., 69, 70, 75, 76, 79, 87, 94, 95, 97, 98, 99, 105, 106, 107, 116, 118, 119, 121, 123, 127, 131, 134, 135, 138, 141, 144, 145, 153, 156, Umschlag-Titel, Umschlag-Rückseite unten links;
Otmar Walitsch, Pirka: 13, 16, 26, 27, 31, 36, 37, 85, Umschlag-Rückseite unten rechts.

Die Kartenskizzen zu den Touren und auf dem Nachsatz zeichnete Gabi Bayer, Röhrmoos.

CIP-Kurztitelaufnahme der Deutschen Bibliothek
Buchenauer, Liselotte:
Höhenwege in den Hohen Tauern: zwischen Ankogel u. Grossvenediger / Liselotte Buchenauer. – München: Bruckmann, 1988
ISBN 3-7654-2195-2

© 1988 F. Bruckmann KG, München
Alle Rechte vorbehalten
Herstellung: Bruckmann München
Printed in Germany
ISBN 3-7654-2195-2

Inhalt

Zum Geleit

Urwege, Vereinssteige, Hochalpenstraßen durch das repräsentativste Gebirge Österreichs

*Im ältesten Menschenbild –
aus dem chinesischen Buch I Ging –
gibt es acht seelische Funktionen,
denen acht Urbilder entsprechen.
Das erste Urbild ist der Berg,
er steht für: Ruhe, Freiheit, Leere,
Ganzheit, Sicherheit, Festigkeit.*

Als ich vor etwa zehn Jahren die erste Gebirgs-Monographie über die gesamten Hohen Tauern entwarf, die 1980/81 bei Leykam in Graz herauskam, war das große Gebirge im gesamten noch kein Begriff für die Allgemeinheit. Einzelne große Gipfel, ja, oder einige der am meisten begangenen Untergruppen waren bekannt. Wer aber wußte, daß die Hohen Tauern – mit den Niederen Tauern das größte Hochgebirge der Alpen und Österreichs repräsentativstes Gebirge – zwölf Einzelgruppen umfassen und über die Bundesländer Salzburg, Osttirol und Kärnten hinaus noch nach Südtirol reichen? Oder daß eifrige Geologen sie, wegen des ähnlichen Gesteins, noch bis in die Zillertaler Alpen hinein verlängern (wollen)? Diesem Stückwerk am Bekanntheitsgrad entsprach auch die Tauern-Literatur. Gute Führerwerke gab es wohl schon seit langem für einzelne Gruppen. Mit belletristischer Literatur trat als erster der Bruckmann-Verlag hervor: 1935 erschien ein Buch »Hohe Tauern« von J. Gallhuber, das sich aber, typisch für diese Zeit, am meisten mit Glockner und Venediger befaßte. In den 60er Jahren erschien im selben Verlag das bezaubernde kleine Büchlein »Glück in den Tauern« von Erica Schwarz. Doch keines der Werke konnte dem Gesamtgebirge gerecht werden.
Binnen eines Jahrzehnts aber wurden die Hohen Tauern ein Begriff auch bei Nichtbergsteigern durch den »Nationalpark Hohe Tauern«. Dieser war zwar schon 1971 in Heiligenblut von den Tauern-Bundesländern beschlossen worden, doch wurde vorerst eher in der Stille gearbeitet. Erst die Weigerung des Landes Tirol, ein Nationalparkgesetz – das Kärnten und Salzburg bereits verabschiedet hatten – zu beschließen, und dessen Absicht, den Wildfluß Isel mit den Umbalfällen der Energiewirtschaft preiszugeben, erregte nach massiven Protesten Aufsehen in den Medien auch über Österreich hinaus. Im Zusammenhang damit vervielfältigte sich die Tauernliteratur, unter anderem durch die von der Nationalpark-Kommission herausgegebenen und geförderten Werke, etwa die drei Prachtbände »Nationalpark Hohe Tauern« von Dr. Roland Floimair, Peter Haßlacher und Dr. Wolfgang Retter. Weitere »Signale« gegen die Absichten der Energiewirtschaft brachten die Hohen Tauern der Allgemeinheit noch näher: etwa der Kampf der Einheimischen von Kals gegen das im Dabertal (Daberklamm) geplante Kraftwerk mit Stausee und über 200 Meter hoher Staumauer unmittelbar vor den Türen der Kalser!
Und nun sind die Hohen Tauern als Begriff bereits in aller Munde, haben sich sogar in die »höhere« Literatur eingeschlichen! So erschien schon 1984 in den »Lockergedichten« des bekannten österreichischen Dichters Andreas Okopenko die Verszeile: »Wenn in den Hohen Tauern Bauern überdauern ...«

Und der Kärntner Wilhelm Rudnigger, dessen humoristische Gedichte Hunderttausender-Auflagen erlebten, schrieb in seiner »Träne mit Gipsverband«:
»O Menschenkind, bedenk einmal, wie groß der Glockner ist –
Dann wirst Du merken unbedingt, wie klein Du selber bist.«
Im ÖAMTC-Atlas fand sich folgende Werbung mit einer hübschen Tauern-Sprachschöpfung:
»Der tauernschlaue Autofahrer benützt die Tauern-Autoschleuse der Eisenbahn...«
Und die Zahl der Gaststätten mit dem Namen Tauernhof, Tauernblick, Tauernbar usw. ist noch im Steigen!
Den Belangen des Nationalparks Hohe Tauern wurde in diesem Buch, soweit möglich, Raum gegeben. 66000 Hektar Tauernland ist eine »stolze« Zahl. Dazu ist anzumerken, daß es lange vor dem heutigen Nationalparkstreben schon einen Naturschutzpark in der Granatspitzgruppe der Hohen Tauern gegeben hatte, dem die Dorfer Öd, die Amertaler Öd, Stubach- und Felbertal angehörten. Dr. M. Prinzinger schrieb im AV-Jahrbuch 1916 ausführlich darüber. Der »Schutz« dieser einmalig ursprünglichen Gebirgsteile ist stillschweigend verlorengegangen – als das Kraftwerk Enzingerboden im Stubachtal gebaut worden ist. Und durch die Amertaler Öd führt heute die Felbertauern-Straße!
Die Hohen Tauern mit ihren über 10500 Quadratkilometern Fläche wurden hier in der Serie der Bruckmann-Höhenwege-Bücher fast lückenlos erfaßt, soweit dies im begrenzten Rahmen möglich war. Der Erfassung der Hohen Tauern in Südtirol mit wesentlichen Anteilen der Defereggger Alpen, der Rieserfernergruppe und der Venedigergruppe (Gsiestal, Antholzertal, Raintal, Ahrntal) wurde besonderer Wert beigemessen. Durch die Idee, ganzen Tallandschaften wie Virgental, Defereggen und Ober-Pinzgau eigene Kapitel zu widmen und sie als Ausgangsbasis für Touren zu nehmen, wurden die wichtigsten Gebiete fast flächendeckend erfaßt. Vielerlei Aspekte, die den Bergwanderer und Bergsteiger berühren, finden sich in den einzelnen Kapiteln erwähnt: Landschaft, Geschichte und Erschließung, Geologie und Mineralogie, Blumen- und Tierwelt, Volkskunde und Literatur. Wobei zu den Sachgebieten Flora, Fauna und Geologie bemerkt werden muß, daß bei laienhafter Darstellung kein Anspruch auf – heutzutage besonders heiklen! – wissenschaftlichen Ausdruck, sondern nur auf »kulinarische Aufbereitung« für die Allgemeinheit der Leser erhoben wird.
Eigene Erlebnisse der Autorin und ihrer Gefährten wurde eingebracht; auf kritische Anmerkungen darf heutzutage nicht verzichtet werden. Einige der vielbegangenen Hauptgipfel wurden beschrieben – wobei für Glockner und Venediger weniger eine umfangreiche Beschreibung der Routen angestrebt wurde, als Anregungen: »Wie entkomme ich dem Rummel am besten?« Noch mehr Wert aber wurde auf die Vorstellung der noch wenig bekannten Tourenteile gelegt. Touristische Angaben, genaue Höhendifferenzen und Gehzeiten, Möglichkeiten zur Einkehr und Hinweise auf Talorte sind – im Rahmen der Buchserie – ebenso ausführlich angebracht wie Hinweise auf weitere Touren, wo der vorgegebene Platz reichte.
Verlag und Autorin wünschen sich, daß aufmerksame Leser des Buches jenen Zustand erreichen, den die Bahnreklame als »tauernschlau« bezeichnete, und daß sie mit fundiertem Wissen viele gute Touren in den Hohen Tauern unternehmen mögen!

Liselotte Buchenauer

Aus der Wildnis des Gradentales in der Schobergruppe sehen wir hinüber zum Dreitausender Sandkopf (Bildmitte) in der benachbarten Goldberggruppe (Tour 12).

1 An der Nahtstelle zwischen Niederen und Hohen Tauern

Sticklerhütte–Kattowitzer Hütte–Großer Hafner

Die Sticklerhütte liegt noch in den Niederen Tauern, Abschnitt Radstädter Tauern, doch schon an der Nahtstelle zu den Hohen Tauern. Als symbolische Grenze gilt das Murtörl. Die Gruppen unterscheiden sich dort durch das Gestein: hell und kahl ist das Weißeck, höchste Erhebung der Radstädter Tauern, doch jenseits der nahen Murquelle »dunkelt« es bereits merkbar in den Felsen. Auch das Murwasser ist von Geburt an nicht so licht wie jenes der nahen Schwester Enns, und – es schmeckt auch nicht ganz so gut! Dennoch ist der Wasserschwall der Murquelle in der »Schmalzgrube« bei der Sticklerhütte viel besucht. In diesem Gebiet gibt es aber nicht nur gut geformte Gipfel und Wasser zu bewundern! Natürliche Steingärten mit seltenen Bergpflanzen bedecken große Flächen, und das Weißeck ist einer der berühmten, längst ausgeraubten Mineralienberge der Tauern.

An der Nahtstelle zwischen Niederen und Hohen Tauern erhebt sich der Große Hafner, der mit vier weiteren Gipfeln über 3000 Meter Höhe die östlichste Dreitausenderzone der Alpen darstellt. Von welcher Seite immer man ihn sehen mag – der Hafner fällt auf. Einmal als hoch aufgeschossenes Felsenhorn oder mit seiner wuchtigen Nordwand in Fels und Firn über den beiden Rotgüldenseen. Der Name Hafner soll laut Prof. Dr. Karl Finsterwalder von »Havenaere« (= Stellen mit ausgewaschenem Fels) kommen. Für romantische Naturen ist »König Hafner« ein Name, der an Märchen glauben läßt. Wie hohe Wächter stehen außer den Dreitausender-Vasallen um seinen Thron noch bedeutende, aber kaum bestiegene Gipfel, wie Kalte Wand, Kölnbreinspitze und Petereck. An ihnen vorbei führt unser langer Weg zwischen der Stickler und der Kattowitzer Hütte zum König Hafner.

1. Tourentag: Anfahrt von St. Michael (Tauernautobahn) durch das oberste Murtal, vorbei am Dorf Muhr, bis *Rotgülden–Gfrereralm* (1368 m), früher Arsenhaus; dort wurde das »rotgültige Erz«, der Arsenkies, verhüttet. – Zur Linken steile Straße zum Unteren Rotgüldensee, vielbegangen (1 Std.). Wir nehmen den Fahrweg zur Sticklerhütte, der beschränkt befahrbar ist, Markierung 740, zur einstigen *Muritzenalm* (1591 m), ehemals Alpenvereinshütte. Zur Linken der Graben des Muritzenbaches, wo ein Jagdsteig in die Einsamkeit führt, zum Karwassersee und den Schwarzseen unter der Kalten Wand. Mit stärkerer Steigung auf der (schlecht befahrbaren) Straße neben der herabschießenden jungen Mur bergauf, zur freundlichen *Sticklerhütte* (1752 m, 2¼ Std.). Das Weißeck (2711 m) ist von dort über die Riedingscharte (2275 m) in 2½ Stunden, Markierung 711, zu ersteigen. – Nächtigung.

2. Tourentag: Vorerst unbeschwerlich nach Markierung 711 in die »Schmalzgrube«, zur Einmündung des Steiges Nr. 724 von der Tappenkarseehütte (¾ Std.), sodann in +¼ Stunde zur *Murquelle* (1898 m), einem beliebten Ausflugsziel. Die Mur, ein arger Hochwasserfluß, durcheilt ein Stück des Landes Salzburg im Lungau und ist danach der Hauptfluß der Steiermark. Bei ihrer Mündung in die Drau in Jugoslawien ist sie genau 444,44 Kilometer lang. Unser Pfad hebt sich nun am Hang des Frauennocks scharf bergan, am richtigen, höherliegenden Mururspung vorbei. Durch Blockwerk gelangen wir unter die *Schmalzscharte* (2444 m, +1½ Std.), wo sich seit 1986, von einem hochherzigen Spender gestiftet, an wichtiger Stelle das Albert-Biwak befindet. Dort mündet vom Murtörl her der »702er«. Von der Scharte mit Vorsicht auf grasigen Steilrampen über 100 Meter bergab (gesichert), dann auf schmalem Steig unter dem Marchkareck zu einer Felsstufe über dem Unteren Schwarzsee. Dort noch größere Vorsicht geboten! Die Wand ist kurz, aber ausgesetzt, man überwindet sie auf Eisenstiften (Drahtseil). Weiter durch Geröll zum Oberen Schwarzsee und zur *Muritzenscharte* (2385 m, +1 Std., Ausblick zum Ankogel). Nun über Gletscherschliffe hinauf, links die Kaltwandspitze, zu einem Schartel östlich des *Weinschnabels.* Der Gipfel (2750 m, +1¼ Std.) ist nach Nr. 502 leicht ersteigbar, meist Schnee.

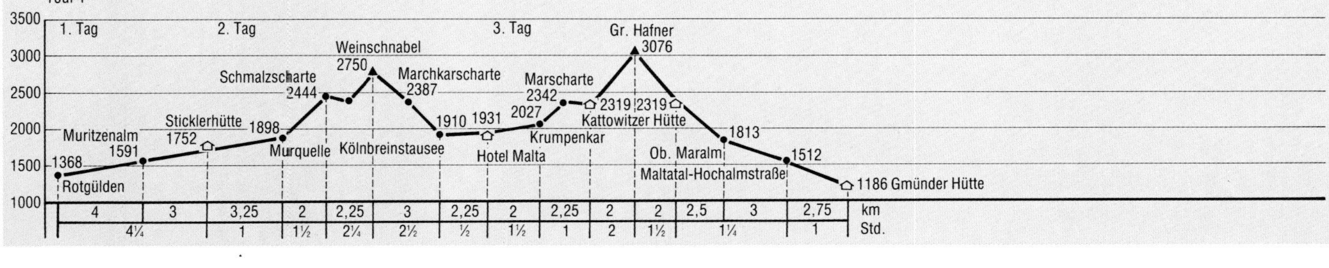

Bei guter Kondition kann man, die Blockhalden des Kölnbrein- und Wastelkares ermüdend querend, nach Nr. 546 und 545 über die Mahrscharte direkt zur *Kattowitzer Hütte* (2319 m, +3½ Std.). gelangen. Wer eine Übernachtung zwischenschalten will, steigt nach Nr. 502 auf den *Weinschnabel* und hinab zur *Marchkarscharte* (2387 m). Unter dem Gipfel ungutes Blockgelände, weiterhin ein wildes Blockkar (»Salzplatten«) zum Arlscharten-Steig Nr. 512 und steil hinab zum Fahrweg beim *Kölnbreinstausee* (Jausenstation, +2½ Std.), nach Nr. 531 talaus zum *Sporthotel Malta* (1931 m, +½ Std.).
3. Tourentag: Für die Talübernachter steht der Aufstieg zur Kattowitzer Hütte auf dem Programm, nach Nr. 537, drei wasserreiche Kare querend ins *Krumpenkar* (2027 m, 1½ Std., dort mündet der AV-Steig, gesichert, aus dem Maltatal). Weiter auf besserem Pfad zur Mar(Moar-)scharte (Gemsleitenkopf, 2342 m) und fast eben zur *Kattowitzer Hütte* (2319 m, +1 Std.).
Der *Große Hafner* (3076 m) ist von der Kattowitzer Hütte, die den Gletschern der Hochalmspitze gerade gegenüberliegt, nach Markierung 547 trittsicheren Bergsteigern zugänglich: Durch das Ochsenkar zu einer Scharte (2757 m) im Südwestgrat des Berges und auf Pfad und Trittspuren, über Felsplatten (Vorsicht!) zu einem Blockfeld unterhalb des Gipfels und leicht auf diesen (+2 Std.). Wirkungsvolle Tiefblicke besonders nach Norden und Osten! Gleiche Route zurück (+1½ Std.).
Abstieg von der Kattowitzer Hütte ins Maltatal: mit Markierung 547 in Kehren über einen Riegel hinab, dann auf sanfter, geneigter Stufe (schöne Zirben!) zur *Oberen Maralm* (1813 m, 1 Std.). Nun auf Fahrweg zur *Maltatal-Hochalmstraße* hinunter, die man knapp 3 km nordwestlich der Gmünder Hütte erreicht. Parkplatz, Bushaltestelle (1½ Std.).

Die Muritzenscharte gibt – über unbekanntes Bergland hinweg – den Blick zum Ankogel frei.

Über dem Oberen Rotgüldensee baut sich die wilde Nordwand des Großen Hafners auf.

Zu Fuß zur Gmünder Hütte: etwa 200 Meter auf der Straße talein zu einem Übergang über die Malta (»Achitzer Brückerl«) und auf dem gut angelegten Alpenvereinspfad Nr. 537 zur *Gmünder Hütte* (1186 m, +1 Std.), Bushaltestelle.

Touristische Angaben

Anspruchsvolle, teils sehr anstrengende Bergtouren mit Ersteigung eines nicht ganz leichten Dreitausenders. Gesicherte Stellen, Trittsicherheit nötig, Pickel mitnehmen. Für schwächere Gefährten kurzes Seil! Verhältnismäßig einsame Strecke, besonders zwischen Weinschnabel und Kattowitzer Hütte.

Beste Jahreszeit: Ende Juli bis Mitte September.

Höhendifferenzen: *1. Tag,* ca. 400 m im Aufstieg; *2. Tag,* ca. 1000 m im Aufstieg und entweder 400 m Abstieg zur Kattowitzer Hütte oder über 800 Meter zum Sporthotel Malta; *3. Tag,* ca. 400 m Aufstieg zur Kattowitzer Hütte, Großer Hafner ca. 750 m im Auf- und Abstieg, Abstieg ins Tal ca. 800 m.

Reine Gehzeiten: *1. Tag,* 2 Std. im Aufstieg; *2. Tag,* ca. 4¾ Std. im Aufstieg, ca. 3 oder 3½ Std. im Abstieg, je nach Route; *3. Tag,* zur Kattowitzer Hütte 2½ Std. im Aufstieg, Abstieg 2½ Std., Großer Hafner 2 Std. im Aufstieg, 1½ Std. im Abstieg.

Einkehrmöglichkeiten: Sticklerhütte, Sporthotel Malta, Kattowitzer Hütte, evtl. Gmünder Hütte.

Unterkunft: *Sticklerhütte,* 1752 m, OeAV-S. Graz, bew. Mitte Juni bis Ende Sept. – *Sporthotel Malta,* 1931 m, am Ende der Maltatal-Hochalmstraße ab Gmünd, Mautstraße, Linienbusverkehr ab Gmünd, Sommerwirtschaft, Tel. 04732/28510. Ausgezeichneter Stützpunkt für Bergsteiger. Zugang auch auf dem interessanten Alpenvereinssteig Nr. 537, ab Pflüglhof bei Gmünd (5 Std.), anstrengendster Teil (gesichert) zwischen Gh. Almrausch und Sporthotel Malta. – *Kattowitzer Hütte,* 2319 m, DAV-S. Kattowitz, bew. Anf. Juli bis Mitte Sept., Zugang wie Abstieg, von der Hochalmstraße (3½ Std.) oder von der Gmün-

Der Untere Rotgüldensee wurde zwar aufgestaut, wirkt aber naturbelassen.

der Hütte (4 Std.). – *Gmünder Hütte,* 1186 m, OeAV-S. Gmünd, bew. Mai bis Mitte Okt., Busstation. Zu Fuß, AV-Steig Nr. 537 ab Parkplatz Falleralm (1½ Std.).

Talorte: *Gmünd in Kärnten,* 732 m, an Tauernautobahn Katschberg–Spittal a. d. Drau, Buslinien. Sehenswerter mittelalterlicher Stadtkern, Porsche-Museum. Stützpunkt für Hohe Tauern. Abzweigung der Maltatal-Hochalmstraße. Nahe die ebenfalls große Urlaubsregion Malta, 838 m. – *St. Michael im Lungau,* 1075 m, nahe dem Katschbergtunnel der Tauernautobahn, sehenswerte Kirchen. Straße in das oberste Murtal (Dorf Muhr, 1107 m, guter Urlaubsort) bis Rotgüldensee-Aufstieg.

Karten: Österreichische Karte 1:50000, Bl. 155 Bad Hofgastein und Bl. 156 Muhr; Alpenvereinskarte 1:25000, Nr. 44 Hochalmspitze–Ankogel.

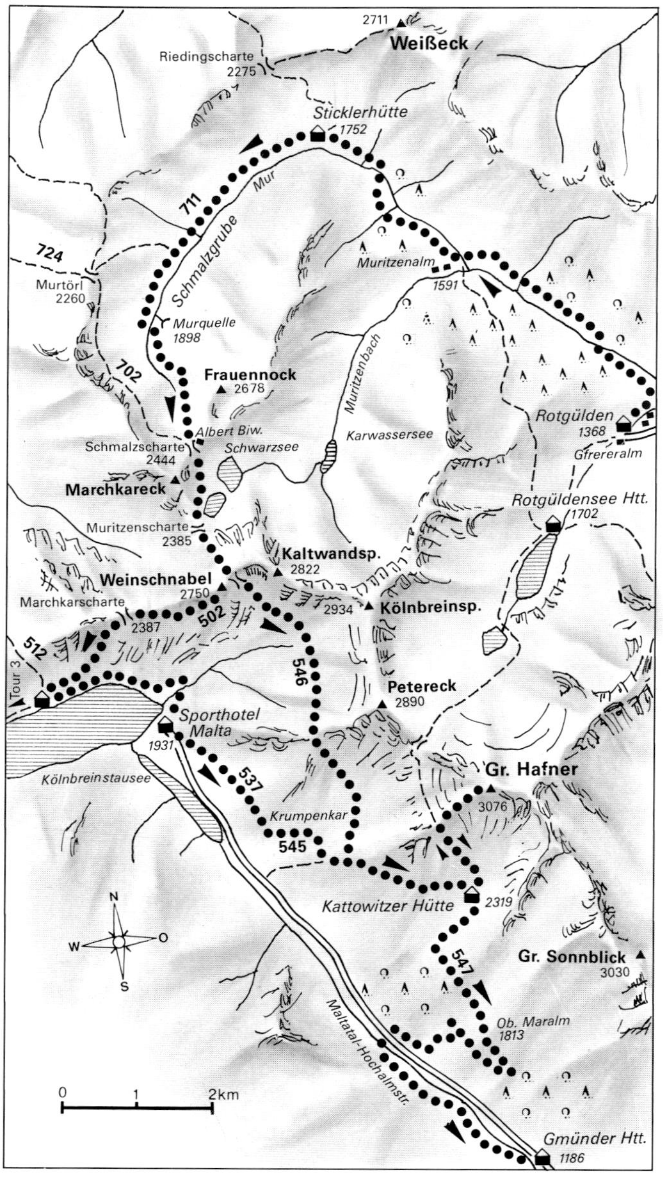

2 Tauernkönigin und Damendreitausender

Zwischen Gießener Hütte und Arthur-von-Schmid-Haus

Die über 3300 Meter hohe Hochalmspitze trägt im Volksmund den Namen »Der Hochalmer«. Darin steckt eine über die ganzen Alpen verbreitete Sage von der blühenden Alm, die durch Frevel der Sennleute in eisige Wildnis verwandelt wurde. Romantische Bergsteiger nennen den überaus attraktiven Berg auch die »Tauernkönigin«. Allseits von Gletschern umgeben, verfügt sie über lange Felsgrate, deren Spitzen sich scheinbar wenig über das Eis erheben – was, wie Kenner wissen, nichts über Schärfe und Qualität der Felsen aussagt. Von Osten gesehen, scheint die Eisige über den Bergwiesen des Nockgebietes wie eine Fata Morgana zu schweben. Von Norden »schwindeln« sich die vorgelagerten Elendköpfe ins Bild, auch von Süden her drängt sich felsiges Zeug vor den großen Gipfel. Von der Gießener Hütte gesehen, ist man der hohen Dame fast zu nahe. Doch beim Anblick von Westen, über dem Seebachtal oder vom Hannoverhaus, wird der Name Tauernkönigin verständlich. Gehoben von plattigen, gegliederten Felswänden, zeigt sie sich in der Form eines Diadems. Ihre »Schleppe« sind eine Reihe höchst interessanter Tauerngipfel südlich vom Seebachtal im Säuleckkamm, mit Pfeilern, Wänden und wie fugenlos scheinenden Platten. Ich habe diese Gruppe »Das Bergell der Hohen Tauern« genannt. Ihr Gestein ist aber nicht der »jugendschöne« grünliche Bergellgranit, sondern von dunkler Farbe, welche die Mächtigkeit der Felsen betont. Auch nördlich des Seebachtales liegen im langen Felsgewand der Tauernkönigin, im Kärlspitzkamm, nicht zu übersehende Berggebilde mit bis zu 500 Meter hohen Wänden und Graten.

Auch das Säuleck ist eine große Bergperson. Der Name Säul, Sail – in den Tauern verbreitet – deutet immer auf einen steilen Berg hin. Und das Säuleck bricht auch nach Norden mit einem geradezu grandiosen Felssturz ab. Von Westen her zeigt es einen schönen Felsgrat (mit klassischer Klettertour!). Auch von Süden ist das Trapez des Säulecks noch felsig, doch gibt es Terrassen- und Blockzonen. Durch diese Hänge führt seit mehr als einem halben Jahrhundert ein guter Pfad. Und seit damals heißt der Berg »Damendreitausender«, weil er nun auch Damen zugemutet werden konnte, denen man ja im allgemeinen weniger zutraute als den Männern am Berg.

Vier Schutzhütten erschließen das Gebiet der Tauernkönigin und des Damendreitausenders: die Neue Gießener Hütte, das Arthur-von-Schmid-Haus, die Villacher Hütte und die Osnabrücker Hütte. Eine Kurzcharakteristik der vier: in der Gießener Hütte waltet seit mehr als einem halben Jahrhundert die Familie Baier aus Malta. Die heutige Hüttenwirtin Franzi Baier ist die Schwester des bekannten österreichischen Sportlers und jetzt wissenschaftlich und ministeriell tätigen Baldur Preiml. Wie er,

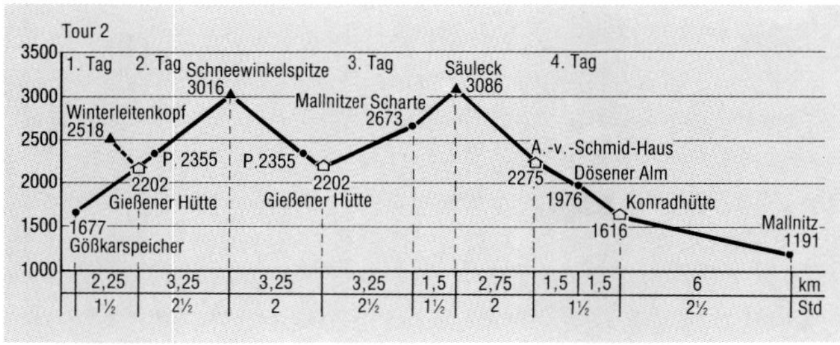

schätzt auch sie Biokost, die sie Gästen auf Wunsch vorsetzt. Das ebenfalls gut betreute Arthur-von-Schmid-Haus verfügt über ein neuzeitliches Komfortzimmer – vielbesprochen, aber gut zu gebrauchen. Von der Osnabrücker Hütte ist bei Tour 3 die Rede. Und die Villacher Hütte ist ein (relativ) einsames Refugium in weltfernem Kar unter der Hochalmspitze.

Vorgeschlagen wird eine mehrtägige Bergtour im Bereich von Hochalmspitze und Säuleck, mit Nächtigungen in der Gießener Hütte und im Schmidhaus.

1. Tourentag: Anfahrt mit Pkw über Gmünd und Pflüglhof durch den Gößgraben zum Parkplatz beim *Gößkarspeicher* (1677 m, Werksstraße mit Furtüberquerungen). Der frühere, noch auf Landkarten eingezeichnete Hüttenpfad von der Kohlmayrhütte ist verfallen. Heute bummelt man auf dem Versorgungsweg (mit Abkürzungen) zur vielbesuchten *Gießener Hütte* (2202 m, 1½ Std.). Wer rechtzeitig dran ist, kann am selben Tag noch den *Winterleitenkopf* ersteigen, markierter Pfad. An einer Stelle sollte man trittsicher sein. Vom Rudolstädter Steig abzweigend, über den Vorgipfel Salzplatten (2320 m) zum Aussichtspunkt des Gipfels (2518 m, ca. 1 Std., Abstieg ¾ Std.).

2. Tourentag: Schneewinkelspitze. Am Rudolstädter Steig bis zur Abzweigung, Punkt 2355 (rechts zur Hochalmspitze). Weiter am Schwarzburger Steig Nr. 519 bergan durch ein Kar zur nächsten Teilung. (Rechts zur Lassacher Winkelscharte, 2882 m, einem gefährlichen, im Fels gesicherten Gletscherübergang zur Celler Hütte.) Links haltend, meist über sehr steilen, oft eisigen Schnee unter den Nordostgrat der Schneewinkelspitze, und etwas unterhalb auf großen Blöcken zum Vorgipfel und *Gipfel* (3016 m, 2½ Std.). Tiefblick in den wilden Lassacher Winkel mit dem gleichnamigen Kees und einer versperrten Bergrettungshütte (die Unfälle in diesem Gebiet gaben Anlaß zu ihrer Errichtung). Rückkehr auf gleicher Route (ca. 2 Std.).

Zur *Hochalmspitze,* nur für Hochtouristen, Eistour über spaltigen Gletscher und auf gesichertem Fels, Steigeisen und Pickel nötig: Auf dem Rudolstädter Steig Nr. 536 und über das Westliche Trippkees (Spalten) und in einer gut gegliederten Wand mit fixen Seilen zum Südostgrat, den man bis zu den Gipfeln *Schneeige* (3346 m) und *Apere Hochalmspitze* (3360 m) verfolgt (ca. 3¾ Std.). Die Aussicht ist eine der weitestreichenden der Alpen, von den bayerischen Ebenen bis fast zur Adria und von der Wildspitze bis zum steirischen Hochlantsch. *Abstieg* gleiche Route (3 Std.). – Route von der Osnabrücker Hütte, siehe Tour 3. Selten begangen wird die Route von Osten, von der Villacher Hütte über das große, gefährliche Hochalmkees.

3. Tourentag: Säuleck–Arthur-von-Schmid-Haus. Auf Steig Nr. 532 (Buderus- oder Hessenweg) erst flach, dann steiler in das Kar östlich der Scharte. Dort über ein sehr steiles Firnfeld zu Felsen (kurz gesichert) in die *Mallnitzer Scharte* (2673 m, 2½ Std.). Schöner Blick zum Dösener See; Steig Nr. 533 zum *A.-v.-Schmid-Haus.* Zum Säuleck zweigen wir von der Markierung nordwestlich ab, steigen steil in das Kar westlich der Gößspitze ab- und wieder aufwärts zu der vom A.-v.-Schmid-Haus herleitenden Markierung Nr. 534. – Zur Rechten, beim Grazer Schartl, Abzweigung des »Detmolder Grates« über die Gussenbauerspitze und Schneewinkelspitze zur Lassacher Scharte und über Winkelspitz und Südwestgrat zur Hochalmspitze; gesicherte Klettertour, die in ihrer Gesamtheit selten begangen wird. Meist wird nur der Westteil zwischen Grazer Schartl und Lassacher Winkelscharte erklettert oder nur der Südwestgrat der Hochalmspitze. – Nach Nr. 534 auf steilem Blocksteig zum *Säuleck* (3086 m, 1½ Std.). Abstieg mit Nr. 534 zur breiten Hangstufe unter dem Gipfel und in angenehmem Gefälle zur *Seealm,* schließlich auf vielen kleinen Kehren steil hinab zum

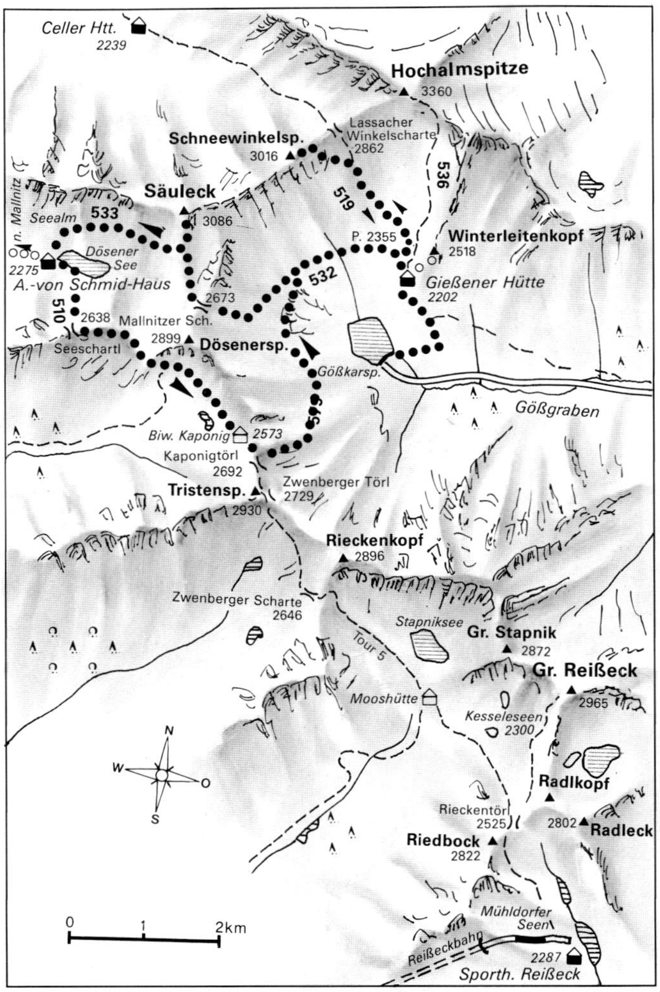

Dösener Alm, Schmidhaus und Dösener See blieben bis heute von Kraftwerksbauten verschont.

Arthur-von-Schmid-Haus beim Dösener See (2275 m, +2 Std., Nächtigung).
4. Tourentag: Entweder *Abstieg nach Mallnitz,* Nr. 533, über die *Dösener Alm* (1976 m) und eine wasserreiche Steilstufe (die auch der Hüttenwirt mit dem braven Tragtier begehen muß!) zur *Konradhütte* (Gasthaus, 1616 m, 1½ Std.). Ab dort Fahrstraße nach *Mallnitz* (1191 m, zu Fuß 2½ Std.). – *Oder: Rückkehr zur Gießener Hütte* über das Kaponigtörl; interessante Tour. Nach Markierung Nr. 510 sehr steil durch eine Schlucht in das *Seeschartl* (2638 m), dann in langer Hangquerung, vorbei an der *Biwakschachtel Kaponig* und den Pfaffenberger Seen, in das *Kaponigtörl* (2692 m, 3 Std.). – Diese Route wird in umgekehrter Richtung als Teil des Reißeck-Höhenweges bei Tour 5 eingehend beschrieben. Nun ca. 50 Meter hinab bis zur Wegteilung, und mit Markierung 579 nach Osten, oft steile Schneefelder, den »Jubiläumssteig« bergab und lange querend zur Markierung Nr. 533 und zur *Gießener Hütte* (2 Std.). – Abstieg von der Gießener Hütte zum *Gößspeicher* (ca. 1 Std.).

Über dem tiefgelegenen Maltatal zeigen die Gipfel der Reißeckgruppe (links) und der Hochalmspitzgruppe (rechts) beachtliche Höhenunterschiede.

Touristische Angaben

Mehrtägige Bergtour mit Ersteigung von zwei Dreitausendern. Für die Schneefelder Pickel nötig. Am 3. und 4. Tourentag Tagesverpflegung mitnehmen.
Beste Jahreszeit: Mitte Juli bis Ende September. Ab Mitte September besonders lohnend, da die Hütten dann nicht mehr überlaufen sind. Schneefelder können während der ganzen Saison ernste Hindernisse bilden.
Höhendifferenzen: *1. Tag,* ca. 500 m im Aufstieg zur Gießener Hütte, +300 m im Auf- und Abstieg am Winterleitenkopf; *2. Tag,* ca. 800 m im Auf- und Abstieg; *3. Tag,* ca. 1000 m im Aufstieg zum Säuleck mit kurzem Höhenverlust, ca. 800 m Abstieg zum A.-v.-Schmid-Haus; *4. Tag,* ca. 500 m Aufstieg, über 450 m Abstieg, Abstieg nach Mallnitz, über 1000 Meter.
Reine Gehzeiten: *1. Tag,* 1½ Std. zur Gießener Hütte im Aufstieg, Winterleitenkopf +1¾ Std. im Auf- und Abstieg; *2. Tag,* 2½ Std. im Aufstieg, 2 Std. im Abstieg; *3. Tag,* 4 Std. im Aufstieg, 2 Std. im Abstieg; *4. Tag,* 3 Std. im Aufstieg, 2 Std. im Abstieg. Nach Mallnitz ca. 4 Std. im Abstieg.
Einkehrmöglichkeiten: Gießener Hütte, Arthur-von-Schmid-Haus, Konradhütte.

Unterkunft: *Gießener Hütte,* 2202 m; 1977 nach beispielhaft schnellem und finanziell sparsamem Neubau anstelle der 1975 durch eine Lawine hinweggefegten alten Gießener Hütte eröffnet; DAV-S. Gießen, bew. Anf. Juni bis Ende Sept. Warmwasser. – *Arthur-von-Schmid-Haus,* 2275 m, OeAV-S. Graz, Tel.: Hütte 04784/3 80 (Funk), bew. Mitte Juni bis Ende Sept., Zufahrt von Mallnitz bis Gh. Konradhütte (Taxi), dann 2 Std. Fußweg.

Talorte: *Gmünd,* 732 m, siehe Tour 1. – *Mallnitz,* 1191 m, siehe Tour 9.

Karten: Österreichische Karte 1:50000, Bl. 155 Bad Hofgastein, Bl. 156 Muhr, Bl. 181 Obervellach und Bl. 182 Spittal an der Drau; Alpenvereinskarte 1:25000, Nr. 44 Hochalmspitze–Ankogel.

3 Zum Berg, der seinen Gipfel verlor

Osnabrücker Hütte–(Ankogel–) Hannoverhaus

Was war das doch einst für ein »elend langer« Weg von Gmünd durch das Maltatal! Mag. Frido Kordon schreibt im Alpenvereinsjahrbuch 1895, daß er zeitig morgens von Gmünd aufgebrochen und, nach schöner Wanderung, schon um 16 Uhr »im hintersten Malteinthale« war, etwa dort, wo heute das Sporthotel steht. Auch ich habe das Maltatal noch weltabgeschieden erleben können, unwegsam vor dem Bau des Kraftwerks und mit all seinen »stürzenden Wassern« in voller Pracht. Seit alters hieß es dort in den Talschlüssen und darüber »im Elend«, Großes Elend und Kleines Elend. Gletscher, Bäche und Täler tragen Namen mit diesem Wort. Es kommt von »Ali lanti« (= andere Länder). Wer im Mittelalter außer Landes gehen mußte, ging oft in sein Elend. Wir glücklichen Menschen von heute gelangen in diese früher elenden Gegenden unter Ankogel und Hochalmspitze mittels Fahrzeug auf moderner Bergstraße und bequemem Fußweg zu einer guten Schutzhütte.

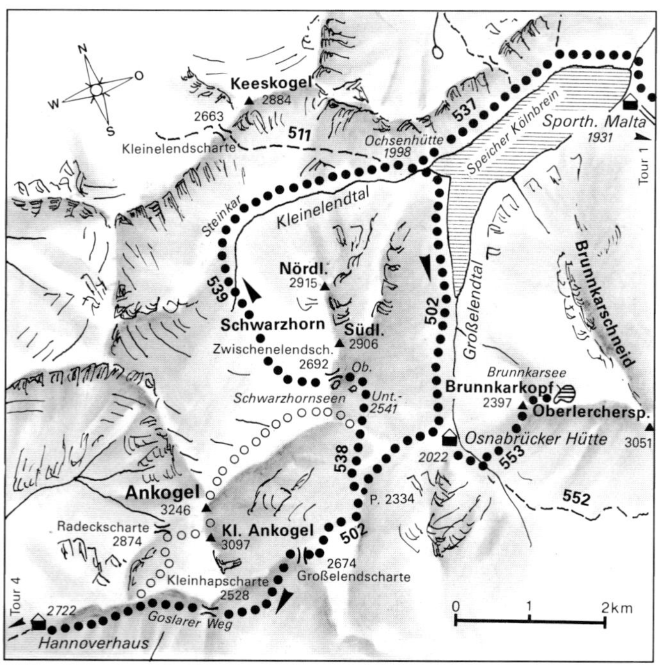

Die aus Stein gefügte, vergrößerte Osnabrücker Hütte paßt gut in die dort schon urige Gegend. Da tost der Fallbach über seine Felsstufen, und hinter schier endlosen Steinhängen und Gletschern starren Bergspitzen zum Himmel, die meisten über 3000 Meter hoch. Die Hütte liegt an bergstrategisch günstiger Stelle, und sie erschließt nicht nur zwei der bekanntesten Dreitausender der Tauern, sondern auch einige »gemäßigte«, dennoch »gehobene« Bergtouren, Scharten und Seen-Wanderungen. Der Ankogel (3246 m), der durch einen Bergsturz im Jahr 1932 seinen hornartigen Gipfel verlor und seither 16 Meter niedriger ist, gilt als der erste Gletschergipfel, der im beginnenden Alpinismus (1762) erstiegen wurde. Heute ist er, »dank« der Ankogelbahn, überlaufen, doch von der Osnabrücker Hütte immer noch eine gute hochalpine Tour.

Doch nicht nur von Bergen, auch von Menschen, die sie für uns erschlossen haben, soll berichtet werden. Hier ist die DAV-Sektion Osnabrück zu nennen, die 1988 ihr 100jähriges Bestehen feiern kann. Unter vielen treuen Mitarbeitern ragt der unermüdliche Wegewart der Sektion, Friedrich Lührs, heraus. Nicht mehr der jüngste, markiert er noch selbst im unwegsamen Gelände und trägt die Prüfungen so schwieriger Aufgaben mit Geduld. Solche bereitet ihm etwa die Markierung von der Zwischenelendscharte ins Kleine Elendtal, auf einer bergsteigerisch interessanten Route, die er 1973 auf Bitten der OeAV-S. Gmünd anlegte.

Um 1980 verlangte die in dieser Gegend sehr rührige Jägerschaft von den »Elendbauern« (Grundbesitzern) eine Minderung der Jagdpacht, wenn die Markierung weiterhin bestehen bliebe. Das war nicht zu erreichen, hingegen wollten die Bauern eine Löschung der Markierung, was dann auch geschehen ist. Diese Route wird hier als Bergtour beschrieben.

Tagsüber herrscht reger »Verkehr« um die Osnabrücker Hütte, die in einem alpinen Magazin »Bilderbuchhütte« genannt wurde, doch abends sind die Bergsteiger wieder unter sich. Einige Tourentage sollte man dort verbringen!

1. Tourentag: Anfahrt von Gmünd mit Pkw oder Bus auf der Maltatal-Hochalmstraße (Maut) zur Kölnbreinsperre, *Sporthotel Malta* (1938 m). Zahlreiche Besucher des Maltatales spazieren gerne auf der Krone der Staumauer, die – nach oftmaligen Medienberichten – Baumängel aufweist, deren Behebungen viele Millionen Schillinge verschlingen wird. Das Kraftwerk Maltatal wurde seinerzeit gegen den Willen zahlreicher Kraftwerksgegner gebaut.

Im Oberen Schwarzhornsee spiegelt sich die Hochalmspitze mit Großelendkees und -kopf.

Gesehen vom Törlkopf, zeigt sich der Ankogel unerwartet schneidig.

Zur *Osnabrücker Hütte* folgt man dem Fahrweg an der Nord- und Westseite des Stausees (Speicher Kölnbrein) zu seinem südlichen Ende und steigt danach kurz über die grasige »Hüttenhalt« zum Schutzhaus auf (2022 m, 2 Std., Mark. 537, 502). Ein Weg, der von vielen Spaziergängern mit Kind und Kegel gemacht wird, die auch unterwegs ins Kleinelendtal ausschwärmen, was den Unmut der Jägerschaft erregt.

I. Vorschlag: Bergwanderung zum Brunnkarsee. Auf dem Steig Nr. 552 (Markierung zur Preimlscharte) entlang des Großelendbaches. Nach einer Brücke Wegteilung, nun nach Markierung 553 über gleichförmige Hänge des Latschenkopfs bergwärts auf den *Brunnkarkopf* (2397 m, 1½ Std.). Damit lassen es die meisten Besucher bewenden und erfreuen sich an den Seelein unterhalb. Zum *Brunnkarsee* selbst – der oft bis Ende Juli zugefroren ist! – geht es etwas abwärts und über Blöcke und Platten, oft Schnee, wo man trittsicher sein sollte, wieder bergauf zu diesem größeren Gewässer (2503 m, +½ Std.), im Schatten der Brunnkarschneid. – Einsamkeit suchende Bergsteiger finden dort gute Ziele, unter anderem den Dreitausender Oberlercherspitze. Gleiche Route zurück (1–1½ Std.).

II. Vorschlag: Zu den Schwarzhornseen, mit Variante Zwischenelendscharte–Kleinelendtal. Das sind fünf Bergseen, darunter zwei große, die gerne besucht werden. Sie sind die Spiegel der Hochalmspitze! Nach Markierung 502 nahe dem Wasserfall (Fallbach) auf einem Steig mit geschlagenen Stufen, der mit Ketten gesichert ist, steil empor. Vorsicht auf den nassen

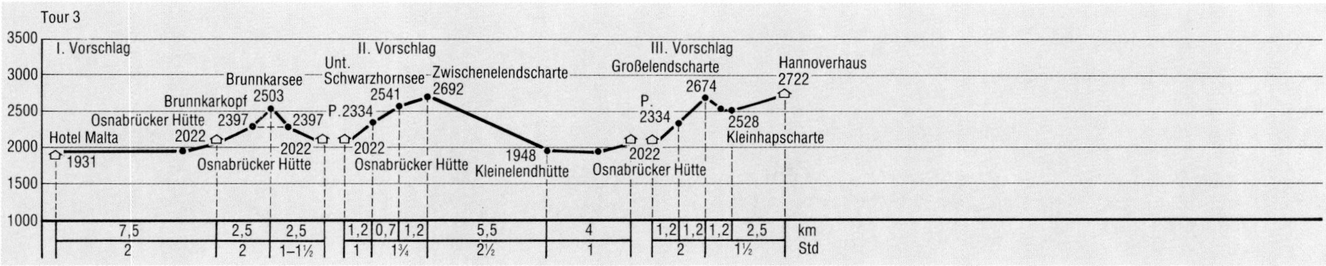

Stufen! Beim *Punkt 2334* (1 Std.) ist der flachere Fallboden erreicht und nach Markierung Nr. 538 rechts abzuzweigen (der 502er führt zur Großelendscharte). Weniger steil weiter auf breiter Hangstufe (+¾ Std., nach Norden zieht Nr. 538 zum Ankogel). Wir wählen Nr. 539 und wandern am *Unteren Schwarzhornsee* (2541 m) entlang, unterhalb zwei kleinere Seen. Steiler bergan zum *Oberen Schwarzhornsee* (der auch Schaftod heißt, +¾ Std.) und auf Steilhang in die Zwischenelendscharte (2692 m, +¼ Std.). Blick nicht nur zur Hochalmspitze, sondern auch nach Westen, in die einsame Gruppe der Tischlerspitze über dem wildzerrissenen Kleinelendkees; nördlich der Scharte die drei Schwarzhörner. Trittsichere Bergsteiger können das Südliche Schwarzhorn (2906 m) von der Scharte über den südöstlichen Blockgrat ersteigen, wenige Stellen I (¾ Std.). – Abstieg von der Zwischenelendscharte zur Osnabrücker Hütte auf gleichem Pfad (2 Std.). Variante für Bergsteiger mit Pfadfindersinn, bei sichtigem Wetter leicht zu finden: Von der Zwischenelendscharte, alte, nicht erneuerte Markierung 539 und Steinmänner, hinab auf die Moränen des Kleinelendkeeses und an der Ostseite des Kleinelendbaches steiler hinab in das *Steinkar.* Dort über den Bach und an seiner linken Seite über den Steinkarboden fast eben hinaus und über den Mitterboden (ab dort ist die Markierung gelöscht) zur *Kleinelend-Ochsenhütte* (1998 m, 2½ Std.). Nach Markierung Nr. 511 zum Stausee und auf dem Fahrweg zur *Osnabrücker Hütte* (2022 m, +1 Std.).

III. Vorschlag: Über die Großelendscharte zum Hannoverhaus, für Hochalpinisten über den Ankogel. Nach Markierung 502 wie beim I. Vorschlag zum *Punkt 2334* und bergauf zu den Resten des Pleßnitzkeeses mit Gletschersee. Vorsicht auf dem steilen Schneefeld bei Vereisung, Steigeisen kein Luxus. Über Schnee oder Schutt in die *Großelendscharte* (2674 m, 2 Std.). Nun auf dem *»Goslarer Weg«* bergab in ein Blockkar mit zwei kleinen Seen und querend zu einer gesicherten Felsenecke (Kleinhapscharte, Hap = Schaf, 2528 m), weiter durch eine niedrige Schlucht, die bei Schnee unangenehm ist, und zu einer Wegteilung (rechts Normalweg auf den Ankogel). Auf dem nun hindernislosen Steig, zuletzt bergan, zum Hannoverhaus (2722 m, +1½ Std.).

Variante für Hochalpinisten: Wie bei Vorschlag II zur Abzweigung des Steiges Nr. 538 und auf diesem zum *Kleinelendkees,* das bei etwa 2800 Meter erreicht wird. Nun entweder über den Ostnordostgrat des Ankogels (Fußspuren, teils leichte Kletterei) oder auf Gletscher (Spaltengefahr!) gegen den Gipfelaufbau des Ankogels. Nun wieder nach Markierung, gelegentlich südlich ausweichend, am Grat zum *Ankogel* (3246 m, 4 Std.). Gipfelsicht bis zu den Dolomiten!

Abstieg über die meistbegangene Ankogelroute: Nach Süden über den großblockigen Grat, einen Abbruch umgehend, in die Ankogelscharte zum *Kleinen Ankogel* (3097 m, mit Gipfelkreuz); weiter auf Steig und Schnee in die *Radeckscharte* (2874 m) hinunter und nach Markierung 520 am Rande des Radeck-Keeses zum *Goslarer Weg* (2583 m, +1½ Std.). Von dort in +¾ Stunde zum Hannoverhaus. Zur Bergstation der *Ankogelbahn* (2626 m) kurze Querung (½ Std.). Oder auf dem »Goslarer Weg« zur Großelendscharte zurück und hinab zur Osnabrücker Hütte (+2 Std.). – Rückkehr von der Osnabrücker Hütte zum Sporthotel Malta (1¾ Std.), wie Aufstieg.

Touristische Angaben

I. Vorschlag: Bergwanderung, bis Brunnkarkopf unschwierig; bis Brunnkarsee Schneefelder, Trittsicherheit! *II. Vorschlag:* Bergwanderung bis zur Zwischenelendscharte; mit Rundtour über Kleinelendtal Tagestour, nur für Bergsteiger mit Pfadfindersinn, Pickel und Verpflegung mitnehmen; *III. Vorschlag:* über Großelendscharte Bergtour, Pickel und leichte Steigeisen; über den Ankogel hochalpine Gletscher- und leichte Klettertour, Verpflegung mitnehmen.

Beste Jahreszeit: Ende Juli bis Mitte September. Der Altschnee (oft vereister Firn) hält sich auch auf Höhenwegen bis weit in den Sommer hinein!

Höhendifferenzen: *I. Vorschlag:* bis Osnabrücker Hütte 100 m im Aufstieg, Brunnkarsee 500 m im Auf- und Abstieg; *II. Vorschlag:* 600 m im Auf- und Abstieg, Zwischenelendscharte; Rundtour Kleinelendtal +750 m im Abstieg, 100 m im Aufstieg; *III. Vorschlag:* über 700 m (mit Höhenverlust) zum Hannoverhaus im Aufstieg; mit Ankogel über 1200 m im Aufstieg, ebensoviel im Abstieg zur Osnabrücker Hütte (mit Gegensteigung); 650 m im Abstieg +100 m im Aufstieg zum Hannoverhaus.

Reine Gehzeiten: *I. Vorschlag:* zur Osnabrücker Hütte 2 Std., zum Brunnkarsee und zurück ca. 3½ Std. *II. Vorschlag:* 2¼ Std.

zur Zwischenelendscharte im Aufstieg, 2 Std. im Abstieg; Rundtour Kleinelendtal +2½ Std. im Abstieg; 1 Std. im Aufstieg. *III. Vorschlag:* zum Hannoverhaus 3½ Std. im Aufstieg; über den Ankogel 4 Std. im Aufstieg, 2¼ Std. im Abstieg zum Hannoverhaus, 2¾ Std. im Abstieg zur Osnabrücker Hütte; zurück zum Sporthotel Malta, 1¾ Std.
Einkehrmöglichkeiten: Osnabrücker Hütte, Hannoverhaus, Sporthotel Malta.
Unterkunft: *Osnabrücker Hütte,* 2022 m, DAV-S. Osnabrück, bew. Anf. Juli bis Ende Sept. – *Hannoverhaus,* 2722 m, siehe Tour 4. – *Sporthotel Malta,* siehe Tour 1.
Talorte: *Gmünd,* siehe Tour 1. – *Mallnitz,* siehe Tour 9.
Karten: Österreichische Karte 1:50000, Bl. 155 Bad Hofgastein und Bl. 156 Muhr; Alpenvereinskarte 1:25000, Nr. 44 Hochalmspitze–Ankogel.

4 Schönheit der Berge – Gefahren der Wege

Hannoverhaus–Mindener Hütte–Hagener Hütte

Wie viele andere Schutzhütten der Hohen Tauern sind auch die drei bedeutenden Stützpunkte Hannoverhaus, Mindener Hütte und Hagener Hütte durch den Tauernhöhenweg, über den auch die Markierung des Zentralalpenweges verläuft, miteinander verbunden. Diese hohe Route ist kein Weg im eigentlichen Sinn des Wortes, wie schon in meinem Buch über die Niederen Tauern erwähnt, von wo sie ausgeht. Die Bezeichnung Weg wurde seit dem Beginn des Alpinismus für alles Begehbare verwendet, sogar im übertragenen Sinn etwa für Kletterrouten. Mit dem Massentourismus und der »Beschlagnahme« der Alpen für die Interessen des Fremdenverkehrs hat sich da einiges geändert! Viele »Neu-Touristen« verstehen unter dem Namen Weg wörtlich eine breite, bequeme Trasse.
Seit 1973 versuche ich, die Problematik solcher Bezeichnungen aufzuzeigen und wo möglich Änderungen herbeizuführen, etwa bei den Weitwanderwegen, bei denen meist nur das Wort »weit« zutrifft. Mittlerweile wurden Umgehungen gefährlicher Abschnitte geschaffen und auch eine Schwierigkeitsskala. Sogenannte Höhenwege bringen die Menschen an die Schönheit der Berge heran, aber auch an ihre Gefahren. Nur wer sie kennt, vermag ihnen richtig zu begegnen!
Das *Hannoverhaus* liegt an einem nennenswert attraktiven hohen Platz mit weiter Schau. Besonders schön der Anblick von acht fast gleichgerichteten Graten des Säuleckkammes im »Bergell der Hohen Tauern«. Nahe dem Schutzhaus liegt auf der Arnoldhöhe das Mausoleum für Carl Arnold, den verdienten Gründer der AV-Sektion Hannover, die 1988 100 Jahre alt wird.
Ganz anders der nächstgelegene Unterstand am Tauernhöhenweg, die *Mindener Hütte.* Ein unbewirtschaftetes Hüttchen und

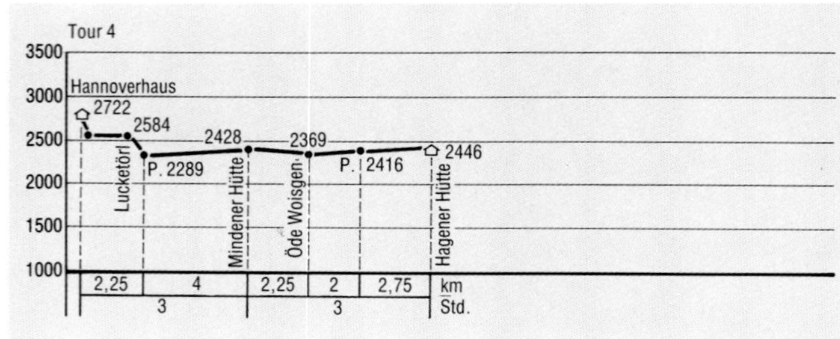

dennoch ein guter Stützpunkt, eine Stätte von Begegnungen an einem wichtigen Punkt der Höhenroute. Bei Sonnenschein ist das Hüttchen mit dem weiten Fernblick von Menschen umlagert. An Schlechtwettertagen kann der Selbstversorger dort guten Unterschlupf finden.
Ist die Höhenroute zwischen Hannoverhaus und Mindener Hütte noch als normal für Hohe-Tauern-Begriffe zu bezeichnen, so ist der nächste Abschnitt zur größeren und bewirtschafteten *Hagener Hütte* mit ihrer berüchtigten Querung an den »Romate Brettern« geradezu als eine Schlüsselstelle des Tauernhöhenweges zu werten. Mag. Frido Kordon beschreibt im Alpenvereins-Jahrbuch den Absturz von gleich zwei Gefährten an dieser Stelle!
Im Bereich der drei wichtigen Schutzhütten liegen zwei Alpen-Übergänge, seit Jahrtausenden bekannt: der *Hohe Tauern* oder *Korntauern,* und der *Niedere* oder *Mallnitzer Tauern.*
Beiden gleich ist die weite, sonnige Lage der Abdachung im Süden und die engere, steilere Nordseite. Auf dem Korntauern weist eine Kupfertafel im Fels auf den etwa 5000 Jahre alten Übergang und Saumpfad hin. Und am Mallnitzer Tauern hat meine Bergkameradin Adele Bogensberger aus Badgastein, be-

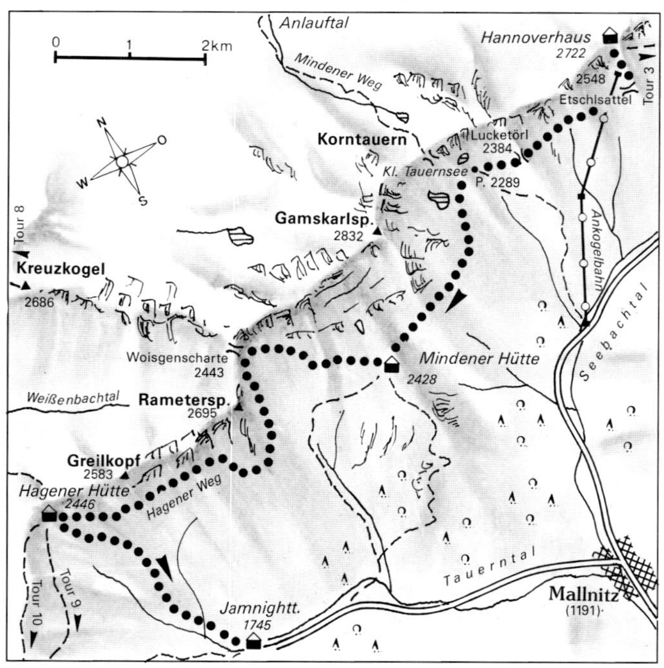

gnadete Finderin von Blumen, Steinen und »Altertümern«, im Jahr 1986 einen nach Auskunft von Wissenschaftlern sehr wertvollen Fund getan: eine römische Münze, Maiorina der Constantinssöhne, geprägt zwischen 346 und 354 n. Chr. Die Vorderseite zeigt eine Büste mit Diadem, die Rückseite den Kaiser mit Schild, der einen Reiter ersticht. Es war die erste Entdekkung einer solchen Münze in den Tauern.

Noch anderes macht diesen Tauernteil allgemein interessant: Tief im Inneren der Berge befindet sich der 1909 eröffnete, 8551 Meter lange Tauerntunnel der Tauernbahnstrecke zwischen Böckstein und Mallnitz. Fast 10 Jahre lang waren ständig 4000 Arbeiter an dieser Trasse, einer von zehn Möglichkeiten im Alpenkamm zwischen Semmering und Brenner, beschäftigt. Heute ist die Tauernbahn mit ihrer landschaftlich außerordentlich schönen Führung – höchster Punkt Mallnitz mit fast 1200 Metern! – die Bahnstrecke mit der größten Zugfolgedichte der Welt und die beste Verbindung für Bahnfahrer zwischen dem süddeutschen, Salzburger und Kärntner Raum.

In diese nicht nur bergsteigerisch, sondern auch historisch wertvolle Gegend führt uns die hohe Route zwischen drei wichtigen Stützpunkten der Tauern.

1. Abschnitt: Hannoverhaus (2722 m) – Mindener Hütte (2428 m), Mark. 502. Mit einem Abstieg beginnt's: nach Süden in Steilkehren zur Bergstation der Seilbahn und noch weiter hinunter zum *Etschlsattel* (2548 m, = Elschesattel). Etwas unterhalb lag die alte Hannoverhütte (2521 m). Bei der WT *»Göttinger Weg«* nach Westen, weiter mit Höhenverlust, in das wasserreiche Kar *Hintere Lucke* (Lugge). Eine Lifttrasse ist zu queren. Die geräumigen Kare dort haben dem Frühjahrs-Skigebiet der Ankogel-Seilbahn zu seinem Ruhm verholfen. Das *Lucketörl* (2384 m = Luggetörl) wird überschritten; 100 Meter unterhalb ist der Tiefpunkt der Strecke (2289 m) erreicht. Bei der WT mündet der vielbegangene Steig Nr. 517 von der Mittelstation der Seilbahn (1989 m) her. (Hier der erste »Fluchtweg« zur Seilbahn hinab, ¾ Std.)

Einige erhaltene Mäuerchen und weite Kehren der vier Meter

Die Mindener Hütte, Stätte der Begegnung am Tauernhöhenweg. Links Hochalmspitze, rechts Maresenspitze.

breiten »Heidenstraße« (Römerweg) sind zu sehen. Nun wieder bergauf; beim *Kleinen Tauernsee* beliebter Rastplatz (daneben der Steig zum Korntauern, 2460 m, +20 Min. Möglichkeit, auf dem »Mindener Weg«, steil, ins Anlauftal nach Böckstein abzusteigen, 3 Std.). Weiter nach Nr. 502 kommen wir in das Gelände der Gamskarlspitze. Ein prächtiges Massiv, mit seinem ostseitigen Gletscherlein weithin in die Tauern sichtbar. Dort ist eine chaotische Bergsturzzone (Achtung auf Steinschlag!) ermüdend zu queren, da die Route, um Hindernissen auszuweichen, oftmals auf und ab führt.

Nach etwa 3 Stunden ist die breite, begrünte Fläche der *Mindener Hütte* (2428 m) erreicht. (»Fluchtweg« auf dem »Mindener Jubiläums-Steig« durch das von Wassern durchrauschte Kar »Öde Woisgen« ins Tauerntal zur Straße Mallnitz–Jamnigalm, Busverkehr, 3 Std.) – Vor dem Steilabstieg Lisgelespitze–Hindenburghöhe–Tauerntal wird gewarnt, der Pfad ist nicht in Ordnung. Die *Lisgelespitze* (2406 m) hingegen ist auf interessanter Route leicht »mitzunehmen«, ebenso die aufwendigere *Gamskarlspitze* (2832 m), über den Südostgrat, steil (1½ Std.).

2. Abschnitt, Mindener Hütte–Hagener Hütte (2446 m) auf dem sog. *»Hagener Weg«.* Nach Nr. 502 vorerst am oberen Rand des Kares *»Öde Woisgen«* flach, viel Wasser auf Trittsteinen überquerend dahin. Am nördlichen Horizont die niedrigen

Die Nebelglocke am Korntauern läutet für die Lebenden – und zum Gedächtnis der Toten des Gebirges.

Felsen der Göttinger Spitze und der zwei Woisgenköpfe. Auf einem erdigen Hang wäre die Woisgenscharte, 2443 m, ersteigbar; über sie ist – oben weglos – nach Westen hinab das Weißenbachtal und damit der Abstieg zum Naßfeld (Sportgastein) mit Busverbindung ins Gasteinertal erreichbar (3½ Std.). Nun zum gefährlichsten Teil der Strecke: nahe an den Felsen der *»Romate Bretter«,* die von der Rameterspitze (2695 m) nach Osten abstürzen. (Dieser Gipfel der Kristallsucher ist von Südwesten her gut zugänglich.) Der Name »Bretter« ist nach der Schichtung des Gesteins treffend. Hier wird die Bezeichnung »Weg« augenscheinlich ad absurdum geführt. Auf oft nur fußbreiten Tritten bewegt man sich auf exponiertem Fels über steile Abbrüche, wobei mehrere Rinnen zu durchschreiten sind. Sollte dort harter Firn liegen, sind diese Stellen besonders gefährlich. Pickel und Seil müssen in Aktion treten.

Ansteigend geht's hinaus in milderes Gelände, begrünte Hänge am Bockriegel (dort Warntafel, die auch von der Mindener Hütte her nötig wäre) und die ersten Blumen. In den Flanken der Rameterspitze, des Ebenecks und des Greilkopfes überrascht noch mancher Auf- und Abstieg; zuletzt wird uns noch ein Anstieg zur *Hagener Hütte* (2446 m, +3 Std.) abverlangt. Vielleicht schlägt die Nebelglocke im Tauernwind an und gemahnt uns, der Todesopfer des Mallnitzer Tauern, der Säumer und Bergknappen zu gedenken. (Abstieg von der Hagener Hütte zur Jamnigalm 1½ Std., ins Naßfeld/Sportgastein 3 Std.)

In der Helle unserer Zeit, von der gastlichen Hagener Hütte weit über das Tauernland schauend, klingt eine lange Bergtour in Zufriedenheit aus.

Touristische Angaben

Die zweite Etappe Mindener Hütte–Hagener Hütte ist anspruchsvoll, nur für Bergerfahrene, Trittsichere und Schwindelfreie! Bei Nässe und Schnee lieber auf diesen Abschnitt verzichten, für den kurzes Seil, Pickel und Leichtsteigeisen mitgenommen werden sollten. Die drei Schutzhütten sind aus dem Tal erreichbar, die Höhenroute muß nicht zusammenhängend begangen werden. Man lasse sich durch die Bewirtschaftungszeiten der Schutzhütten (die auf Tagesbesuch von Talurlaubern abgestimmt sind) nicht verleiten, solche Touren etwa im Juni oder zu spät im Herbst ausführen zu wollen!

Beste Jahreszeit: Ende Juli bis Mitte September.

Höhendifferenzen: Im Aufstieg 300 m, im Abstieg 550 m, oftmaliges Auf und Ab.

Reine Gehzeit: 6 Std.

Einkehrmöglichkeiten: Hannoverhaus, Hagener Hütte.

Unterkunft: *Hannoverhaus,* 2722 m, DAV-S. Hannover, bew. Mitte Juni bis Mitte Okt., Tel. (im Tal) 0473/2286. Gemütliche Schutzhütte, viel Tagesbetrieb wegen der Seilbahn. Aufstieg von der Bergstation der Ankogel-Seilbahn 15 bis 20 Minuten; vom Tal (Mallnitz, Busstation »Stappitz«) 4½ Std., Weg-Nr. 517/18. Unterwegs, nahe der Mittelstation, der Gasthof Hochalmblick. – *Mindener Hütte,* 2431 m, DAV-S. Minden, Selbstversorger, offen Mitte Juni bis Mitte Sept., Decken, Kochgelegenheit, Zugang siehe Text; auch aus dem Tauerntal (»Mindener Jubiläumssteig«) ab Stocker Hütte 3½ Std. oder aus dem Anlauftal bei Böckstein, »Mindener Weg«, 5¼ Std. – *Hagener Hütte,* 2446 m, DAV-S. Hagen, bew. Anf. Juli bis Anf. Okt. Zugänge: Bequemer Güterweg Nr. 110, 2 Std. von der Jamnigalm, 1745 m (Gasthaus), Busendstation ab Mallnitz; vom Naßfeld (Sportgastein) 3½ Std., Weg-Nr. 113, Straße und Pfad. Busstation »Valeriehaus« der Linie Hofgastein–Sportgastein.

Talorte: *Mallnitz,* siehe Tour 9. – *Böckstein,* 1131 m, Urlaubsort im Talschluß des Gasteinertales. Alter Knappenort; sehenswerte Nachbildung einer Goldgräbersiedlung mit zehn Objekten. Einige Gasthöfe. Auto-Verladestelle für den Tauerntunnel, Bahnhof Böckstein. Mautstraße ins Naßfeld (Sportgastein) mit planmäßigen Buskursen.

Karte: Österreichische Karte 1:50000, Bl. 155 Bad Hofgastein.

5 In den Zauberbergen des Magisters Frido Kordon

Reißeck-Höhenroute und Reißeckgruppe

Die Verdienste des Bergsteigers und amüsanten Erzählers Mag. Frido Kordon, Gmünd/Graz, um die Erschließung der Ankogel-Hochalmspitzgruppe sind groß. Ihr Südost-Ausläufer, die Reißeckgruppe, hatte es ihm besonders angetan: die phantastischen Felsgestalten, aber auch die alten Sagen und kuriosen Namen. Die Beschreibungen des Herrn Magisters in alten Alpenvereinsjahrbüchern sind noch immer lesenswert. Als Apotheker zu Gmünd war er selbst eine fast sagenhafte Figur, der man scherzhaft nachsagte, er verkoche alte Kräuterweiblein zu Mixturen.

Auf den Spuren Kordons beschäftigte sich Gustav Renker schon als Gymnasiast mit den Reißeckbergen, komponierte sogar eine Tondichtung »Mühldorfersee«; später ein erfolgreicher Dichter (»Der pochende Berg«), entdeckte er den interessanten Kletterfels des Gebietes. Von 1911 bis 1913 konnte er einige neue Routen dort begehen. Das wäre auch jetzt noch möglich, die Gruppe wird von Kletterern vernachlässigt.

Der Bergsteiger von heute kann die Reißeckgruppe in großen Zügen auf einer hohen Route kennenlernen, dem Reißeck-Höhenweg. Wie überall in den Tauern kein Weg im eigentlichen Sinne, sondern ein Höhenpfad, an manchen Stellen auch nur eine Markierung im unwegsamen Gelände, eine der längsten Teilstrecken der sogenannten Tauernhöhenwege. Ein großartiger Alpinist der Neuzeit, der Bergführer und Hüttenwirt Hias Kumnig, war der Schöpfer dieser Route. Der hünenhafte Mann galt als »Schlüsselfigur« des Kärntner Bergsteigens und hat unter anderem den Klettergarten Kanzianiberg bei Villach erschlossen. Nach der Fraganter Hütte bewirtschaftete er lange die

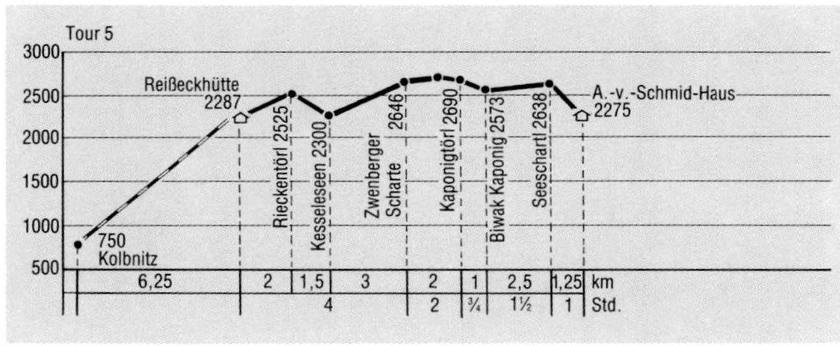

Reißeckhütte, bevor er Lawinenberater der Draukraftwerke im Maltatal wurde. Kumnig ist, nach einem Langlauf am Reißeck-Plateau, mit 71 Jahren in seinen Bergen verstorben. In seiner Reißeckzeit baute er jahrelang mit einem Verwandten an der Reißeck-Höhenroute. Sie gruben mit Krampen und Schaufel, wälzten und bewegten Riesenblöcke mit schweren Eisenstangen, erbauten und schichteten steinerne Stiegen und Staffeln. Wie viele Tausende von Arbeitsstunden setzen solche Wegbereiter in den Bergen ein, zur Erhöhung unserer Bergfreude! Nur eines hat Kumnig nicht richtig bewertet, er nannte den Reißeck-Höhenweg eine Bergwanderung. Für ihn war er das sicherlich. Für den Normal-Bergsteiger ist es eine große Tour in den Bergen.

1. Tag: Von Kolbnitz im Mölltal Auffahrt mit der *Reißeckbahn* zum Reißeckplateau. Übernachtung: Reißeckhütte (2287 m), Naturfreunde-Adlerhorst oder Sporthotel (komfortabel). Zur Akklimatisation diene eine Eingehtour; nicht gleich auf die Höhenroute losstürmen! Die Hochkedl, der gesicherte Hüttenberg, oder das Große Reißeck, 2965 m, höchster Gruppengipfel (noch leicht, 3 Std.) bieten sich an.

2. oder 3. Tag: Reißeck-Höhenroute, nur für erfahrene, ausdauernde und gut ausgerüstete Bergsteiger bei günstigem Wetter! Nach Markierung 510 neben den in das Kraftwerk einbezogenen *Mühldorfer Seen* auf dem zu Verkehrszeiten der Reißeckbahn vielbegangenen Steig zum *Rieckentörl* (2525 m), zur Linken den Steilschutt des Riedbocks (2822 m), zur Rechten Radlkopf, Radlermauer, Radleck. Beim Törl Wegteilung: Rechts der auch von Kumnig in den sechziger Jahren sorglich bereitete Plattensteig zur Kaltherbergscharte und zum Großen Reißeck. Die Höhenroute führt einen Schutthang bergab ins Kar der *Kesseleseen* (2300 m), ehemals Großbaustelle, das gequert wird; zur Linken die unbewirtschaftete Mooshütte. Sollte man hier die Tour abbrechen müssen, ist es besser, wieder über das Rieckentörl aufs Reißeckplateau zurückzukehren. Es gibt wohl die Möglichkeit, nach Markierung in den Zandlacher Graben abzusteigen, doch führt dieser Steig über den Geißrücken neben dem Rieckenfall, wo es trotz Sicherungen schon etliche tödliche Abstürze gegeben hat.

Ab dem Schwarzsee und der Staumauer des Stapniksees, wo die abenteuerlichen Zacken des Zauberernocks herabschauen, geht es wieder bergauf. Bislang war es mehr ein hohes Wandern, nun folgt der alpine Teil: Über eine Steillehne 400 Höhenmeter empor (meist macht sich dort die Sonne unangenehm

bemerkbar, doch auf den Steintreppen des Hias Kumnig kann man einen guten Rhythmus des Steigens finden). Bei der *Zwenberger Scharte* (2646 m, Wegtafel, 4 Std.) empfiehlt sich eine Rast. Weiter am Westhang des scharfen Gipfels Rieckenkopf entlang, wieder auf sorgfältig gelegten Platten. Unter niedrigen Felszacken Aufstieg zum *Zwenberger Törl* (2729 m). Blick zum Oberen Zwenberger See, zu Hafner und Hochalmspitze. (»Fluchtweg« erst weglos nach Südwesten zur Zwenberger Alm, dann Fahrweg ins Mölltal, ca. 5 Std.)
Nun folgt die gefährliche Stelle der Tour, die Traversierung im Osthang des schönen Kletterberges Tristenspitze. Ein sehr steiles Firnfeld, oft eisig, ist nach Norden zu queren, Pickel und Steigeisen können da gute Dienste tun; unsichere Gefährten sollte man sichern. Im Firn steckende Steine sind gute Anhaltspunkte, zeugen aber auch von Steinschlaggefahr. Beim folgenden Pfad gibt es Riesenblöcke (uns dienten sie als Deckung gegen Gewitterregen!). Beim *Kaponigtörl* (2690 m, + 2 Std.) stehen merkwürdige Felsmännchen. (Abzweigung des »Jubiläumssteiges« Nr. 579, 533, oben meist steile Schneefelder, zur Gießener Hütte, 2 Std., günstiger »Fluchtweg«.) Nun schlechte Pfadstellen mit abgerundeten und rutschigen Steinen, an den beiden Pfaffenberger Seen vorbei (Möglichkeit, nach Westen weglos zum Kaponiggraben und ins Mölltal abzusteigen, Markierung ab Seeschartl; weniger günstig als der Steig zur Gießener Hütte). Beim frei zugänglichen *Biwak Kaponig* (2573 m, +¾ Std.) Wegtafel. Die Biwakschachtel hat nur Bänke, keine Lager. Mühsam bergauf und bergab muß nun das Kar unter der Dösener Spitze gequert werden, zwei Felssporne sind zu überschreiten; zuletzt angenehmer, im Halbbogen unter dem Tullaten Nock zum *Seeschartl* (2638 m, 1½ Std., Wegtafel). Der

Das Stubeck in der Hafnergruppe ist einer der berühmten Aussichtsgipfel der Tauern. Im Hintergrund die Reißeckgruppe.

Ungunst des Wetters in der Reißeckgruppe. Sichtbar: Kleine Leier und Hochkedl über dem Mühldorfer See.

Steig zieht nach Norden, etwas abschreckend aussehend, aber gut angelegt, in eine Steilschlucht hinab, eine riesige Felsplatte ist dort quergestellt. Achtung bei Schnee! Weiter zu einem Geröllrücken mit Wegtafel über den Seeabfluß und zum *Arthur-von-Schmid-Haus* (2275 m, + 1 Std.). In diesem heimeligen Haus, wo es sogar ein Komfortzimmer für Bergsteiger gibt, kann eine große Tour behaglich und besinnlich ausklingen. Abstieg nach Mallnitz, siehe Tour 2.

Touristische Angaben

Die Höhenroute sollte nur von erfahrenen, sehr ausdauernden Bergsteigern mit entsprechender Ausrüstung (Pickel, Leichtsteigeisen, kurzes Seil) unternommen werden. Früher Aufbruch wegen Gewitter ratsam! Verpflegung mitnehmen. »Fluchtwege« sind angegeben. Mindestens 12 Stunden veranschlagen!
Beste Jahreszeit: Nicht vor Ende Juli, bis Mitte September.

Ein Tauern-Relief: Die Reißeckgruppe gesehen vom Säuleck. Ganz links das Große Reißeck, im Vordergrund die Große Gößspitze.

Höhendifferenz: Mit Gegensteigungen ca. 800 Meter im Auf- und Abstieg (diese Zahl nicht unterschätzen, die große Leistung ergibt sich aus der Länge der Tour!).
Reine Gehzeit: Über 9 Std. insgesamt.
Einkehrmöglichkeiten: Reißeckhütte, Sporthotel Reißeck, Schmidhaus.
Unterkunft: *Sporthotel Reißeck,* Endpunkt der Reißeckbahn ab Kolbnitz, Fahrzeiten mehrmals täglich. Großes, bis spät in den Herbst bewirtschaftetes Haus mit Hallenbad. – *Reißeckhütte,* 2287 m, OeAV-S. ÖGV, bew. Anf. Juli bis Ende Sept., Tel. (Hütte) 04783/420350; Zugang von der Reißeckbahn, ¼ Std. – *Adlerhorst,* 2333 m, TVN, Selbstversorger, Voranmeldung bei Michael Konegger, Spittal/Drau, Tel. 04762/42765. – *Mooshütte,* 2320 m, Selbstversorger, OeAV-S. Spittal/Drau, Tel. 04763/3268. – *Arthur-von-Schmid-Haus,* 2275 m, OeAV-S. Graz, siehe Tour 2.
Talorte: Kolbnitz und Nebenorte (Gemeinde Reißeck); siehe Tour 14; Gmünd und Nebenort Trebesing, siehe Tour 1.
Karten: Österreichische Karte 1:50000, Bl. 181 Obervellach und Bl. 182 Spittal an der Drau.

6 Die giftige Geschichte des Pöllatales

Wandern und Bergsteigen im Faschaunerkamm

Den Namen Pöllatal führt der oberste Liesergraben. Der Name kommt laut dem Bergnamenforscher Dr. Kranzmayer aus dem slawischen poljana = Flachland. Und das Pöllatal zieht sich wirklich auf eine lange Strecke fast eben in die hohen Berge der Hafnergruppe hinein. Doch sein Bergrahmen wirkt, vor allem an der nördlichen Seite zwischen Kareck und Oblitzen, trotz grünen Bewuchses fast wandartig. Die Südbegrenzung der Pölla zeigt mehr Gliederung in düstere Felsgrate, und die Gipfel sind noch höher. Faschaunerkamm genannt, tragen sie die östlichsten, sehr einsamen Dreitausender der Alpen. Dort fehlt eine Schutzhütte. Sie war in den dreißiger Jahren von der D.u.ÖAV-Sektion Gablonz im Lanisch geplant, wurde aber nicht gebaut. Die Vereinsamung aber wertet das Gebiet heutzutage auf. Anziehend ist auch die dunkle Pracht einzelner Gipfel, wie die regelmäßige Pyramide des Schober-Eisig.

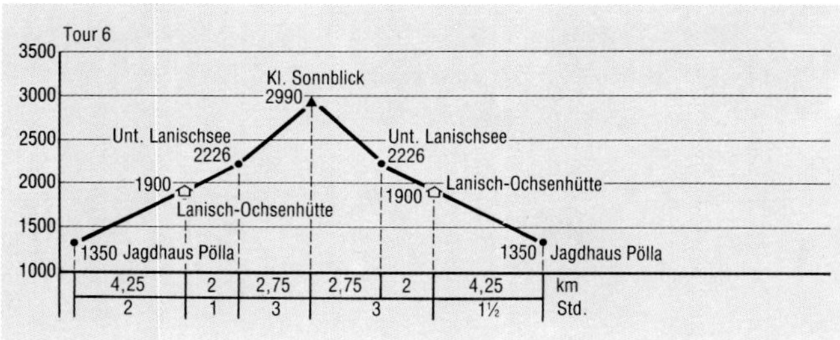

Dieses Entwicklungsland der Bergsteigerei hat eine große wirtschaftliche Vergangenheit. Im Talschluß wurde das »rotgültige Erz«, der Arsenkies, gebrochen, gemahlen und im Talboden gebrannt und verhüttet. Ein halbes Jahrtausend giftiger Geschichte in einem entlegenen Bergtal! Der Besucher kann das Unglaubliche heute nur nach Erzählungen und im Museum erfahren. Prof. h.c. Helmut Prasch, der Schöpfer des großartigen Heimatmuseums in Spittal an der Drau, berichtet darüber eingehend in seinen Büchern: »Weit hinten im Tal, wo die ›Silbereckscholle‹ wertvollste goldhaltige Erze führt, wurde das furchtbare Gift Arsenik entdeckt. Es setzte sich bei der Goldgewinnung, beim Schmelzen des Arsenkieses, in den Hütten an der Decke fest, daher nannte man es auch ›Hittrach‹ (= Hüttenrauch). Mancher Knappe starb an den nicht erkannten Dämpfen. In richtiger Dosis aber wurde Arsenik (Arsen) ein sehr begehrtes Vielzweckmittel: Die Römer sollen es schon zum ›Dopen‹ der Gladiatoren verwendet haben, Bauern machten ihre Rösser damit feurig, bei den Mohammedanern galt es als Aphrodisiakum. Man brauchte es beim Färben und in der Erzeugung von Leder, bei der Vertilgung von Ratten sowie gegen die Weltseuche Pestilenz. Und schließlich war Arsen das sichere Mittel für ›plötzlichen Tod‹ in der Politik! Kein Wunder, daß man die Lagerstätten wie wild ausbeutete. Der Arsen-Welthandel – im Tausch gegen Edelmetalle und Gewürze – ging vom 14. bis 19. Jahrhundert durch das Liesertal und weiter bis Venedig, jährlich bis zu 50000 Kilogramm in 15-Kilogramm-Fäßchen. Schmutzige Geschäfte und Unterdrückung der Arbeiter waren gang und gäbe: Transporte wurden überfallen, und Fron, Maut und Zoll spickten die Säckel der Gewerken, aber auch der Bischöfe und des Kaisers, die ›redlich‹ die Erzeugung des Giftes förderten. Die Folgen der Gegenreformation mit der Knappenvertreibung, und die Ausbeutung dieser härtest arbeitenden Menschen brachten die Gewinnung des Arsens vor etwa hundert Jahren zum Stillstand. Wie der Goldrausch, so verging auch der Giftrausch in den Alpen...« Die geistige Beschäftigung mit solchen vergangenen Zeiten wertet, so wie jede Reise, auch jede Wanderung und Bergtour auf.

1. Wanderung zu den Lanischseen: Anfahrt von Rennweg (1140 m) nahe dem Katschbergtunnel der Tauernautobahn (ca. 9 km mit Pkw) zum Parkplatz beim *Jagdhaus Pölla* (1350 m). Unterwegs zur Linken der Wasserfall des Lasörnbaches (schöne Touren, etwa zum Lasörnsee) und Gasthaus »Schoberblick« mit Bergbaumuseum. Ein Fahrweg, Nr. 549, zieht an der linken Seite des Lieserbaches durch eine Au mit viel Wasser bergauf. Gegenüber dem ehemaligen *Lieserfall* – das Wasser schießt dort durch eine schräge Felsrampe – steigt der Weg mehr an. Die Lieser wurde nahe ihrem Ursprung mittels Stollen dem Malta-Kraftwerk »zugeordnet«. Als man von diesem Plan einer Abzapfung erfahren hatte, kämpften die Rennweger um ihr Wildwasser, und man sah sie schon als »Retter des Liesertales«, denn nach massiven Protesten gegen das gesamte Kraftwerk war es still darum geworden. Doch mit einem Mal wurde das Kraftwerk gebaut – und die Lieser war abgeleitet!

Beim Lieserfall endet das Pöllatal, ab dort heißt es Lanisch (vermutlich von den Lahnen = Lawinen). Angenehm bergan steigend, erreicht man die *Lanisch-Ochsenhütte* (1900 m, 2 Std.), in der es Getränke und auch einfache Lager gibt. Man sieht zum »Liesertor«, dort, im Lieserkar und anderswo, befanden sich Stollen und Gänge in Seehöhen von 2200 bis 2500 Meter. Im Lanischkar liegen, noch auf 2400 Meter, alte Mühlsteine mit bis zu 90 Zentimeter Durchmesser – Zeugen der großen Bergbaugeschichte des Tales!

Ab der *Ochsenhütte* wird es unwegsam, Steigspuren mit Markierung leiten zum *Unteren Lanischsee* (2226 m, 1 Std.), dem größten der fünf hellen, seichten Gewässer im einsamen Kar, das von ebenso vielen scharf geformten Dreitausendern umstanden ist. Unterwegs ist die aufgetürmte Klippe eines Ausläufers (2426 m) vom Kleinen Sonnblick mit ihrer Felsschichtung sehenswert. Ein Naturschauspiel bietet der Torbach, der über glattgewaschene, farbige Marmorplatten sprudelt. Von einer Begehung der Lanisch-Scharte (2876 m) zwischen Kleinem Hafner und Karschneidegg muß dringend abgeraten werden! Das Gestein ist dort überaus brüchig, Steinschlag und Steileis sind die »Zugaben«, die auch gute Alpinisten abschrecken.

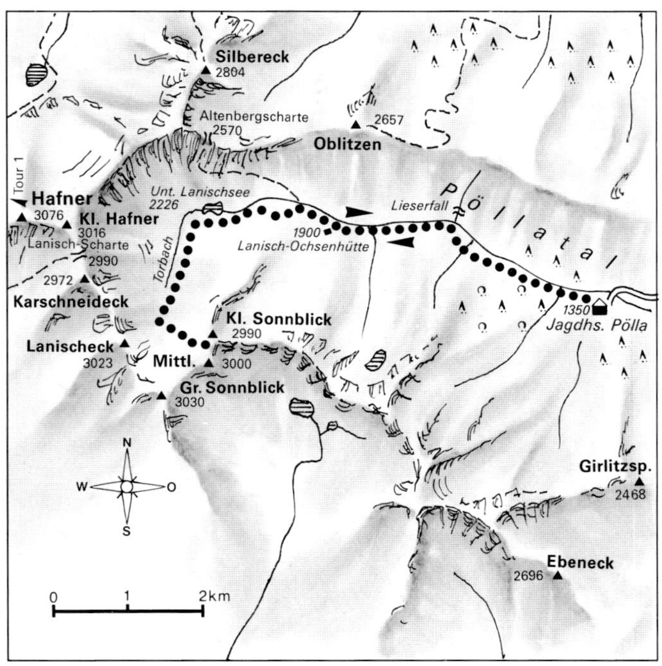

Am Kareck über dem Pöllatal. Links der Schober-Eisig im Faschaunerkamm der Hafnergruppe.

2. Bergtour auf den Kleinen Sonnblick: durch die Westflanke, nur für geübte Bergsteiger mit Pfadfindersinn und Ausdauer. Unmarkiert ab *Lanischsee.* Von diesem das große Kar in weitem Bogen nach Süden steil aufwärts (oft Schnee). Über eine Steilstufe zum obersten, sanfter geneigten Karboden und nach Osten in den breiten Sattel im Nordgrat des Kleinen Sonnblicks. Über diesen und den oben blockigen Nordgrat zum *Gipfel* (2990 m, 4 Std. ab Ochsenhütte, gleiche Route im Abstieg, 3 Std.) Ein Übergang zum Mittleren und Großen Sonnblick verlangt auf einer längeren Strecke Kletterei (II, ca. 1½ Std.).

Touristische Angaben

Zu den Lanischseen leichte Wanderung, dennoch Bergausrüstung, Kälteschutz und Verpflegung mitnehmen. Auf den Kleinen Sonnblick noch leicht, aber anstrengend, Pickel nötig. Große Bergeinsamkeit! Besonders für diese Tour gilt, was Siegfried Steiger, einer der wenigen Kenner des Gebietes, gesagt hat: »Es gibt sie immer noch, die stillen Almen, Winkel und Gipfel, auf die im Jahr keine zehn Leute ihren Fuß setzen, an denen die Hektik unserer Zeit spurlos vorübergegangen ist...«

Beste Jahreszeit: Ab Mitte Juli bis Mitte Oktober. Nächtigung in der Ochsenhütte günstig zwischen Mitte Juli und Mitte August.
Höhendifferenzen: Lanischseen 900 m im Auf- und Abstieg; Kleiner Sonnblick ab Ochsenhütte 1100 m im Auf- und Abstieg.
Reine Gehzeiten: Lanischseen 3 Std. im Auf- und 2½ Std. im Abstieg. Kleiner Sonnblick 4 Std. im Aufstieg von der Lanisch-Ochsenhütte, 3 Std. im Abstieg.
Einkehrmöglichkeiten: Gasthaus Schoberblick, Ochsenhütte.
Unterkunft: In den Talorten; einfache Lager in der Ochsenhütte.
Talorte: *Gemeinde Rennweg,* 1140 m, mit den Dörfern St. Georgen, St. Peter, Gries und Oberdorf, an der Südrampe der Katschberg-Paßstraße und an der Tauernautobahn. Neuzeitliche Fremdenverkehrsgemeinde mit allen Einrichtungen, sehr guter Ausgangspunkt für Touren.
Karten: Österreichische Karte 1:50000, Bl. 156 Muhr und Bl. 157 Tamsweg (letztere nur für die Anfahrt von Rennweg).

Der Lasörnsee im Faschaunerkamm der Hafnergruppe. Blick zum Nockgebiet.

7 Zur ersten Schutzhütte der Ostalpen

Der Gamskarkogel und der Großarl-Gasteiner-Kamm

Nach dem Gamskarkogel zwischen Gasteiner und Großarltal ist einer der längsten Seitenkämme der Hohen Tauern benannt. Man nennt den an der Keesnickelscharte nach Nordwesten biegenden, nördlich verlaufenden, und mit Haßeck und Heukareck ins Salzachtal abbrechenden Gebirgsrücken auch Großarl-Gasteiner-Kamm. Den Höhenzahlen nach ist er als einheitlich zu bezeichnen. Er zeigt auf seiner Länge von weit über 30 Kilometern nur wenige Gipfel unter 2000 Metern Höhe. Trotz seiner Kettenform hat er Berggestalten von Charakter. Im geologischen Aufbau, in der Pflanzenwelt und im touristischen Wert ist er eher widersprüchlich. Daraus können sich aber gute Anreize zum Bergsteigen ergeben!

Etwa drei Viertel des Gebirges bestehen aus Schiefergesteinen von großer Mächtigkeit, die Steilhänge, aber sanfte Gipfelflächen bilden. Fast in jedem Graben des Großarltales wurde Bergbau betrieben, etwa auf Kupfer- und Schwefelkies, doch war dieser nicht besonders ergiebig. Das nördliche Kammviertel, an die Radstädter Tauern mit ihren Triasgesteinen grenzend, baut sich aus fast dolomitischen Formen auf. An den Ausgängen der Täler herrschen die »Klammkalke« vor. Von der außerordentlich wilden, unerschlossenen Gasteiner Klamm ist von Bahn oder Straße aus nur wenig zu sehen. Die Liechtensteinklamm des Großarlbaches hingegen ist begehbar und wird als eines der gewaltigsten Naturphänomene der Alpen gerühmt. Den Gesteinen entspricht eine vielfältige, in diesem Gebiet auch unerwartete Flora. Von verschiedener Art ist auch die Wanderer- und Bergsteigerfrequenz dieses Tauernteiles: unendlich einsam die gefährliche, felsig-schmale Höllwand, nahe daneben der oft bestiegene Schuhflicker; die abschüssigen Grashalden des Rastötzengebirges gehören mehr der Jagd als dem Touristen; gleich anschließend steht der Allerweltsberg Gamskarkogel, an den zwischen Tofernscharte und Keesnickel-Kreuzkopf wieder die Urlandschaft grenzt.

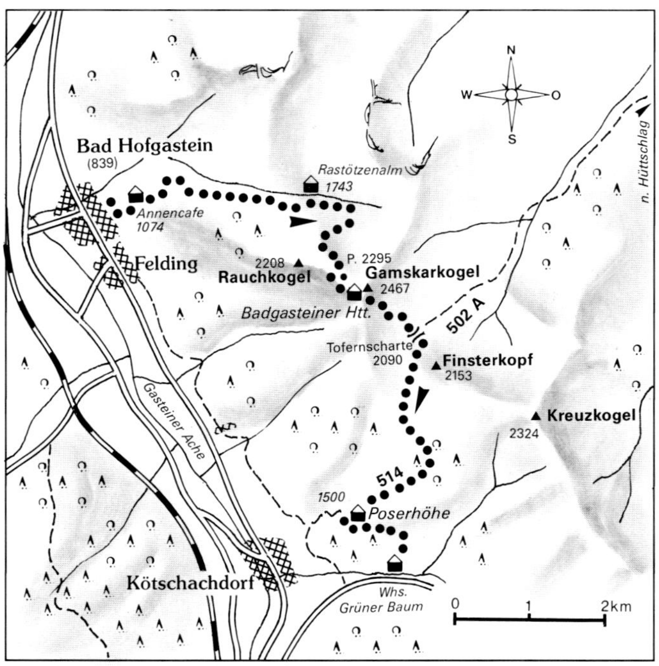

Indes von Badgastein und Hofgastein schon seit langem markierte Steige zu einigen Gipfeln führten und der Sessellift von Dorfgastein auch schon eine Generation erfreute, hat die touristische Erschließung des Großarltales erst in den letzten Jahrzehnten, nun aber mit Nachdruck, eingesetzt. Derzeit gibt es von dieser Seite aus mehr einzelne markierte Steige in früher unbekannte Seitengräben als vom Gasteiner Tal her. Ein Sessellift für die Skifahrer von Großarl zum Kreuzkogel ist auch im Sommer benützbar. Der Hauptgipfel des Kammes aber hat seine Würde, ohne Aufstiegshilfe zu bestehen, behalten. Außer kurzen Straßenzufahrten gibt es beim Gamskarkogel noch keine Erleichterung für den Bergwanderer!

Noch andere Würden sind mit dem Gamskarkogel verbunden. Der »Steirische Prinz« Erzherzog Johann hat den Berg erstmals »salonfähig« gemacht. Dieser wirksame Förderer von Menschen und Wirtschaft in den Alpentälern war auch Wegbereiter des Alpinismus. Nach seiner Gamskarkogel-Tour – bei der vor allem die umfassende Aussicht von dem exponierten Gipfel gerühmt wurde – ließ er 1829 am Gipfel ein Hüttchen aufstellen, das nun als die erste Schutzhütte der Ostalpen bezeichnet wird. 1932 wurde sie von der AV-Sektion Badgastein umgebaut, weiter ausgebaut und wird bewirtschaftet.

Nehmen wir uns einen schönen Tag lang Zeit für die ausgedehnte Bergtour zu einem bedeutenden, vielbestiegenen Tauerngipfel! Eine Übernachtung, zum Genuß von Sonnenauf- und untergang in dieser Höhe, sollte eingeplant werden.

Bergtour über den Gamskarkogel: Von Bad Hofgastein mit Pkw (evtl. Taxi) zum *Annencafé* (1074 m, Kapelle) über dem Ausgang des Rastötzengrabens. Ein Waldweg (Nr. 513, 502 A) zieht zügig zur Höhe. Vor der *Rastötzenalm* (1743 m) bei 1700 Meter Wegteilung: Ein »Ast« dient als Zugang zur Hütte jenseits des Baches und kehrt höher oben zum Hauptweg zurück, der nun als schmaler Pfad in südlicher Richtung den mit Almrosen bewachsenen Steilhang zur Kammhöhe zwischen Rauchkogel (2208 m) und Punkt 2295 (mit Kreuz) hinaufzieht.

An den westlichen Hängen des Rauchkogels befindet sich das ca. zehn Hektar große Abbruchgebiet der seit alters bekannten »Feldinglahn«, die bis zur Siedlung Heißing-Felding vordringen und die Spaziergänger am »Gasteiner Höhenweg« gefährden kann. Erst 1988 denkt man bei der Landesregierung Salzburg daran, durch Verbauungen vor der Feldinglahn zu schützen!

Weiter an der Grathöhe, einen Felsabbruch auf schmalem Pfad durch Steilrasen umgehend, zuletzt durch eine grasige Mulde, erreicht man die schon sichtbare *Badgasteiner Hütte* auf dem Gipfel des *Gamskarkogels* (2467 m, ca. 4 Std.).

Abstieg auf der gleichen Route zurück, auch über den Frauenkogel, 2433 m, zur Rastötzenalm lohnend, oder nach Badgastein: Mit Markierung 502 A, 513 über einen Riesenhang steil bergab zur *Tofernscharte* (2090 m, Abstieg nach Hüttschlag im Großarltal möglich, 502 A, 3 Std.); nun etwas sanfter, nach Markierung 514, am Hang des Finsterkopfs nach Süden, eine wasserreiche Mulde ausgehend und über schöne Wiesen zur bekannten Jausenstation *Poserhöhe* (1500 m), die wie auf einem Aussichtsbalkon über dem Tal (mit Gletscherblick!) thront.

Danach sehr steil durch Wald hinab zum Hoteldorf *Grüner Baum* (1125 m, + 3 Std.). Vor der östlichen, direkten Markierung zum Grünen Baum wird gewarnt. Mit planmäßigem Busverkehr nach Badgastein, bzw. zurück nach Hofgastein.

Auf einem Aussichtsbalkon des Gamskarkogels liegt der beliebte Gasthof Poserhöhe. Blick zum Graukogel.

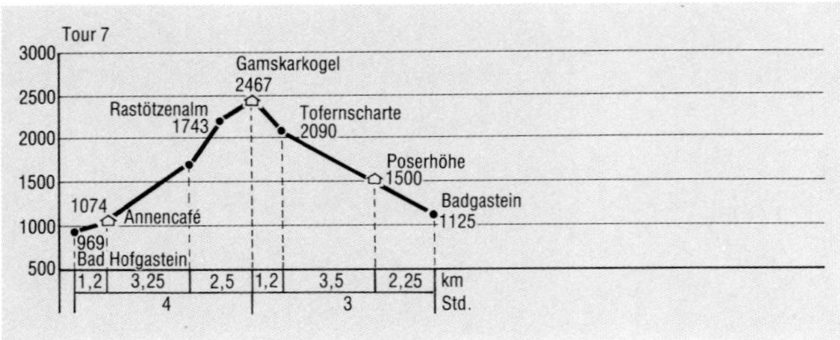

Touristische Angaben

Anstrengende, aber sehr lohnende Bergtour, günstig mit Übernachtung (Badgasteiner Hütte oder Rastötzen-Schutzhaus) zu machen.

Beste Jahreszeit: Mitte Juli bis Ende September.

Höhendifferenzen: Ab »Annencafé« ca. 1400 m im Aufstieg; bis »Grüner Baum« ca. 1350 m im Abstieg.

Reine Gehzeiten: Ca. 4 Std. im Aufstieg; 3¼ Std. im Abstieg.

Einkehrmöglichkeiten: Annencafé, Rastötzen-Schutzhaus, Badgasteiner Hütte, Poserhöhe.

Unterkunft: *Rastötzen-Schutzhaus,* 1743 m, privat, bew. Juni bis Okt. – *Badgasteiner Hütte,* 2467 m, OeAV-Zweig Badgastein, Tel. (Tal) 06434/2606, bew. Mitte Juni bis Ende Sept.

Talorte: Weltkurorte *Bad Hofgastein,* 839 m, und *Badgastein,* 1002 m, an der Bahnstrecke Schwarzach–St. Veit–Mallnitz (Tauerntunnel). Straße von Schwarzach–St. Veit bis Böckstein. Autoschleuse durch den Tauerntunnel. Beide Orte mit Thermal-Hallenbädern. – *Dorfgastein,* 830 m, großer, ruhiger Urlaubsort mit dörflichem Charakter. – Auch aus der bekannten Urlaubsregion Großarl-Hüttschlag, die in »Höhenwege in den Niederen Tauern« erwähnt wurde, ist der Gamskarkogel ersteigbar.

Karten/Führer: Österreichische Karte 1:50000, Bl. 155 Bad Hofgastein; Freytag & Berndt-Wanderkarte 1:50000, Bl. WK 191 Gasteiner Tal; Kompass-Wanderbuch Gasteiner Tal von Adele Bogensberger.

8 Gastuna tantum una

Von den Gasteiner Hausbergen

»Gastuna tantum una«, es gibt nur ein Gastein, so lautete ein Wahlspruch im Gasteiner Tal. Es sind aber bereits drei Gasteine: Badgastein, Bad Hofgastein und Dorfgastein. Begründet haben den Weltruf des »ersten Gastein« die radioaktiven Heilwasser, die in großer Ergiebigkeit dem Graukogelmassiv, mit natürlicher Wärme bis 48,3 Grad, entquellen. Schon im Mittelalter waren die Gasteiner Badekuren höchsten Herrschaften bekannt. Nach Angaben des Arztes Martin Ruland, 1579, »Von Wasserbädern« half das Gasteiner Wasser ganz einfach gegen alles! Aber seltsamerweise hat er Heilanzeigen gegen manches heutige Leiden, wie Rheumatismus, noch nicht genannt.

400 Jahre nach Ruland sind die Gasteiner Thermen und der Heilstollen bei Böckstein berühmt. Ein ehemaliger Bergwerkstollen mit gleichmäßig hohen Temperaturen im Erdinneren wird zu Heilzwecken genutzt. Geworben wird für eine natürliche, schonend wirkende Therapie bei Rheumatismus, Arthrosen, Bechterew, Asthma, Durchblutungsstörungen, Unfallfolgen und Sportverletzungen. Die Stolleneinfahrten sollen die körperlichen Abwehrkräfte steigern und ein mildes Kreislauftraining für jedes Alter bewirken.

Die Europa-Urlaubsregion Gasteiner Tal, wie sie sich heute

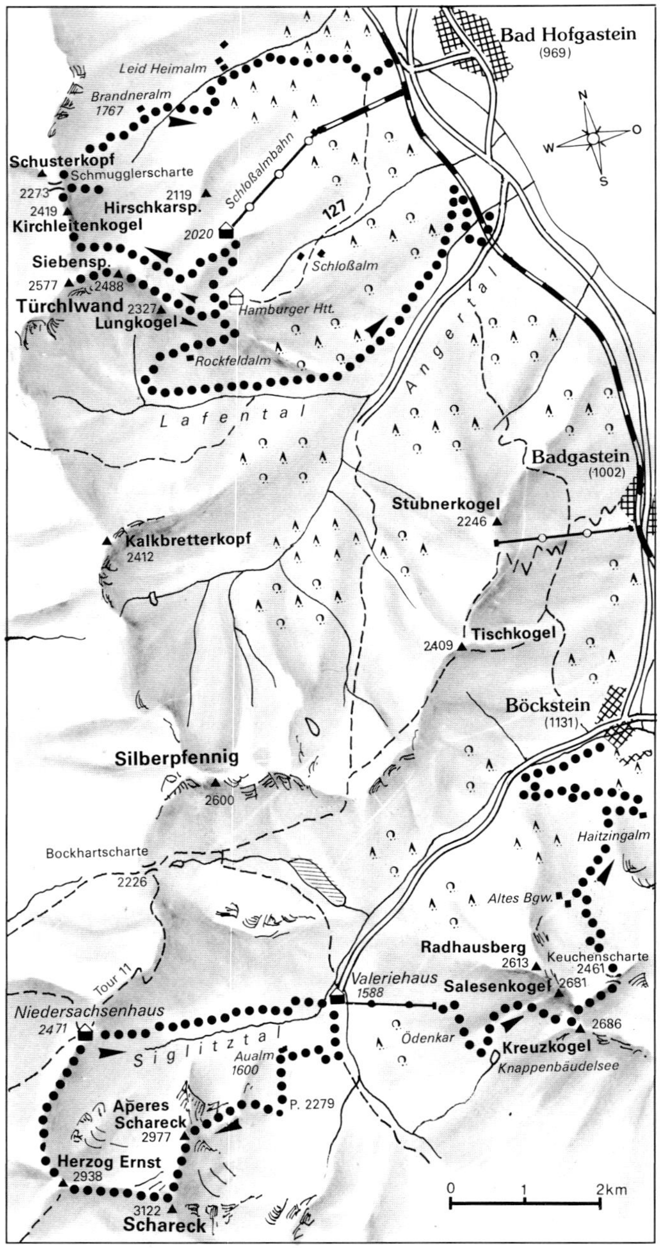

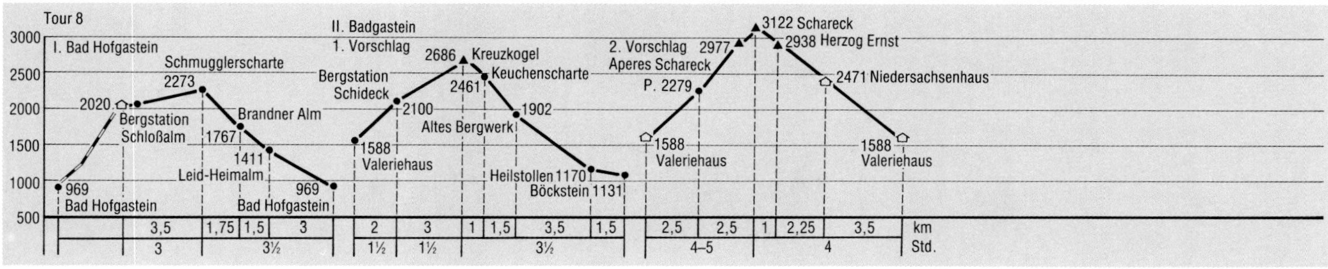

nennt, hat viele sportliche Einrichtungen geschaffen, zuerst »mechanische Aufstiegshilfen« für den »Skiverkehr« und Pistenflächen. Nach der Proklamierung des (angeblich überall) »wanderbaren Österreich« wurden neue Routen und einige Wanderbüchlein mit Stempel geschaffen. Dabei wurde über das Ziel hinausgeschossen. Bei zu schwierigen Bergen und zu großer Anstrengung kann eine Art von Leistungszwang entstehen. Immer wieder begegnet man im Gasteiner Bereich bergfremden Menschen, die sich zuviel zumuten, nach der Kuranwendung losziehen und in Kreislaufnöte geraten. Während der Badekur sollte man nicht auf hohe Berge steigen, höchstens Spazierwanderungen ausführen. Kur- und berggerecht wäre es, vor Beginn der Kurtage Bergtouren einzuplanen. Am besten ist es, einige Male nur zum Bergsteigen ins Gasteiner Tal zu kommen und nicht »alles auf einmal« machen zu wollen!
Die Tourenvorschläge betreffen die Westseite des Tales, die Ostseite wurde bei Tour 7 erwähnt.

I. Bei Bad Hofgastein

Schmugglerscharte. Bis 1987 von der Gasteiner Seite unmarkiert, die OeAV-S. Bad Hofgastein wurde um Markierung ersucht. Sehr lohnende Bergwanderung für selbständige Geher! Von der *Bergstation der Schloßalmbahn* in die *Kleine Scharte,* westlich des Hirschkarspitz (oder Hirschinger, 2119 m, Steig, ½ Std.) und auf dem bezeichneten Pfad zur Brandner- und Leidalm. Um einen Nordausläufer des Mauskarkopfs herum, etwas absteigend an einem Seelein vorbei bis dorthin, wo die Brandneralm-Route nach Norden biegt, auf ca. 2000 Meter. Dort weglos, allgemein nach Westen, durch ein etwas unübersichtliches Kar, teils auf Vieh- und Almsteigen (einige Seen und Bäche), zuletzt steil über Grashänge auf einen merkwürdig buckeligen Kamm, in dem die *Schmugglerscharte* (2273 m, 2½ Std.) nicht leicht zu finden ist. Sie liegt südlich unter dem Schusterkopf, wo ein Privathütterl steht. Ausblicke zu hohen Tauerngipfeln. Abstieg entweder von der Scharte nach Osten, Pfadspuren im Grashang zur *Brandner Alm* (1767 m) und auf Fahrwegen über die *Leid Heimalm* (Laidalm) nach *Bad Hofgastein* (3½ Std.). *Oder,* landschaftlich schöner, auf dem Buckelgrat nach Süden bis dorthin, wo der Kamm zum Kirchleitenkogel (2419 m) anzuheben beginnt. Nun nach Osten über mäßig steile Grashänge weglos hinab, dann auf deutlichen, unmarkierten Pfaden unter dem Kirchleitenkogel in südöstlicher Richtung querend, zuletzt wieder bergauf über schöne Böden, einige Wässerlein überschreitend, in ein Bergsturzgebiet des Siebenspitzes. Blöcke sind mit Blumen überwachsen und lassen sich leicht umgehen. Schöne Rastplätze! Man gelangt zur sichtbaren Piste »Hohe Scharte Nord« und kann sich dort Gedanken über gefährliche Pisten machen. Die lawinengefährliche Abfahrt von der Hohen Scharte nach Norden war früher nur Tourenfahrern vorbehalten. Die Anlage einer Piste in solchem Gelände war durchaus nicht nötig – und wenn, so hätten gefährdete Stellen durch Bauten geschützt werden müssen. Im Februar 1986 ging auf die geöffnete Piste eine Lawine ab und tötete eine Skifahrerin. Die Piste sehr steil aufsteigend, können wir uns unterhalb der *Hohen (oder Schloßalm-)Scharte* (2297 m, + 2 Std.) den felsigen, bedrohlichen Mauskarkopf über der Abfahrtsstrecke gut ansehen. – Von der Hohen Scharte steigt man nach Südosten auf dem Hang neben dem Sessellift (mühsam und steil) ab zum Fahrweg. Kurz aufsteigend zur Bergstation der *Schloßalmbahn* (+ ½ Std.).

II. Im Bereich von Badgastein

1. Vorschlag: Kreuzkogel. Den Namen »Radhausberg« führt ein ganzes Massiv noch aus alten Bergbauzeiten. Mit Bus (mehrmals täglich) oder Pkw von Böckstein auf der Mautstraße zur Gaststätte *Valeriehaus* (1588 m) am Naßfeld (Sportgastein). Großartige Bergumrahmung, besonders das Schareck mit dem Nordostgrat. Nun entweder mit dem *Schideck-Sessellift* (nicht immer in Betrieb) mit seinen merkwürdigen Stationen (»Weltraumkugeln«) bis ca. 2100 Meter oder auf markiertem Steig dorthin (1½ Std.). Im flachen Ödenkar (südöstlich beliebtes Ziel »Knappenbäudelsee«, 2238 m, ½ Std.), Skiliftgelände, nach Osten bergauf zum *Kreuzkogel* (2686 m, + 1½ Std.) Die Gipfel Radhausberg (2613 m) und Salesenkogel (2681 m) sind leicht »mitzunehmen«. Vom Kreuzkogel auf dem Max-Florentin-Steig durch Steilhänge, die mit Sprengungen für eine Skiabfahrt entschärft worden sind, über den Bergkamm bergab zur *Keuchenscharte* (2461 m) und in einem wasserreichen Blockkar, guter Steig, in das ehemalige Bergwerksgelände zu den Ruinen des *Hieronymushauses* (altes Bergwerk, 1902 m), das im Frühling 1975, so wie die nahe Haitzingalm, von Lawinen zerstört wurde. Unter uns im Berg der Heilstollen. Der alte »Knappensteig« führt sehr steil hinab entlang des Baches; wir nehmen eine bequemere Route durch schöne Zirbenbestände mit Tiefblick ins

Der Radhausberg, ehemals Bergbau-Zentrum, gesehen vom Hermann-Bahlsen-Weg.

Gasteiner Tal. Unterwegs mögen Gedanken an das gefährdete Leben und Arbeiten der Bergknappen aufkommen, die sich dort auch im Gebirgswinter in über 2000 Meter Seehöhe aufhielten, und oft in Schneestürmen, nicht selten bei Lawinengefahr, auf- und absteigen mußten.

Wir kreuzen auf unserem flacheren Weg nach Nordosten, nahe der Haitzingalm nach Nordwesten biegend, den sehr steilen Knappensteig – fast eine Rinne! – im Wald. Beim *Heilstollen* kommen wir zur Mautstraße, 1,5 Kilometer vor *Böckstein* (+ 3½ Std.).

2. Vorschlag: Schareck-Nordostgrat, sehr anstrengend, teils gesichert, ein Stück Gletscher. Besonders schöne Hochtour, seit 1885 begangen (*»Neuwirtsteig«*). Vom *Valeriehaus* auf Fahrweg nach Westen, dann über den Bach nach Süden zu ehemaligen Almen (*Lackner- und Aualm,* 1600 m). Auf gutem Steig, bald steil, schräg durch Grashänge und in kurzen Kehren zum *Punkt 2279,* weiter auf einem Kamm zur Gratschneide und an dieser im Bratschengestein, Steig mit Drahtseilen, exponiert bergan zu einer Gratschulter des *Aperen Scharecks* (2977 m). Nun über Schutt, oft Schnee in südwestlicher Richtung zu

Im Bergbaugebiet der Hohen Tauern. Am Fuß des Salesenkogels (Bildmitte) lag das berühmte Hieronymus-Berghaus (1975 von Lawinen zerstört).

einem Gletscherrücken (der ins Schlapperebenkar abbricht, Achtung bei mangelnder Sicht!). Über flachen Firn zum Gipfel des *Scharecks* (3122 m, 4–5 Std.). Abstieg günstig über die bei *Tour 11* beschriebene Schareck-Route über den *Herzog Ernst* zum *Niedersachsenhaus,* sodann durch das *Siglitztal* zum *Valeriehaus* (+ 4 Std.).

Touristische Angaben

I. Bad Hofgastein: *Schmugglerscharte:* unmarkiert, leicht, doch nur für selbständige Bergwanderer bei guter Sicht, einsam, Verpflegung mitnehmen. – **II. Badgastein:** *1. Kreuzkogel:* sehr lohnende, oft begangene Bergwanderung, anstrengend; *2. Schareck-Nordostgrat:* großartige Hochtour, nur für sehr ausdauernde Bergsteiger mit etwas Kletterkönnen und Gletscher-Erfahrung, nur bei günstigem Wetter.
Beste Jahreszeit: I.: ab Mitte Juli. – **II.:** 1., ab Mitte Juli; 2., ab Ende Juli.
Höhendifferenzen: I.: 400–500 m im Aufstieg, ca. 400 m im Abstieg. – **II.:** 1., mit Liftbenützung 600 m, ohne Lift 1100 m im Aufstieg, über 1500 m im Abstieg; 2., ca. 1500 m im Auf- und Abstieg.
Reine Gehzeiten: I.: je 2½ Std. im Auf- und Abstieg. – **II.:** 1., 1½ bis 3 Std. im Aufstieg, 3½ Std. im Abstieg; 2., 4–5 Std. im Aufstieg, 4 Std. im Abstieg.
Einkehrmöglichkeiten: Bergrestaurant Schloßalmbahn, Hofgasteiner Haus des TVN auf der Schloßalm, Valeriehaus am Naßfeld.
Unterkunft: *Hofgasteiner Haus,* 1950 m, Jugendferienheim und Restaurant auf der Schloßalm, TVN, bew. im Winter, evtl. im Sommer, Tel. 06432/8350. – *Niedersachsenhaus,* 2471 m, DAV-S. Hannover; die abgebrannte Hütte wurde 1987 wieder aufgebaut; bew. Juni bis Mitte Sept., siehe auch Tour 11.
Talorte: Badgastein, Bad Hofgastein, Böckstein siehe Tour 7.
Karten: Österreichische Karte 1:50000, Bl. 154 Rauris und Bl. 155 Bad Hofgastein.

Von den Bergwerken über Böckstein stehen nur mehr vielbesuchte, fotogene Ruinen.

9 Einsamer als andere Tauernkämme

Überschreitung des Feldseekammes

Der Feldseekamm könnte mit manchen alpinen und liebenswerten Eigenschaften so recht ein »Publikumsliebling« der Hohen Tauern sein. Er ist aber eher ein Mauerblümchen geblieben. Einige höhere Gipfel – wie Ankogel und Schareck – stehlen ihm die Schau. Und es gibt keine bewirtschaftete Hütte dort. Das kleine Böseckhütterl für Selbstversorger schien ebenso in Vergessenheit geraten zu sein wie die anziehenden Gipfel rundum. In den letzten Jahrzehnten hat sich aber auch um diese Stiefkinder der Tauern ein wenig Erschließung getan. Von Mallnitz aus ist der Häusleralm-Lift ein brauchbarer Zubringer, das Böseckhütterl wird von der Alpenvereinssektion Mallnitz instand gehalten, und anstelle eines verfallenden Unterstandes wurde an der Feldseescharte die Dr.-Weißgerber-Biwakschachtel der DAV-S. Duisburg errichtet. Sie ist, wie die bewirtschafteten Unterkünfte Weißseehaus des TVN, die Duisburger Hütte und die Hagener Hütte, auch jenen willkommen, die den Feldseekamm von der Hauptstrecke des Tauernhöhenweges absteigend kennenlernen wollen. Noch eine andere Art von Aufschließung ist, als Erbe nach dem Kraftwerksbau, zu nennen: die allgemein befahrbare wichtige Wurtenstraße und andere hoch hinaufführende Werksstraßen. Zwei Bergseen der Gegend, der dunkelblaue Feldsee, Namensgeber der Gruppe, und der hellere, größere Oscheniksee, sind in den Bereich allgemein zugänglicher Ziele gerückt. Naturbelassen sind die Oscheniklacken und der Bösecksee. Doch noch manches andere macht Gestalt, Gehalt und Gesicht des etwa 15 Kilometer langen, bis zu 8 Kilometer breiten Feldseekammes aus, über den auch heute noch ein Hauch von Abenteuer weht!

Die *Feldseescharte* (2712 m) grenzt das Tauerngrüppchen zum Hauptkamm der Goldberggruppe im Norden ab. Die Feldseeberge (Böseckkamm) ziehen im allgemeinen in südöstlicher Richtung gegen Mallnitz und Obervellach hinab. Weitere Grenzen: Wurten- und Fragantbach, Möllfluß, Mallnitz- und Tauernbach. Die Gipfelreihe zeigt noch Höhe: vier über 2800, drei über 2700, ebenso viele über 2600 Meter und eine Reihe von Zweieinhalbtausendern. Die Gipfel haben auffallende Formen: der Pyramidenstumpf des Bösecks ist aus vier Graten regelmäßig aufgebaut. Der Schwan (Schwoanspitze) mit den Oscheniktürmen, die dunkelgrünen Astromfelsen oder die jähen Straköpfe prägen sich ein. Im Gestein kommen Kalkglimmerschiefer (Bratschen) neben dunklerem Gefels vor. Im oft sandigen Boden hat sich üppige Alpenflora, auch mit seltenen Arten, angesiedelt. Unser Gebirge vermittelt aber auch bezaubernde Ausblicke zu höheren Firngipfeln und felsigen Nachbarn. Nie wieder habe ich das Relief der Hohen Tauern schöner gesehen als an einem späten Herbsttag im Feldseekamm!

Wie kommt man nun dem hohen Bergrücken bei? Im Abstieg wäre er etwas leichter zu schaffen, doch bin ich mehr für den Aufstieg. Da wachsen einem die Berge entgegen – im Abwärts eilt man zu schnell vorbei. Und eine Übernachtung im Böseckhütterl, hoch über Tälern und Menschen, wird eine Bereicherung alpinistischen Erlebens sein!

Die *zweitägige Bergtour* führt ab Häusleralm über den Feldseekamm zur Duisburger Hütte oder Jamnigalm von der Zivilisation ins Hochgebirge. Willkommene Aufstiegshilfe ist der *Sessellift* Mallnitz (1179 m) – Häusleralm (1868 m). Erspart sind 2 Stunden Steilaufstieg. Ab *Häusleralm* geht es steil weiter: nahe einer Felsschneide, oben nach Süden ausweichend, markierter Pfad Nr. 139, 143, auf das *Lonzaköpfl* (2317 m, 1½ Std.). Dort ist noch »Touristenverkehr« vom Lift her, höher oben trifft man nur vereinzelte Bergsteiger, die vom Lonzaköpfl in eine Scharte absteigen und sich dem grasigen Aufbau des *Laserzkopfes* (2461 m) zuwenden. Dort ist der *Westerfrölke-Steig* (auch Hagener Weg genannt) als schmaler Pfad, mit einer schrägen, gesicherten Platte, durchgezogen. Auf freien Höhen wird der Bergkopf überschritten, zur Linken das breite *Laserzenkar* mit dem kecken Rissieck (Reßeck, 2498 m), weiter angenehm auf weichem Boden. Nach dem *Törlkopf* (2517 m) ein wenig abwärts, bis sich eine schmale, aber nicht hohe Schneide in den Weg stellt. Tritte sind in den Fels gehauen, die Gipfelklippe ist sogar mit Geländer abgesichert. Noch ein ausgesetztes Köpfl, die Krippenhöch (oder Sgrippen, von slaw. hrib = Berg, 2478 m) ist zu überklimmen. Nun 150 Meter Abstieg zur *Mauternitzscharte* im Grünen (2332 m, + 2 Std.).

Diese Einsenkung bietet den günstigsten Fluchtweg ins Tal. Nordostseitig, oben kurz steil, führen Steigspuren durch die grasige Mauternitzgrube ca. 400 Höhenmeter bergab und queren südostseitig zur Häusleralm (ca. 2 Std.). Südseitig wäre ein Abstieg einfacher, aber weitaus länger: Steigspuren entlang des Wollinitzbaches zur Vierbauch- und Wabnigalm, dann Alm-

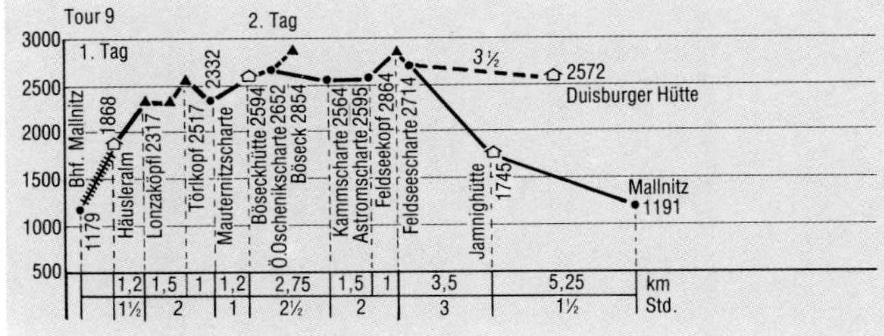

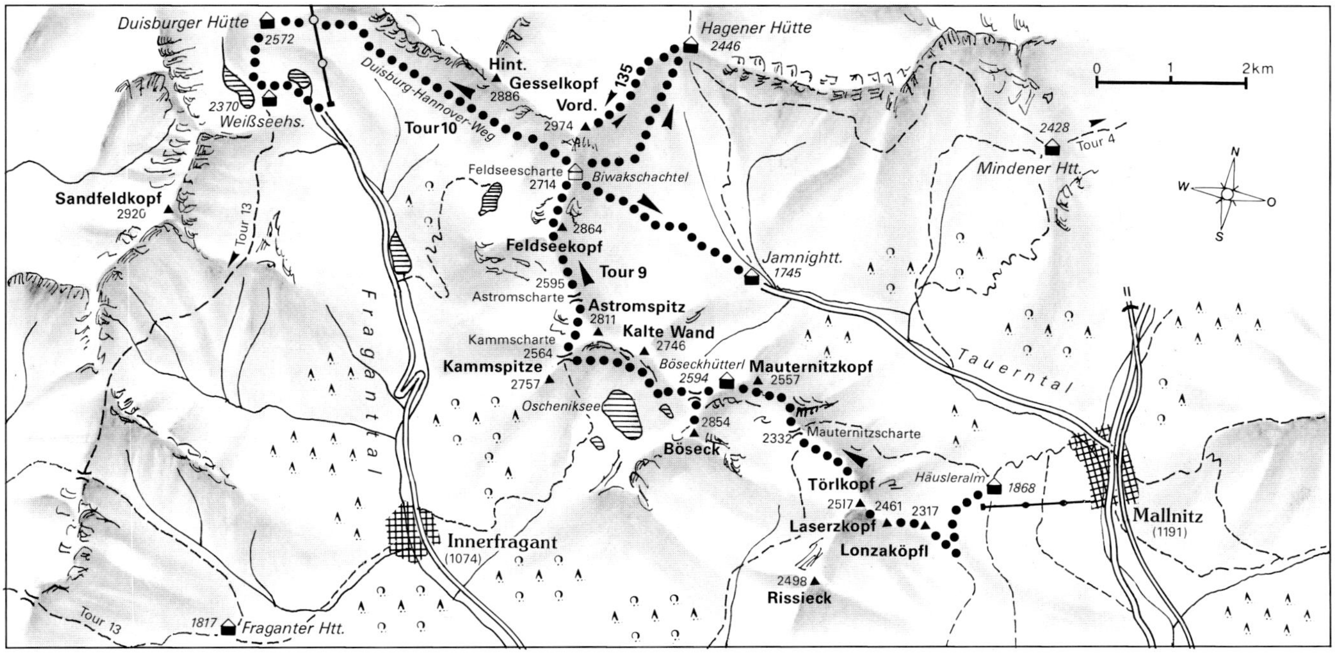

weg nach Waben/Flattach (4 Std.). Man lasse sich nicht verleiten, am Mauternitzkopf oder bei der Böseckhütte nach Norden abzusteigen, man gerät in Felsgelände!

Südlich unterhalb der *Mauternitzscharte* ist das letzte Wasser, sonst wäre man auf Schnee angewiesen. Das Steigl »schmiert« nun das Gelände am *Mauternitzkopf* (2557 m) aus und zieht in stärkerer Steigung zum holzverschindelten *Böseckhütterl* (2594 m, + 1 Std.).

Haben wir eine Übernachtung vor, können wir noch am selben Tag mit leichtem Berggepäck das zweigipfelige *Böseck* (2854/2834 m) erklimmen: zuerst nach der Markierung der Höhenroute, die den Böseck-Nordhang zur *Östlichen Oschenikscharte* (2652 m) unangenehm quert. Weiter über den Blockhang zum höheren Vorgipfel und Hauptgipfel (1 Std.), gleiche Route zurück (¾ Std.). Bei klarer Sicht herrliche Schau bis zu den Juliern und Karawanken.

2. Tourentag: Von der Böseckhütte durch die unangenehme Nordflanke (oft abgerutschter Steig, eisig bei Schneeresten) zur *Östlichen Oschenikscharte,* mit Tiefblick auf die in zwei Karstufen übereinanderliegenden Seen, Böseck- und Oscheniksee. Der von der DAV-S. Hagen gut angelegte Steig führt nun steil bergab, umgeht die eigenartig geradlinige, mit Türmen gekrönte Felsmauer *Kalte Wand* (2746 m) im Süden und windet sich allmählich durch Trümmerkare zur *Kammscharte* (oder Westlichen Oschenikscharte, 2564 m, 2½ Std.). Zur Linken die bedeutende *Kamm- oder Kuhmspitze* (2757 m). Eine Ersteigung aus der Senke über einen Blockhang ist nicht schwierig (I, ¾ Std.). Im allgemeinen konzentrieren sich die Höhenweg-Begeher aber mehr auf den abwechslungsreichen Pfad als auf Gipfel, zumal man den höchsten von ihnen ohnedies überschreitet. – Bei der Kammscharte mündet eine vom *Oscheniksee* herleitende Markierung, mit deren Hilfe man nach Innerfragant »auskneifen« könnte (4 Std.).

Die Steiganlage zieht nun im Westabfall der Astromspitze (2811 m) über dem Astromkar, zuletzt steil zur *Astromscharte* (2595 m, + 1 Std.), ein ausgesetztes Wegstück; bei einer Felsnase besondere Vorsicht! Altfirn, aber auch Neuschnee kann solche Stellen sehr gefährlich machen! Der breite *Feldseekopf* (2864 m) wird über viele Kehren durch den Südhang überwunden, der Abstieg zur *Feldseescharte* (2714 m, + 1 Std.) ist dagegen ein Spaß. Die Biwakschachtel ist willkommene Raststätte.

Abstieg: Wer den Tauern-Höhenweg weiterverfolgen will, erreicht nach Nordwesten auf dem Duisburg-Hannover-Weg die *Duisburger Hütte* (2572 m, 2½ Std.), eine leichtere, aber durch unterbrechende Wasserläufe doch ermüdende Etappe. – Ein Abstieg zur *Hagener Hütte* (2446 m, 1½ Std.) auf dem »Hagener Weg« ist wegen der exponierten Bratschenhänge und eines berüchtigten Firnfeldes weniger zu empfehlen. Diese Etappe ist günstiger im Aufstieg!

Als normaler Pfad ins Tal ist der Steig (Weg-Nr. 136) von der Feldseescharte zur *Jamnigalm und -hütte* (Gasthaus, 1745 m, 2 Std.) zu empfehlen. Nach der »trockenen Angelegenheit« Feldseekamm erfreut wieder sprudelndes Wasser, und der Blumenliebhaber und Steinsucher findet das Seine.

In der Zivilisation der Häusleralm haben wir die einsamen Bergtage begonnen, an der Fahrstraße Jamnigalm–Mallnitz enden sie in ähnlichem Gelände. Sollten wir kein Fahrzeug (Busverkehr) erwischen, so sind die + 1½ Stunden Weg, mit Abkürzungen, nach *Mallnitz* auch noch zu Fuß zu schaffen.

Über den Feldseekopf, im Bild links, führt eine der einsamsten Höhenrouten der Tauern. Tief unten der Feldsee.

Im menschenleeren Feldseekamm zwischen Oschenikscharte und Astromscharte. Im Hintergrund die Gesselköpfe.

Touristische Angaben

Bergtour für selbständige und erfahrene Bergsteiger in großer Einsamkeit; Pickel nötig. Bei geplanter Übernachtung im Böseckhütterl Holz und vor allem Wasser mitnehmen! In einem Tag ist die Tour überaus anstrengend, dann nur im Abstieg zu empfehlen.

Beste Jahreszeit: Ende Juli bis Mitte September.

Höhendifferenzen: *1. Tag,* ca. 700 m im Aufstieg, 200 m im Abstieg; *2. Tag,* ca. 500 m im Aufstieg, 1200 m im Abstieg.

Reine Gehzeiten: *1. Tag,* 4½ Std. im Aufstieg, mit Höhenverlust zur Mauternitzscharte; *2. Tag,* 4½ Std. im Aufstieg mit Höhenverlusten, 2 Std. im Abstieg, bis Mallnitz + 1½ Std.

Einkehrmöglichkeiten: Gasthaus Häusleralm bei der Bergstation des Häusleralm-Liftes, Jamnigalm-Gasthaus, evtl. Duisburger Hütte.

Unterkunft: *Böseckhütte,* 2594 m, OeAV-S. Mallnitz und DAV-S. Hagen, Unterstandshütte (6 Matratzen, Ofen), geöffnet Juni bis Sept. Bei geplanter Übernachtung anfragen bei Sektion A-9822 Mallnitz, Nr. 69 oder Sektion D-5800 Hagen 1, Schwelmstück 29. – *Dr.-Rudolf-Weißgerber-Biwak* auf der Feldseescharte, 2714 m, DAV-S. Duisburg, offener Unterstand, nicht eingerichtet.

Talort: *Mallnitz,* 1179–1190 m, großer Fremdenverkehrsort mit allen Einrichtungen. Nationalparkgemeinde. Talherberge des Alpenvereins, Hallenbad. Sessellift zur Häusleralm, Ankogelbahn von Mallnitz-Stappitz (1282 m, Busverkehr) bis 2630 m. Busverkehr von Spittal/Drau oder Winklern über Obervellach; Bahnhof der Tauernbahn, Station für die Kfz-Schleuse nach Böckstein. Straße zur Jamnigalm (1745 m); mit Busverkehr.

Karten: Österreichische Karte 1:50000, Bl. 154 Rauris, Bl. 155 Bad Hofgastein, Bl. 180 Winklern und Bl. 181 Obervellach.

Eines der seltsamen Bratschenfelsgebilde am Nordgrat des Vorderen Gesselkopfes.

10 Wilde Tauernsteige und eine Gletscherleiche

Über Hagener und Duisburg-Hannover-Weg

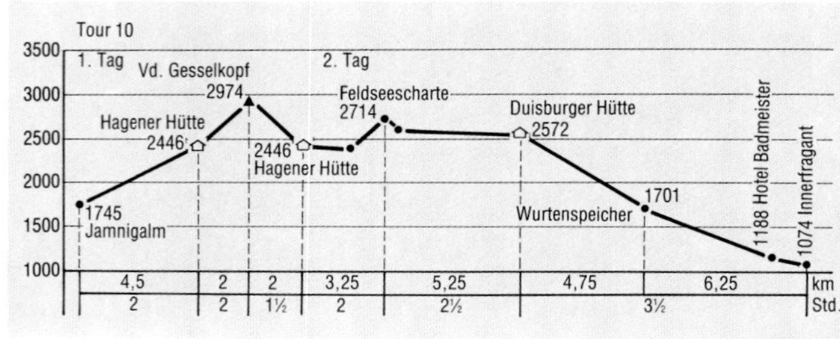

In Tour 4 ist der Tauernhöhenweg (Zentralalpenroute) vom Hannoverhaus zur Hagener Hütte beschrieben. Hier folgt nun das Gebiet um die Schutzhütte der DAV-Sektion Hagen und die Strecke zur Duisburger Hütte, zu der an der Feldseescharte die Route Tour 9 (Feldseekamm) einmündet.

Manche Hochgebirgshütte liegt in starren Felsen oder nahe dem ewigen Eis. Die Hagener Hütte ist von mehr Grün umgeben. Das Bratschengestein zeigt helle Sandflächen oder seltsame Formen. Um die Hagener Hütte ist ein Tummelplatz für Kristallsucher. Da wird gewühlt und sogar gesprengt. Und bei Versuchen, mittels des Tauerngoldes gleich das große Geld zu machen, wurden an anderen Stellen auch schon gefährliche chemische Mittel eingesetzt.

Kaum ein Bergsteiger kann sich dem Eindruck entziehen, den die beiden Gesselköpfe (auch »Geiselspitzen«) über der Hagener Hütte machen. Der höhere ist fast ein Dreitausender. Lange Grate ziehen zu den Gipfeln, ein Ewigschneefeld ist von ihnen eingeschlossen. Man könnte sie in einem Tag, von der Jamnigalm aufsteigend und dorthin wieder absteigend, einheimsen. Höhenweg-Begehern sei angeraten, einen halben »Rasttag« für die Gesselköpfe einzusetzen, und sie nicht im Rahmen der Höhenroute zu überschreiten, was guten Bergsteigern möglich, mit Gepäck aber eher eine Quälerei ist. Lieber die gleiche Strecke zum Auf- und Abstieg nehmen, sie kann pikant genug sein!

1. Tourentag: Vorderer Gesselkopf (Geiselspitze). Von der *Hagener Hütte* (2446 m) auf Steig Nr. 135 nach Westen über einen kahlen Hang, auf weichem Moos und sandigen Böden zum Nordkamm des Berges. Dort steht ein merkwürdiges Gespenst von einem Bratschenberg, mit hängenden Wänden aus Sand. Wir können es, zum Glück, ignorieren! Der Westerfrölke-Kogel (benannt nach einem Sektionsmitglied der Hagener) wird umgangen. Bei einer Scharte betritt man ein Firnfeld, das vereist und recht unangenehm sein kann. Nahe den Felsen hält man sich höher, an der unschwierigen Kuppe des Mittleren Gesselkopfes vorbei, zu einem Gratstück. Dieses wird durch einen kurzen, entweder feuchten oder vereisten Kamin mit Drahtseil umgangen. Von den kleinen Türmen am Grat, die wie Pilze geformt sind, und von rundgeformten Felsplatten lasse man sich nicht abschrecken, sie sind gut begehbar. Den Grat entlang erreicht man, mit Umgehungen, den *Vorderen Gesselkopf* (2974 m, 2 Std.). Der *Hintere Gesselkopf* (2886 m) ist in etwa ½ Stunde, über den Kamm ab- und aufsteigend, leicht »mitzunehmen«. – *Rückweg* nach derselben Route (1½ Std.). Vorsicht beim Kamin und am Firnfeld!

2. Tourentag: Hagener Hütte–Feldseescharte–Duisburger Hütte, »Hagener« und »Duisburg-Hannover-Weg«, Mark. 102. Diesmal brechen wir nicht zu früh auf. Grund für dieses unbergsteigerische Verhalten ist das sehr steile Firnfeld im Hang des Westerfrölke-Kogels (Warntafel). Bei späterem Aufbruch ist es aufgefirnt und leichter zu begehen. Danach ein Pfad, der sich über einige Wasserrinnen und einen unangenehmen Steilhang hinaufschlängelt. Über einen Felssporn mit Sicherungen, ausgesetzt, auf einen sandigen Riegel (2437 m). Jenseits wieder leichter, stark steigend zur *Feldseescharte* (2714 m, 2 Std.) mit der Dr.-Rudolf-Weißgerber-Biwakschachtel und Nebelglocke, Notunterkunft, siehe Tour 9.

Nach Süden über den felsigen, aber leicht zu begehenden Bergkamm kommt man auf den *Feldseekopf* (2864 m, ¾ Std. hin und zurück), sehr schöne Ausblicke! – An der Gegenseite die Rinne zwischen beiden Gesselköpfen, durch die man diese auf sehr unangenehmer Route – entweder sehr steiler Firn oder brüchige Schrofen – ersteigen könnte, ist nicht zu empfehlen.

Von der Feldseescharte zuerst steiler bergab, dann flacher an einem See vorbei wandert man am Duisburg-Hannover-Weg, fast immer in gleicher Höhe, viele Wasser überschreitend, unter den Felsen des Dreitausenders Weinflaschenkopf, zur *Duisburger Hütte* (2572 m, + 2½ Std.). Gegenüber dem vorhergehenden Hagener Weg eine reine Rast- und Bummelstrecke, deren Länge aber nicht unterschätzt werden darf.

Knapp vor der Duisburger Hütte kommen wir an den Seilen und Stützen der Gondelbahn zum Schareck vorbei – aus der Urnatur wilder Tauernsteige geraten wir in den Bannkreis des Gletscher-Skigebietes am Wurtenkees. »Selbstverständlich« paßte der bodenständige Name des Keeses den Mölltaler Fremdenverkehrsbetreibern nicht, es wurde – so wie das nahe Naßfeld in Sportgastein – flugs in »Mölltaler Gletscher« umgetauft. Gravierender aber ist die – wie in anderen Gletscherskigebieten ähnlich primitive und gefährliche – Werbung mit dem Gletscher selbst. Wenn in Prospekten »Jause am Gletscher« steht, mag man das noch lächelnd hinnehmen. Doch »Erleben Sie den Mölltaler Gletscher live« reizt zum Lachen, wird das Wurtenkees doch im Gletscherbericht des Alpenvereins für 1986/87 als »Gletscherleiche« bezeichnet! Das Kees, das nach Ansicht von Fachleuten »durch sein Verhalten völlig aus dem Rahmen der übrigen Gletscher der gesamten Ostalpen fällt« (Dr. Gerhard K.

Blick vom Schareck gegen Hohen Sonnblick, Hocharn und Großglockner (links oben).

Lieb) ist seit 1965 in drei isolierte, inaktive Teile zerfallen. Werbeprospekte versprechen auch: »Das Schareck kann von der Bergstation der Gondelbahn in einer ungefährlichen Gletscherwanderung problemlos bestiegen werden.« Ob sich das Kees, das zwar nicht viele, aber doch Gletscherspalten aufweist, wohl danach richten wird?

Das Gondelbahn-Projekt auf der Gletscherleiche wurde jahrelang von Natur- und Umweltschützern sowie vom Alpenverein bekämpft. Doch setzte sich der Wille der Fremdenverkehrsgemeinde Flattach im Mölltal und ihrer Geldgeber durch, die mit allen Mitteln ihr Gletscherskigebiet haben wollten. 1987 wurde die Gondelbahn auf das Wurtenkees eröffnet. Ob das Skigebiet die großen Erwartungen erfüllt, wird die Zukunft weisen. Leidtragende ist unter anderem die DAV-Sektion Duisburg mit der Duisburger Hütte, die als protestierender Anrainer unter Verfahrensmängeln und bei weiteren Einsprüchen unter dem Vorgehen der Gemeinde Flattach litt.

Die *Duisburger Hütte* ist heute ein sehr gut bewirtschaftetes, gemütliches Bergsteigerheim, in dem man es auch länger als nur für eine Übernachtung aushalten kann. Sie liegt an einem der wichtigen Knotenpunkte von Höhenrouten in den Tauern. Einige Dreitausender und ein paar nur wenig niedrigere Gipfel – auch sie besondere »Gustostückerln« – gehören zu ihrem Tourenbereich, der allein schon durch den Anblick der kühnen Rojacherspitze mit ihrer Dolomitenform anregend wirkt.

Zum *Abstieg* von der Duisburger Hütte nach Innerfragant diene – falls man nicht Bus oder Pkw benützen kann – der Richard-Helfer-Weg, Nr. 145, der durch Moränen- und Kraftwerkbaugelände, an einigen Natur- und Speicherseen vorbei, teils steil bergab zieht und bei der *Wurtenalm* zur Wurtenstraße trifft. Einige Kehren der Mautstraße abkürzend, zuletzt auf der Straße, zum *Hotel Badmeister* und nach *Innerfragant* (3½ Std., Straße nach Außerfragant oder Flattach im Mölltal, je 5 km). – Lohnender ist der Abstieg über den *Sadnig-Höhenweg* zum Sadnighaus oder zur Fraganter Hütte (Tour 13), wofür allerdings ein langer Tourentag und eine Übernachtung einzuplanen sind.

Die Duisburger Hütte, ein ausgezeichneter Tourenstützpunkt, gegen den Schwarzseekopf.

Touristische Angaben

1. Tag, Ersteigung des Vorderen Gesselkopfes, Trittsicherheit und Erfahrung mit steilem Firn nötig. – *2. Tag,* Tauernhöhenweg zwischen Hagener und Duisburger Hütte, wie bei 1. Tag; für 2. Tag Pickel unerläßlich!
Beste Jahreszeit: Ende Juli bis Mitte September.
Höhendifferenzen: *1. Tag,* 550 m im Auf- und Abstieg; *2. Tag,* ca. 300 m im Aufstieg, 200 m im Abstieg, kurzer Wiederaufstieg zur Duisburger Hütte.
Reine Gehzeiten: *1. Tag,* 2 Std. im Aufstieg, 1½ Std. im Abstieg; *2. Tag,* 2½ Std. im Aufstieg, 2½ Std. im Abstieg und Querung.
Einkehrmöglichkeiten: Hagener Hütte, Duisburger Hütte, Weißseehaus.
Unterkunft: *Hagener Hütte,* 2446 m, DAV-S. Hagen, bew. Anf. Juli bis Anf. Okt. Zugänge: Bequemer Güterweg Nr. 110, 2 Std. von der Jamnigalm, 1745 m (Gasthaus), Busendstation ab Mallnitz; vom Naßfeld (Sportgastein) 3½ Std., Weg-Nr. 113, Straße und Pfad. Busstation »Valeriehaus« der Linie Hofgastein–Sportgastein. – *Duisburger Hütte,* 2572 m, bew. Anf. Juli bis Mitte Sept., Zugänge: von Innerfragant 5 Std. oder Zufahrt über die Wurten-Mautstraße von Innerfragant, + ¾ Std. Aufstieg; von der Hagener Hütte, siehe Text; vom Sadnighaus oder der Fraganter Hütte über den Sadnighöhenweg, siehe Tour 13; von den Schutzhütten Niedersachsenhaus, Neubau und Zittelhaus jeweils über spaltige Gletscher. – *Weißseehaus* des TVN, 2370 m, Zufahrt oder Zugang vom Ende der Wurtenstraße, bew. Ende Juni bis Ende Sept.
Talorte: *Mallnitz,* siehe Tour 9: *Flattach im Mölltal,* 694 m, Urlaubsort, Ausgangsort der Wurtenstraße zur Schareck-Gondelbahn (kurvenreiche Bergstraße, Tunnel, Maut, ca. 20 km). Busverkehr Flattach bis zur Talstation, 2200 m; Bergstation der Gondelbahn 2800 m. – *Innerfragant,* 1112 m.
Karten: Österreichische Karte 1 : 50000, Bl. 154 Rauris, Bl. 155 Bad Hofgastein und Bl. 180 Winklern.

11 Vom güldenen Städtchen zu silbernen Firnen

Touren über dem Rauriser Tal

Als von Amerika noch längst nicht die Rede war, galten Kärnten und Salzburg als die Goldländer der Welt. Nach Erzen wurde an vielen Stellen der Alpen gesucht, berühmt aber war das Tauerngold, vor allem in jenem Abschnitt des Gebirges, den man heute Goldberggruppe nennt. Bergmännischer Abbau in der Goldberggruppe wurde seit dem 14. Jahrhundert betrieben. Vorgerückte Gletscher überdeckten alte Stollen in über 3000 Meter Höhe, die das Eis in unserer Zeit wieder freigab.

Die Goldberggruppe mit neun ausgedehnten Einzelkämmen und namhaften Gipfeln trägt ihren Namen zu Recht, und golden waren auch ihre Zeitalter bis in unsere Tage. Das Goldfieber kam zwar nach der Entdeckung Amerikas nur mehr gedämpft zum Ausbruch: durch die Konkurrenz sanken die Goldpreise, und in der Gegenreformation gab man durch die Ausweisung der meist protestantischen Arbeitskräfte der heimischen Wirtschaft den Todesstoß. Doch mit dem »Touristengold« rollte der Segen bis in die kleinsten Seitentäler, und seit den Kraftwerksbauten zirkuliert von dorther auch das »Weiße Gold«.
»Hauptstädte« des Goldbergbaues waren Döllach (Großkirchheim, siehe Tour 12) im Südwesten des Gebietes und im Norden Rauris, eine der ältesten Siedlungen der Ostalpen, im Mittelalter »das güldene Städtchen« genannt. Reicher Abgabensegen floß ihm auch aus der Säumerei über den Heiligenbluter Tauern (Hochtor) durch das Seidlwinkltal zu. Dort steht heute noch das ein halbes Jahrtausend alte »Rauriser Tauernhaus«. Rauris war auch Heimat des ehemaligen Bergmannes Ignaz Rojacher. Der hochbegabte Mann trug nicht nur zur Belebung des Goldbergbaues im 19. Jahrhundert bei, sondern war auch Schöpfer des berühmten Sonnblick-Observatoriums (1886). Der junge Alpenverein beteiligte sich wirksam an der Errichtung der Wetterwarte und ließ noch im selben Jahr daneben das Zittelhaus auf dem Gipfel des Hohen Sonnblicks erbauen. Schon zu Anfang unseres Jahrhunderts gingen weltweite Erkenntnisse für die Hochgebirgs-Kartographie von diesem Observatorium aus: Mit der ersten stereo-photogrammetrischen Aufnahme des Goldberg-Gletschers wurde die Photographie erstmalig in den Dienst der Erdoberflächenmessung gestellt!
Rauris ist nun ein Fremdenverkehrsgebiet ersten Ranges, aber auch ein Kulturzentrum: Seit über 20 Jahren finden dort alljährlich im März die Rauriser Kulturtage statt, die Schriftsteller zu einem vielbeachteten Treffen vereinen und mancherlei Impulse geben: Auch literarisches Gold findet sich in der Goldberggruppe von heute!
Folgen wir aus dem Salzachtal der Rauriser Ache taleinwärts, die – wie viele Tauernbäche – vor der Mündung eine wilde Klamm aus den Felsen gewaschen hat. Die Straße von Taxenbach her muß diesen Absturz mit der sehenswerten Kitzlochklamm weit ausholend überwinden, führt aber dann lange fast eben talein und erst vor Kolm-Saigurn stark steigend.

I. Östlich des Rauriser Tales

1. Vorschlag: Rundwanderung Kolm-Saigurn–Niedersachsenhaus und zurück. Mit Pkw oder planmäßigem Bus von Rauris in das Hüttwinkeltal (Gh. Bodenhaus). Zuletzt sehr schmale, steile

Folgende Doppelseite:

Links: Bergwiesen-Zauber unter der Bernkogel-Gruppe zwischen Rauris und Dorfgastein.
Rechts: Die wilde Hüttwinkel-Ache mit dem prächtigen Nordabsturz des Hohen Sonnblicks.

Auf der Moräne der »Gletscherleiche«: Blick vom Wurtenkees zum Hohen Sonnblick und Hocharn.

Waldstraße nach *Kolm-Saigurn* (1598 m; ehemals bedeutendes Bergbau-Zentrum, mineralogisch interessant, vielbesucht; Gasthof »Ammererhof« und TVN-Schutzhaus; Naturlehrpfad). Alter Stollen durch den Berg ins Naßfeld (Sportgastein), der wieder zur Durchfahrt aktiviert werden soll. Östlich hoch oben auf der *Riffelscharte* das neue *Niedersachsenhaus* (2471 m), das auf markiertem Steig Nr. 111 durch Wald und Steilgelände erreicht wird, vor der Scharte kurz gesichert (2½ Std.). Das Haus, vor Jahren abgebrannt und wieder aufgebaut, liegt auf einem prächtigen Hüttenplatz und wird vom Naßfeld (Sportgastein) auf ähnlichem Steig wie von Kolm-Saigurn her oft erwandert. (Vom Niedersachsenhaus aus geht der »Pröllweg«, einer der schönsten gesicherten Steige, zum Schareck, 3122 m, 3 Std.; siehe Tour 10; Abstieg, gesichert, über Herzog Ernst, 2938 m, und Fraganter Scharte, 2753 m, zum TVN-Haus-Neubau und nach Kolm-Saigurn, 3½ Std.)

Wir wenden uns von der *Riffelscharte* nach Nordosten in die Filzenkammfelsen, wo der *Senator-Beindorf-Weg,* gut angelegt, in fast unzähligen Kehren einen Steilabfall überwindet. In prächtiger Höhenwanderung gelangt man, am Seekopf vorbei, in die *Bockhartscharte* (2226 m) vor dem breiten Silberpfennig (2600 m), der von dort über Punkt 2323 und die Baukarlscharte in 1½ Std. ersteigbar ist . Östlich besteht eine Höhenweg-Verbindung oberhalb der Bockhartseen (Kraftwerk) zum Stubnerkogel (4 Std.) und mit der Seilbahn nach Badgastein. Wir halten uns nach Markierung 121 westlich hinab in das *Filzenkar,* zu den welligen Böden der *Filzen-* und *Durchgangalm* und im Durchgangwald zurück nach *Kolm-Saigurn* (+1½ Std.).

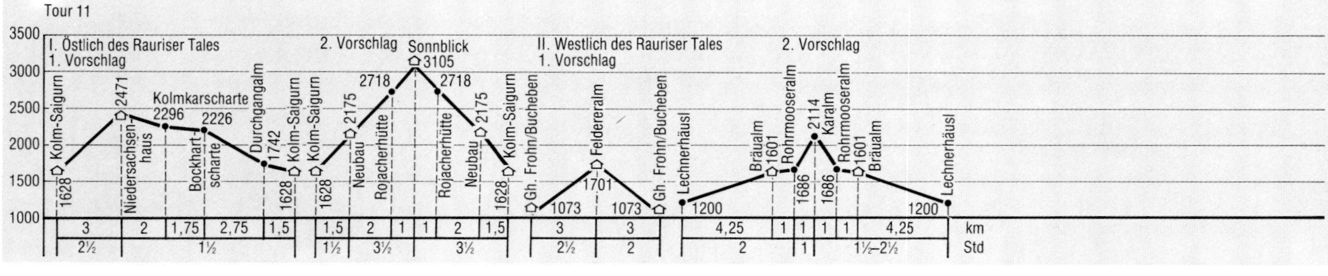

2. Vorschlag: Zum Hohen oder Rauriser Sonnblick. Ohne Gletscherbegehung, 2 Tage. Von *Kolm-Saigurn* auf feuchtem Steig durch Wald neben Wasserfall, später durch Bergwiesen steil zum *Naturfreundehaus Neubau* (2175 m, 1½ Std.). In der Nähe fotogene Ruine eines alten »Radhauses«. Nun nach Nr. 122 auf Pfad, über den Abfluß des Gletscherbaches auf hoher Brücke und den Hang Grieswies-Tauern in Kehren bergauf zu einem Sattel nahe dem Kleinen Sonnblick-Kees, meist Schnee, und zu einer Scharte im Sonnblick-SO-Grat mit dem wichtigen Unterstand *Rojacherhütte* (2718 m), derzeit nicht immer geöffnet. Dann über den teilweise gesicherten Grat, nicht schwierig, über Blockwerk bis fast zum Gipfel, dann nach Westen über Schnee zum *Zittelhaus* und *Sonnblick-Observatorium* (3105 m, +3½ Std.). Übernachtung, Sonnenunter- und -aufgang mit Glocknersicht nicht versäumen! Anderntags gleiche Route abwärts, ab Neubau Wegvariante über Melcherböden bis *Kolm-Saigurn* (3½ Std.).

II. Westlich des Rauriser Tales.

Im Rauriser Mitterkamm: Dieses bis über 2900 Meter hohe Gebirge zwischen Krumltal, Hüttwinkel und Seidlwinkltal, auf etwa 15 Kilometer Länge vom Tauernhauptkamm mit scharfen Graten nach Nordosten ziehend, ist eines der einsamsten der Ostalpen (keine Schutzhütten, Jagdrevier!). Für mindestens zwanzig Gipfel, darunter drei Viertel über 2500 Meter, bestehen zweieinhalb Markierungen – und die führen nur zu Almen und auf einen Vorkopf. Diese Wege sind besonders schön.

1. Vorschlag: Zur Feldereralm. Vom *Gasthaus Frohn,* Bucheben (1073 m, Busstation ab Rauris) nach Markierung zuerst auf der alten Talstraße, dann Steilpfad zur urigen *Steinalm* und über Wiesen und im Wald längs eines Wildbaches zur *Feldereralm* (1701 m, 2½ Std., Getränke, Touristenlager). Von der Feldereralm gibt es eine Route der Einheimischen zum *Edlenkopf* (2924 m), durch das Roßkar und das Nordostkar, weglos, sehr mühsam, nur für gute Bergsteiger (4 Std.). – *Abstieg* Feldereralm–Bucheben gleicher Weg (2 Std.).

2. Vorschlag: In das Krumltal: Fahrweg ab *Lechnerhäusl,* Busstation im Hüttwinkeltal, Markierung 21. Hoch über dem wilden Krumlbach wandert man angenehm bergauf mit dem Blick auf die Wasserfälle und wandartigen Südabstürze am Edlenkopf, wo sich Weißkopfgeier aufhalten. An zwei Almen vorbei (Bräualm, Getränke, und Rohrmooseralm) gegen den Talhintergrund zu einem Wasserfall (1743 m), an dem der Fahrweg und bald auch ein dürftiger Pfad zu Ende sind (2 Std.). Spärliche Markierungen leiten weiter zur *Karalm* (2114 m, +1 Std.). Schöner Ausblick zum Ritterkopf. *Abstieg* auf gleicher Route (1½–2½ Std.). – *Edlenkopf* von der Bräualm (1601 m): über eine Krummholzstufe, auf Wiesen nach Nordosten, weglos bzw. auf einem Schafsteigl, zuletzt über Bratschenfelsen auf den Gipfel (2924 m, 5 Std.). – Den berühmten Kristallberg *Ritterkopf* (3006 m) ersteigt man von der Bräualm ebenfalls unmarkiert, weglos durch das Glockhauskar und über den Nordgrat (5 Std.). Nur für selbständige und trittsichere Bergsteiger!

Touristische Angaben

I. Östlich des Rauriser Tales: 1. *Rundwanderung:* Hüttensteig gesichert, Beindorf-Weg gute Anlage, Ausdauer erforderlich; 2. *Sonnblick:* sehr anstrengende, hochalpine Tour, Übernachtung im Zittelhaus ratsam, ohne Gletscherberührung, doch wegen der Schneefelder Pickel ratsam. – **II. Westlich des Rauriser Tales:** 1. *Feldereralm:* einfache Almwanderung, steil; 2. *Krumltal:* bequeme Almwanderung.

Beste Jahreszeit: Mitte Juli bis Ende September.

Höhendifferenzen: I.: 1. Rundwanderung: fast 900 m im Auf- und Abstieg; 2. Sonnblick, über 1500 m im Auf- und Abstieg. – **II.:** 1. Feldereralm, ca. 600 m im Auf- und Abstieg; 2. Krumltal, ca. 600–1000 m im Auf- und Abstieg.

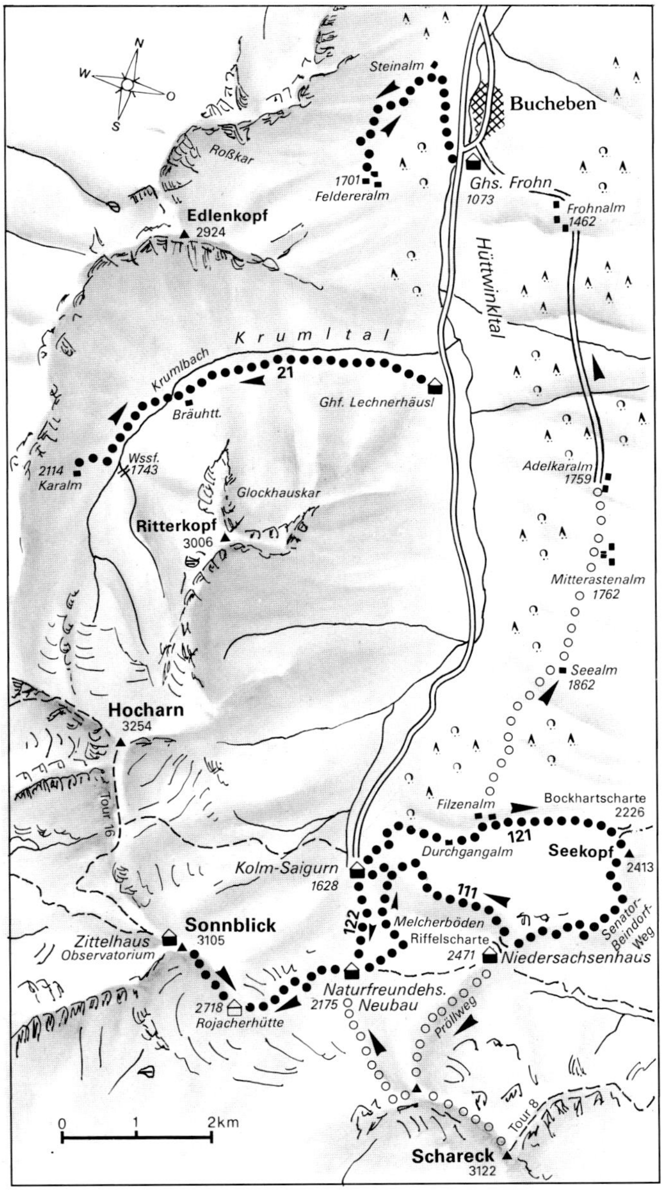

Reine Gehzeiten: I.: 1. Rundwanderung: 2½ Std. im Auf- und Abstieg; 2. Sonnblick, 5 Std. im Aufstieg, 3½ Std. im Abstieg; – **II.:** 1. Feldereralm, 2½ Std. im Aufstieg, 2 Std. im Abstieg; 2. Krumltal, 2–3 Std. im Aufstieg, 1½–2½ Std. im Abstieg.
Einkehrmöglichkeiten: Ammererhof und Naturfreundehaus in Kolm-Saigurn, Niedersachsenhaus, Naturfreundehaus Neubau, Zittelhaus, Feldereralm, Bräualm.
Unterkunft: *Ammererhof,* 1628 m, privat, AV-Ermäßigung, bew. Ostern bis Ende Okt., Busverkehr im Sommer ab Taxenbach. – *Naturfreundehaus Kolm-Saigurn,* 1598 m, ganzj. bew., Busverkehr wie Ammererhof. – *Niedersachsenhaus,* 2475 m, auf der Riffelscharte, DAV-S. Hannover, bew. Ende Juni bis Mitte Sept., Zugänge siehe Text. – *Naturfreundehaus Neubau,* 2175 m, bew. März bis Ende Sept., Zugänge siehe Text. – *Zittelhaus,* 3105 m, auf dem Gipfel des Hohen Sonnblicks, OeAV-S. Rauris, bew. Anf. Juli bis Ende Sept.
Talorte: *Rauris,* 948 m, Zufahrt siehe Text, spätgotische Kirche, Heimatmuseum, Goldwaschkurse. – *Taxenbach,* 776 m, Bahnstation der Strecke Bischofshofen – Zell am See, Urlaubsort.
Karten: Österreichische Karte 1 : 50000, Bl. 154 Rauris.

12 Hangneigung fünfzig Grad

Bei den Bergbauern in Apriach und Schachnern mit Gipfelziel Sandkopf

»In die Abbrüach«, so hat Prof. Helmut Prasch, der verdiente Volkstumsforscher, den uralten Namen Apriach in Kärntner Mundart scherzhaft verwandelt. Die Praschs müssen es wissen, denn Schuldirektor Helmut Prasch junior ist in dem Dorf, in dem die Höfe bis in über 1500 Meter Seehöhe liegen, seit langem Einschichtlehrer. Die Einöde ist zwar, seit sie mit einem schmalen Bergsträßlein erschlossen wurde, nicht mehr so weltfern wie früher. Dennoch, die »Abbrüche« haben es in sich – das Bergbauernland weist bis zu fünfzig Grad Hangneigung auf! Einen solchen Neigungswinkel hat nicht einmal der Dreitausender Sandkopf, der sich wie ein Gebirge darüber aufbaut. Der Familie Prasch verdanken wir auch die »offizielle« Kenntnis von den Apriacher Stöcklmühlen, einem einzigartigen Ensemble uralter Bauernmühlen am Wildbach, das von einem eigenen Schutzverein betreut wird. Im Heimatmuseum Spittal/Drau hat sein Schöpfer, Prof. Prasch, eine ganze frühere Schulklasse aus Apriach aufstellen lassen. Sein Sohn hat unter anderem für die Nachwelt Berichte von der Heumahd in den nahen Steilhängen der »Fleiß« aufgezeichnet. Ähnlich gestaltet wie diese ist das riesenhafte Stehpult des Sandkopfes – anders läßt sich diese Bergform nicht beschreiben. Die unendlich schei-

Das Pultdach des Sandkopfes mit dem felsigen Absturz über Heiligenblut-Winkel.

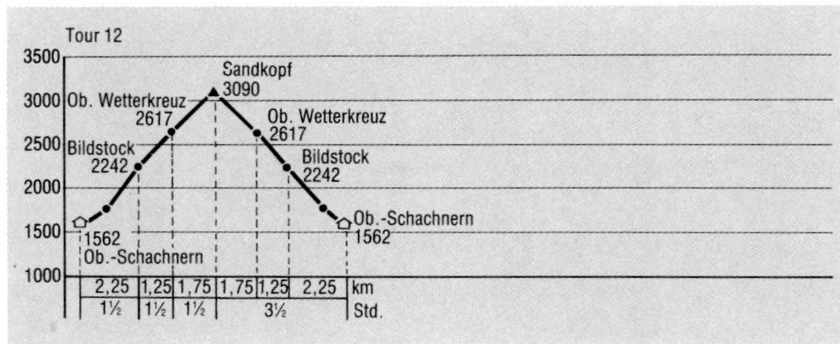

nenden Wiesen und Schutthänge der West- und Südseite bilden das Pult, gestützt auf den viel steileren, von Wänden durchzogenen Absturz der Nordseite und das südliche Gestänge von Brettwand und Trogereck. Ohne Schwierigkeit ist das Bergpult begehbar, die Länge der Tour ist nur, wie das Gelände, fast überdimensional. Doch bei günstigem Wetter wird es ein unvergeßlicher Bergtag sein: mit weichem Schritt über Almgras mit seltenen Blumen, vorbei an dunkelbraun gebeizten Heuhütten und mit einer berauschenden Aussicht. Die Gipfelkuppe scheint vor gleißenden Gletschern und felsigen Spitzen wie eine Flugzeugkanzel zu schweben – ein wundersames Erlebnis nach der langen, erdverhafteten Treterei über die Riesenflanken des Sandkopfes!
Ein Tourentag: Der Sandkopf ließe sich auch mit Anfahrt aus einem der Urlaubsorte des Mölltals in einem Tag bewältigen, wenn man früh dran ist. Ratsam ist es aber, in *Ober-Schachnern* (1562 m, Gasthaus, Privatquartier) zu nächtigen, damit man noch früher beginnen kann – der Berg ist, nach einem kurzen Waldstück, schattenlos. Auf einem Almfahrweg ist das Almdörfl *Schachner Kaser,* (1794 m) noch mit Pkw zu erreichen. Ein Pfad führt zu Heuhütten an der Waldgrenze, ab dort heißt

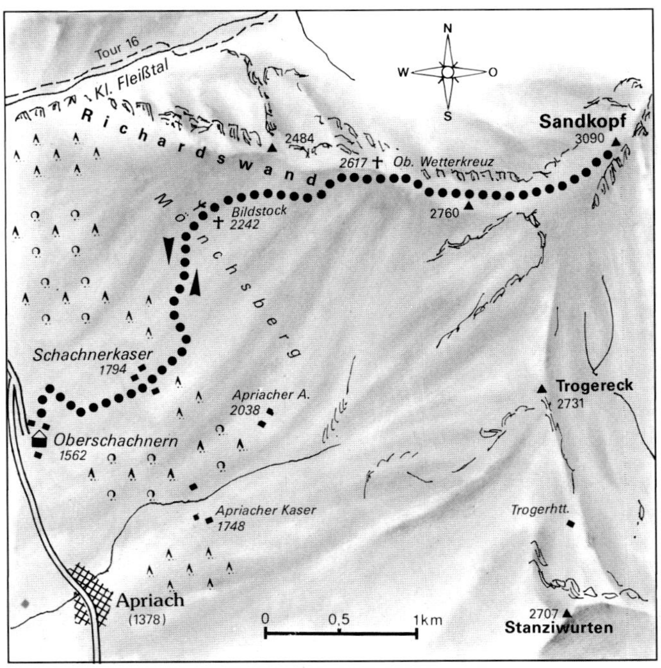

Auf der Apriacher Alm, angesichts des allgegenwärtigen Großglockners.

es selbst Pfadfinder zu sein. Die Route ist von der Natur vorgegeben: erst durch schöne Bestände von hohen Lärchen, dann in saftiges Almgras, vor der Mahd oft kniehoch. Bis in eine Höhe von 2500 Meter wird am Apriacher Berg (Mönchsberg) noch Heu gemacht.

Über das hohe Pultdach zu steigen, ist nicht so eintönig, wie man nach dem Landkartenbild annehmen könnte. Steilheit und mangelnde Übersicht bringen Spannung ins Bergsteigerleben! Gelegentlich scheinen ein paar Steine schon die Gratlinie anzudeuten, doch sie ist noch weit. Wir trachten, immer Nordrichtung beizubehalten, nicht ganz bis zum Westgrat (Unteres Wetterkreuz). Ein alter *Bildstock* bei einer Hütte (2242 m, 1½ Std.) ist auch wegen einer Quelle in dem sonst eher wasserarmen Gebiet bemerkenswert. Nun, mehr nach Osten gewandt, wird der Bergkamm in der Nähe des *Oberen Wetterkreuzes* (2617 m, 1½ Std.) erreicht. Über die gewaltige Richardswand sieht man hinab in das Kleine Fleißtal, auch auf Heiligenblut und das »Spielzeug« der Häuser und Höfe, über dem der Riese Großglockner wacht.

Der bisher bewachsene runde Gratrücken wird nun zunehmend kahler. Grus, Schotter, dazwischen Felsplatten aus dem nun schon vertrauten mürben Bratschengestein. Mein Kärntner Mitarbeiter, der weitgereiste Bergsteiger Wilfried Gallin, vergleicht diesen Schlußhang mit jenem des Kilimandscharo: drei Schritte aufwärts, einer zurück – und doch kommt man auch

Das einzigartige Ensemble der bäuerlichen Stockmühlen bei Apriach.

bei dieser Gehweise weiter! Merklich steiler ist der schmale Gipfelgrat bis zum letzten Aufschwung des *Sandkopfes* (3090 m, +1½ Std.). Dreizehnhundert Meter tiefer leuchtet das Dach des Gasthofs Alter Pocher im Kleinen Fleißtal. Sehr gut einzusehen ist der Verlauf der Klagenfurter Jubiläumsroute (siehe Tour 16) zwischen Hohem Sonnblick, Hocharn und Hochtor. Der Grat Sandkopf–Roter Mann hat Kletterfels und wird nur von Mineraliensammlern besucht. Anziehend ist die nahe, dunkle Schobergruppe. Doch über allem steht der große Glockner.
Im *Abstieg* lassen sich die einzelnen Abschnitte der selbst gefundenen Route besser überschauen und leichter bewältigen: nach Westen hinab zum *Oberen Wetterkreuz,* das Untere Wetterkreuz (Stellen, wo das Landvolk um Gutwetter betet) rechts lassend, danach südlich zur sicher ersehnten Quelle, weiter südwestlich zu den *Schachner Kasern* und nach *Ober-Schachnern* (+3½ Std.). Beim Abstieg können wir uns mehr der reichhaltigen Flora des Gebiets widmen. Nicht vergessen: Kärnten hat eines der strengsten Naturschutzgesetze der Alpenländer!

Touristische Angaben

Besonders schöne, noch leichte, aber sehr lange und anstrengende Bergtour, Pfadfindersinn nötig, unmarkiert. Früher Aufbruch!
Beste Jahreszeit: Anfang Juli bis Anfang Oktober, wegen der sonnseitigen Lage auch etwas früher oder später im Jahr. Ab Juli sind die Bergblumen am schönsten.
Höhendifferenz: Ober-Schachnern–Schachner Kaser–Sandkopf bis über 1500 Meter im Auf- und Abstieg (je nach Zufahrt).
Reine Gehzeiten: 4½ Std. bis 5½ Std. im Aufstieg, 3½ Std. bis 4 Std. im Abstieg.
Einkehrmöglichkeiten: Gasthäuser in Ober-Schachnern und Mitten bei Apriach.
Unterkunft: Gasthaus in Ober-Schachnern oder in den Talorten.
Talorte: *Döllach im Mölltal,* 1013 m, an der Glocknerstraße, ehemals Zentrum des Goldbergbaues in den Hohen Tauern, großer Urlaubsort. Sehenswert: Spätgotische Kirche, Wallfahrtskirche Maria Dornach, Schloß Großkirchheim, berühmtes Heimat- und Goldbergbaumuseum, Wildpark. Basis für Touren in der Goldberg-, Schober- und Glocknergruppe. – *Heiligenblut,* 1288 m, berühmter Fremdenort, Bergführer-Standort. – Sehenswert: eine der schönsten gotischen Kirchen Kärntens, in der Krypta Grabmal des sagenhaften hl. Briccius, der mit einem Fläschchen Christi Blut auf der Flucht vom Lawinentod ereilt wurde. Bergsteigerfriedhof. – Sessellift zum Heiligenbluter Schareck (2550 m) und Stollenbahn ins Große Fleißtal. Zentraler Ausgangspunkt für die Glockner-, Goldberg- und Schobergruppe. – *Apriach,* 1378 m, und *Ober-Schachnern,* 1562 m, an einer Nebenstraße zwischen Döllach und Heiligenblut.
Karten: Österreichische Karte 1:50000, Bl. 154 Rauris.

13 Zum Gipfelpflücken in die hochhäuptigen Berge

Asten und Großfragant mit Sadnig-Höhenweg

Sadniggruppe nennt man, nach dem Gipfel Hoher Sadnig, die südlichen, eisfreien Ausläufer der Goldberggruppe. Der Sadnig ist nicht der höchste dort, es gibt einige Koten über 2800 Meter, und auch der Sandfeldkopf (2920 m) wird der Sadniggruppe bergsteigerisch zugerechnet. Der Kärntner Dichter Fercher von Steinwand, als armer Bauernbub dort aufgewachsen und in der Welt später zu hohen Ehren gekommen, nannte sein Heimatgebirge »die hochhäuptigen Berge«. Im Ostteil des Gebietes, der Großfragant (kurz Fragant genannt), ist die Fraganter Hütte ein Zentrum; im westlichen Teil, der Asten, ist es das Sadnighaus. Menschliche Anwesenheit und Schaffenskraft haben das ganze Gebirge durch Jahrhunderte geprägt: in beiden Abschnitten durch Bergbau, in der Asten als Bergbauernland und in der Fragant in unserem Jahrhundert durch die beispielhafte Jugendausbildung des Alpenvereins.
Überall in der Sadniggruppe dehnen sich als guter Wanderboden die grasigen Matten bis hoch hinauf zu den Gipfeln. Doch sind auch felsige Formen ausgeprägt, wie am schneidigen Makernig oder an der Roten Wand, die wie eine Zinnengruppe im kleinen aussieht. Reichhaltige Flora mit seltenen Arten erfreut Botaniker und Bergwanderer. Relikte aus Bergbauzeiten bringen einen eigenen Aspekt in die Landschaft.
Die Asten war einmal die weltfernste Einschicht der Tauern. Bauernhöfe wurden bis in Seehöhen von 1700 Meter bewirtschaftet. Die karge Erdkrume rutschte an den extremen Steilhängen immer wieder ab und mußte zusammengescharrt und in Körben – meist von Frauen und Kindern! – zurückgetragen werden. Frauen und Kinder zogen auch die Pflüge, dort, wo das Vieh nicht mehr gehen konnte! Sie bauten Roggen, Gerste und Hafer an, was oft nicht ausreifen konnte, so daß nur das Stroh blieb. Der Kärntner Mundartdichter Günther Steyrer kam 1952 als Junglehrer in die einklassige Volksschule in der Asten: acht Schulstufen – zehn Kinder! Vor ihm hatte eine Bäuerin dort, gegen Deputat, unterrichtet. Ihr Bett stand in der Bauernstube, die als Klasse diente. Das Schuljahr in der Asten dauerte vom 3. 11. bis 15. 5. – das würden sich manche Schüler wünschen! Doch die Kinder der Asten hatten einen stundenlangen Schulweg, auch bei Eis und Schnee, und daheim mußten sie harte Bauernarbeit leisten.
Diese ehemals ärmste Gegend ist heute bestens erschlossen. Es gibt nur mehr wenige Bauern in der Asten. Heute führt von Mörtschach eine staubfreie Straße bis zum Sadnighaus. Mit ihrer Hilfe könnte man die Bergwanderungen auch vom Tal aus in Tagestouren schaffen. Asten und Fragant lassen sich durch einen der Übergänge zu einem Bergurlaub zusammenschließen, wofür ich etwa zwei Wochen anrate. Nicht zu vergessen: die Sadnigberge sind »kindergerecht«!

Der gute Wanderboden der Sadniggruppe. Blick von der Suntinger-Alm zum Neuen Sadnighaus.

I. Asten, Sadnighaus

Mit Pkw ab Mörtschach im Mölltal oder zu Fuß auf der Straße (3½ Std.). Die Schutzhütte (1876 m) ist anstelle eines früheren Sadnighauses errichtet, das im schrecklichen Lawinenwinter des Jahres 1951 hinweggefegt worden war (Warntafel an der Straße). Vor dem Haus Gedächtnisglocke für die Kriegstoten 1939–1945.

Unterwegs sind die Einschichthöfe, über den steilen Leiten fast hängend, gut einzusehen. So schmal und karg das Astental ist – oberhalb weiten sich die guten Almböden, und die Kare steigen gestuft zu den Gipfeln an.

1. Tourentag: Der Makernig, »stolzester Gipfel über Asten und Fragant«, ist verhältnismäßig leicht zu ersteigen. Vom Sadnighaus nach Markierung 151 talein zu den Suntingerböden mit bewirtschafteten Almen und oberhalb eines Wildbaches steil hinauf zum *Schobertörl* (2355 m, 2 Std.), das mit Steig Nr. 147 auch einen Übergang zur Fraganter Hütte ermöglicht. Nun auf rot markiertem Pfad gegen den felsigen Nordgrat des schroffen *Makernigspitz* (auch Maggernigspitze), dann fast eben zum Südwestgrat und an ihm entlang, teilweise Schrofen und ein kurzes Felswandl, zum *Gipfel* (2640 m, +¾ Std.). Rückweg auf gleicher Route (2½ Std.).

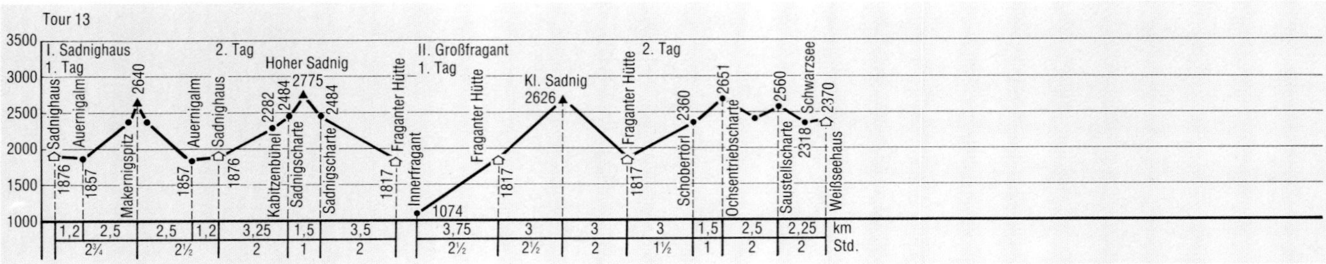

2. Tourentag: Übergang zur Fraganter Hütte, gut zu verbinden mit dem *Hohen Sadnig.* Nach Markierung 150 auf Steg über den Astenbach und über die steile, felsdurchsetzte und von Wassern durchrauschte Vorstufe des Sadnig empor. Am *Kabitzenbühel* (2282 m) kommen wir in steiniges Gelände, doch der Pfad zieht nun sanfter zur *Sadnigscharte* (2484 m, 2 Std.). Einer der Gipfel neben der Scharte sollte auf jeden Fall »mitgenommen« werden, entweder der Mulleter Sadnig (= Mollige Sadnig, 2569 m, hin und zurück ½ Std.) oder der *Hohe Sadnig* selbst über den nicht steilen Kamm, markierte Pfadspuren (2745 m, hin und zurück, + ca. 1 Std.). Weite Aussicht!

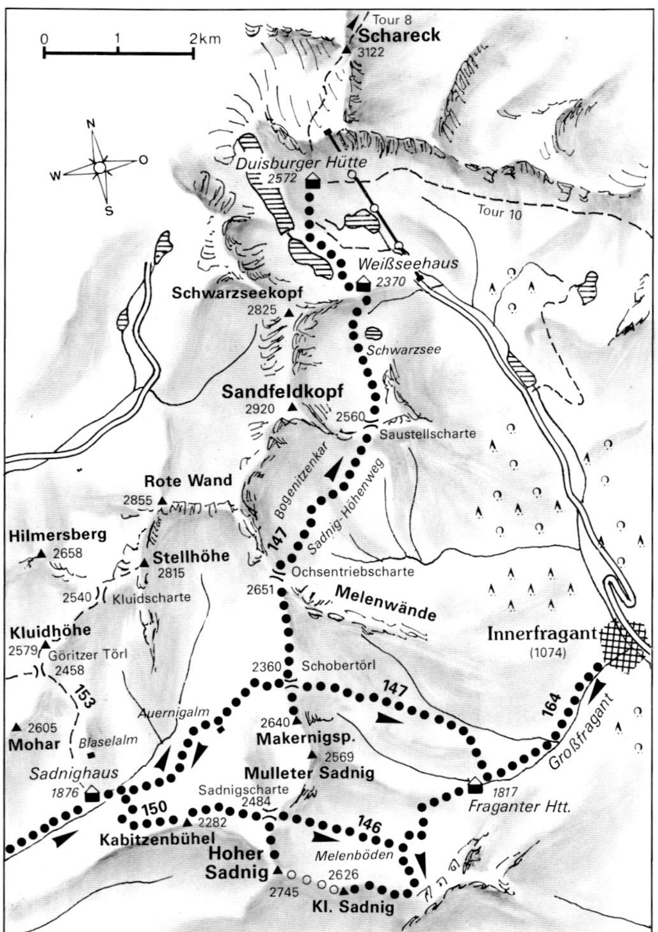

Abstieg: Von der *Sadnigscharte* nach Nr. 146 erst steil, dann flacher über die welligen Melenböden und über eine Talstufe an der rechten Seite des Baches bergab zur Moosalm, vorbei an den älteren, heute noch gut dienenden Hütten der Fragant, der Jugendherberge und den Familienhäusern Holler sowie Dr.-Hernaus-Stöckl und in kurzem Aufstieg zur *Fraganter Hütte* (1817 m, +2 Std.).

II. Großfragant

Zugang vom Tal ab *Innerfragant* (1074 m), Busverbindung ab Flattach im Mölltal, Gasthaus »Innerfraganter Wirt«, Wasserfall. Nun auf dem seit alters gepflasterten »Stiegenweg« nach Nr. 146 steil durch Wald (oder etwas bequemer auf der sog. KELAG-Straße, links vom Bach), später sanfter verlaufend in die Gebirgsweite der *Großfragant* und zur *Fraganter Hütte* (1817 m, 2½ Std.). 1925 schuf hier der Jugendführer der Alpenvereinssektion Klagenfurt, Dr. Hans Widder, aus einem alten Knappenhaus eine Jugendherberge in 1700 Meter Höhe, seit 1935 *»Fraganter Bergschule«* genannt. Im Mittelpunkt zweiwöchiger Kurse stehen auch heute Bergtouren, Markierungsarbeit und Betreuung von Bergbauernkindern. Weit mehr als 10000 begeisterte Jugendliche sind durch diese Bergschule gegangen. 1964 vermachte der Klagenfurter Dr. Egon Twerdy sein Nachlaßvermögen von öS 464000 (damals eine bedeutende Summe) dem Klagenfurter Alpenverein »in Erinnerung an die vielen, in den Bergen verlebten unvergeßlich schönen Stunden«. Der Betrag wurde mit zum Bau der neuen Fraganter Hütte verwendet, die 1970 mit knappsten Mitteln neuzeitlich, bis ins kleinste Detail überlegt, ausgetüftelt und streng nach wirtschaftlichen Grundsätzen erstellt wurde (was bei Vereinen nicht immer der Fall ist!). In der Fragant schürfte man unter anderem Kupfer. Spuren des Bergbaues sind noch zu sehen, zum Beispiel eine uralte Rollbahn mit begehbaren Tunnels und Galerien, über die das Erz auf Gleisen und dann mittels Seilbahn ins Tal transportiert worden ist.

1. Tourentag: Kleiner Sadnig. Auf Steig Nr. 146 zu den Melenböden und nach den Markierungen zum Südostgrat des felsigen Berges. Er ist mit Haken und Drahtseilen gesichert und wurde in Erinnerung an einen Jugendführer Rudi-Maier-Weg benannt. Zum *Gipfel* (2626 m, 2½ Std.). Abstieg auf markiertem Steig Nr. 164 zu den Melenböden und zur Hütte (2 Std.). Übergang zum Hohen Sadnig über den Hinterfeldsattel möglich (¾ Std.). Auch eine ausgesprochene Kletterroute wurde durch die Felsplatten der Ostwand des Kleinen Sadnigs gelegt und mit Theniushaken zum Sichern versehen.

2. Tourentag: Sadnig-Höhenweg, Übergang zum Weißseehaus oder zur Duisburger Hütte. Von der *Fraganter Hütte* nach Markierung 147 durch das Tal zwischen Makernig und Melenwänden zum *Schobertörl* (2360 m, 1½ Std.). Über einen Steilhang weiter bergauf in die *Ochsentriebscharte* (2651 m, +1 Std.). Durch die rund 200 Meter hohen Melenwände zieht unser Pfad, mit Drahtseilen gesichert, hinunter ins *Bogenitzenkar* (+¾ Std.). In dem weiten Almkar querend weiter, zwei Bäche übersetzend, zur Abzweigung einer Pfadspur zur Bogenitzenscharte zwischen Sandfeldkopf und Roter Wand. Ausdauernde Bergsteiger können nach dieser Spur den *Sandfeldkopf* ersteigen (2920 m, ca. 2½ Std. Mehraufwand). »Normalverbrauchern« wird die Länge des Sadnig-Höhenweges allein schon genügen, er ist durch die große Einsamkeit ein Erlebnis für sich. Das Bogenitzenkar weiter querend und nach Nordosten bergauf erreicht man die *Saustellscharte* (2560 m, +1¼ Std.). Jenseits zieht der Steig durch ein Felskar, das durch die Abstürze von Radlkopf, Sandfeldkopf und Schwarzseekopf gebildet wird, bergab, ähnlich wie an der Melenwand. Dort ist das Schareck mit seinen hohen Nachbarn sichtbar. Aus unserer Bergwildnis sieht man auch Wurtenstraße und Gondelbahn. Im Kar liegen fünf Seen, der größte ist der Schwarzsee, die anderen vier sind namenlos, die Markierung führt am zweitgrößten See vorbei, bergab zum *Schwarzsee* (2318 m) und etwas bergauf zum *Weißseehaus* (2370 m), nahe der Wurtenstraße (+1¼ Std.). Zur Duisburger Hütte (2572 m) +¾ Stunde im Aufstieg.

... nicht mehr weit bis zum Hohen Sadnig! Im Aufstieg von der Sadnigscharte.

Wo die Sadniggruppe einsam ist: südliche Fraganter Berge, Rote Wand und Schwarzseekopf.

Touristische Angaben

I. Asten: *1. Tag,* Bergtour, am Makerniggrat Trittsicherheit nötig; *2. Tag,* Übergang von Hütte zu Hütte mit Ersteigung eines Gipfels, leicht.

II. Großfragant: *1. Tag,* Bergtour mit einigen gesicherten Stellen, nicht schwierig; *2. Tag,* sehr einsamer Höhenweg mit Gegensteigungen, gesicherte Stellen, nicht schwierig, aber anstrengend, Verpflegung mitnehmen!

Beste Jahreszeit: Asten/Sadnighaus ab Mitte Juni bis Ende Oktober (sonnige Lage!); Fragant, Anfang Juli bis Mitte Oktober; Sadnig-Höhenweg wegen etwaiger Schneefelder nicht vor Ende Juli.

Höhendifferenzen: I. Asten: *1. Tag,* ca. 700 m im Auf- und Abstieg; *2. Tag,* ca. 800 m im Aufstieg, über 900 m im Abstieg. – **II. Großfragant:** *1. Tag,* 800 m im Auf- und Abstieg; *2. Tag,* ca. 1000 m im Aufstieg, 500 m im Abstieg, mit Duisburger Hütte + 200 m Wiederaufstieg.

Reine Gehzeiten: I. Asten: *1. Tag,* 2¾ Std. im Aufstieg, 2 Std. im Abstieg; *2. Tag,* 2 Std. im Aufstieg, Hoher Sadnig +1 Std. im Auf- und Abstieg, 2 Std. im Abstieg. – **II. Großfragant:** *1. Tag,* 2¼ Std. im Aufstieg, 2 Std. im Abstieg; *2. Tag,* ca. 6¼ Std. im Auf- und Abstieg zur Duisburger Hütte +¾ Std.

Einkehrmöglichkeiten: Sadnighaus, Fraganter Hütte, Weißseehaus, Duisburger Hütte.

Unterkunft: *Neues Sadnighaus,* 1876 m, OeAV-S. Wiener Lehrer, Zufahrt/Zugang, siehe Text, bew. Anf. Mai bis Ende Okt., Tel. 04825/391. – *Fraganter Hütte,* 1817 m, OeAV-S. Klagenfurt, Zugang, siehe Text, Materialseilbahn ab Innerfragant, bew. Anf. Juni bis Mitte Okt., Tel. 04785/396. – *Weißseehaus* und *Duisburger Hütte,* siehe Tour 10.

Talorte: *Mörtschach im Mölltal,* 972 m, Urlaubsort. Busstation der Linie Lienz–Heiligenblut, Straße zum Sadnighaus; schöne Kirche. – *Flattach/Innerfragant,* siehe Tour 10.

Karten: Österreichische Karte 1:50000, Bl. 180 Winklern und Bl. 154 Rauris.

14 Ein beachtliches Vorgebirge der Hohen Tauern

Die hohen Grate der Kreuzeckgruppe

Die Kreuzeckgruppe, südlichster Teil der Hohen Tauern in Österreich, fällt aus dem »Rahmen« des Gesamtgebirges. Schon ihre Struktur läuft anders als die normale west-östliche Streichrichtung der Alpen. Geologen meinen, daß die Kreuzeckgruppe älter als die Alpen ist. Der große Bergmaler E. T. Compton, ein weitgereister Alpinist, verglich sie mit dem schottischen Hochland. Zwei weitere Kunstmaler von Weltruf, Franz von Defregger und Albin Egger-Lienz, stammen aus dem Gebiet. Die unvergletscherte Gruppe wurde früher in der Alpeneinteilung als südliche Vorlagerung der Hohen Tauern geführt. Südlich an ihr ist aber noch anderes: ein eigener Zauber, der aus der prachtvollen Flora kommen mag oder aus klimatischen Aspekten; an ihrem Fuße wurde sogar einmal die Weinrebe gezogen! Städte und Märkte an ihrer Drautaler Seite gleichen Südtiroler Orten. Angenehm an der Kreuzeckgruppe ist auch die »relative Weichheit der Wege«, wie der erfahrene Bergsteiger Dr. Franz Groß sie beschrieb. Eine unangenehme Eigenschaft ist, daß die Steige sehr hoch und oft über Grate und Gipfel führen, der Bergsteiger jedem Wetter ausgesetzt ist und bis spät in den Sommer hinein Altfirnfelder findet. Hingegen ist sie mit fünf Schutzhütten und einigen hochgelegenen Gasthöfen sehr gut erschlossen. Ein eigenes Führerwerk durch die sechshundert Quadratkilometer Gebirge gibt es noch nicht. Doch der wohl beste Kenner der Gruppe, Rudolf Gritsch, mit über 80 Jahren noch als Bergsteiger unterwegs und »Trenker von Osttirol« genannt, hat sie in einem neuzeitlichen Führer zusammen mit der Reißeck- und Sadniggruppe ausreichend beschrieben.
Bleibt noch zu sagen, daß das uralte Gebirge seit alters Schätze hergab: goldhaltigen Quarz, Silber, Blei und Zink, Quecksilber und Antimon. Seltene Fauna ist vorhanden – wir sahen am ersten Kreuzecktag gleich vier Adler! –, und eine besondere Rolle spielen die Gewässer. Fast unzählige größere und kleine Bergseen und ein paar der gewaltigen Wasserfälle, etwa der Weittalfall, sind nach der Kraftwerks-Aufschließung noch geblieben. In einer Ost-West-Überschreitung, für die etwa eine Urlaubswoche geplant werden sollte, aber auch bei der kleineren Hochtristen-Tour ist das Gebirge gut zu überblicken. Man wird es liebgewinnen, sollte es aber immer ernst nehmen.

I. Ost-West-Durchquerung, Kolbnitz–Iselsberg

1. Tourentag: Die Kreuzeckbahn (Betrieb Juli und August nur Montag bis Freitag), Schrägaufzug bei *Kolbnitz* (633 m) bis *Speicher Roßwiese* (1196 m) erspart fast 600 Höhenmeter Aufstieg. Die Geländeneigung des Weges Nr. 342 zur Salzkofelhütte beträgt zwar nicht 29 bis 75% wie jene der Bahn, ist aber immerhin im ersten Teil auch steil. Der Steig schlängelt sich zwischen Knoten (1964 m) und Koppen (2158 m) über die *Roßeben* (1977 m) hindurch von der waldigen Nord- an die wiesige Südseite des Salzkofelkammes zum *»Sachsenweg«*, dem Zugang von Sachsenburg. Fast eben wandert man nach Nr. 344, an Almen vorbei, zur *Salzkofelhütte* (1987 m, 4½ Std.). Außer dem Salzkofel selbst (2498 m, 1¼ Std., kurze Sicherungen, leicht) lockt in der Umgebung noch so mancher interessante Gipfel. Die Grakofelgruppe ist die wildeste des Gebirgsteiles, mit Kletterfels.
2. Tourentag: Zur Feldner Hütte. Nach Markierung 318 durch ein steiles Kar hinauf zur *Goldgrubenscharte* (2448 m, ehem. Bergwerke!) mit kurzer, gesicherter Querung und jenseits auf unangenehmem Gestein, doch gutem Pfad etwa 150 Meter bergab und wieder besser durch Grasgelände und aufwärts zur *Annaruhe* (2508 m, + ca. 3½ Std.). Der nahe Stawipfel (2514 m) kann in ½ Stunde, den Felstürmen ausweichend, erstiegen werden.
Nun abwärts zum *Naßfeldtörl* (2332 m) und auf dem *Heinrich-Hecht-Weg* allmählich bergab über die Bratleiten zur *Feldnerhütte* (2186 m, +2½ Std.), die auf einem Riegel über dem Glanzsee schön gelegen ist. Das Kreuzeck (2702 m), Namensgeber, aber nicht höchster Berg der Gruppe, ist auf markiertem Pfad in 1½ Stunden ersteigbar, sehr lohnend; ebenso der nahe Dechant über dem Kaltsee (2609 m, 1¼ Std.); über das Kaltseetörl (2481 m) führt eine Markierung durch den Teuchlgraben über den Gasthof Alpenheim Teuchl nach Napplach im Mölltal. – Der Höhenweg zur Hochtristen und zur Emberger Alm ist im zweiten Teil beschrieben.
3. Tourentag: Höchstgelegene und schwierigste Strecke, nur bei sicherem Wetter! Von der *Feldnerhütte* nach Nr. 318 zum *Glenktörl* (2547 m) und auf das *Kleine Hochkreuz* (2565 m), wobei eine weitere Scharte in Blockgelände in noch lustiger Turnerei zu begehen ist. Ab dem Gipfel ausgesetzte Stellen am

Folgende Doppelseite:

Linke Seite: Turnerei über Felsplatten am Steig zum Kleinen Hochkreuz, Kreuzeckgruppe.

Rechte Seite oben: Schätze der Hohen Tauern: Freigold auf Quarz und Bergkristall.
Unten: Wer kennt die namenlosen Bergseen? Eine der Seenplatten im Kreuzeck.

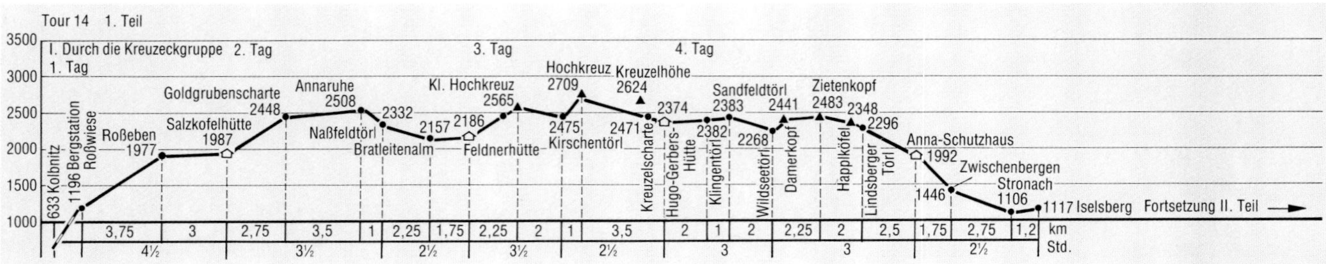

Steig, der die Südabstürze quert und manche Rinne »ausschmiert«. Unterhalb liegt das Kar »In der Kirschen« mit den »Vierzehn Seen« (nördlich noch mehr Seen, insgesamt etwa dreißig!). Vom *Kirschentörl* (2475 m, +3½ Std.) wäre eine »Flucht« durch das Draßnitztal nach Dellach im Drautal möglich (3½ Std.).

Nun folgt die Schlüsselstelle der Tour, mit Aufstieg zum *Hochkreuz* (2709 m) und auf dem freien Grat weiter. Bei Gewittern ist dieser Kamm von Blitzen gefährdet. Wenig abwärts auf den *Schwarzwandkopf* (2683 m) und oberhalb der Schwarzwände über mehrere Erhebungen ab- und aufsteigend durch Kare, nördlich an der schuttbedeckten Kreuzelhöhe (2624 m) vorbei und hinunter in die *Kreuzelscharte* (2471 m). Kurzer Abstieg über Schutthang zur *Hugo-Gerbers-Hütte* (2374 m, +2½ Std.). Dieses unbewirtschaftete Haus war schon im Verfall, als der idealistische englische Bergsteiger Philip A. Tallantire sich ihrer annahm und in beispielhaftem eigenen Arbeitseinsatz die Hütte wieder zu einer bewohnbaren Bergunterkunft gestaltete. (Hüttenweg, Mark. 314, nach Zwickenberg und Oberdrauburg, 3–4 Std., oder Nr. 315, der Scharnikgruppe entlang, zum Gh. Bergheimat, 1581 m, Zufahrt von Irschen.)

4. Tourentag: Zum Ederplan. In dieser Etappe ist nichts ausgesetzt, sie ist nur langwierig. Ansteigend auf dem in den Hang des Taubichels (Taubenbühels) geschnittenen Pfad, kommt man am *Klingentörl* (2382 m) und *Sandfeldtörl* (2383 m) vorbei. Die nach Nordwesten zur Möll abstreichenden Kämme und Täler sind touristisch fast unbekannt. Immer sanfter geht es zum flachen *Wildsee* beim gleichnamigen *Törl* (2268 m, +3 Std., Abstieg mit Markierung nach Zwickenberg, 1001 m, möglich, 2½ Std.) und meistens neben dem Kamm über den *Damerkopf* (2441 m) auf den *Zietenkopf* (2483 m). Nun nicht am Grat weiter, sondern nördlich etwas hinab zu den *Happlköfel* (2348 m), zum *Lindsberger Törl* (2296 m) und auf der Südseite des Bergrückens abwärts zum *Anna-Schutzhaus* (1992 m, +3 Std.) am Ederplan.

Am nahen Gipfel (2062 m) großes Kreuz und Kriegerdenkmal mit unvergleichlichen Ausblicken zur dunklen Schobergruppe und in die hellen Lienzer Dolomiten. – *Abstieg* vom Ederplan nach Markierung 317 steil durch Alm- und Lärchenwaldgelände nach *Zwischenbergen* (1446 m), *Stronach* (1106 m) und zu den Hotels am *Iselsberg* (1117 m, +2½ Std.). Busverbindungen nach Lienz und Winklern (Glocknerstraße).

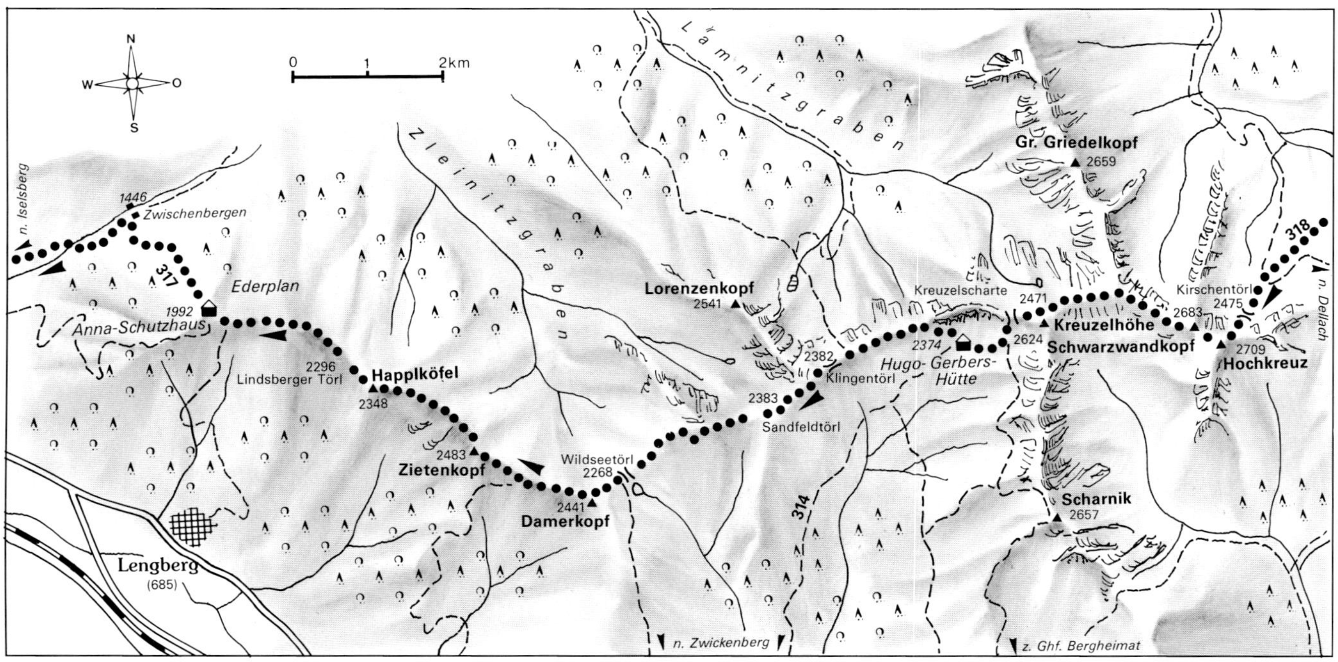

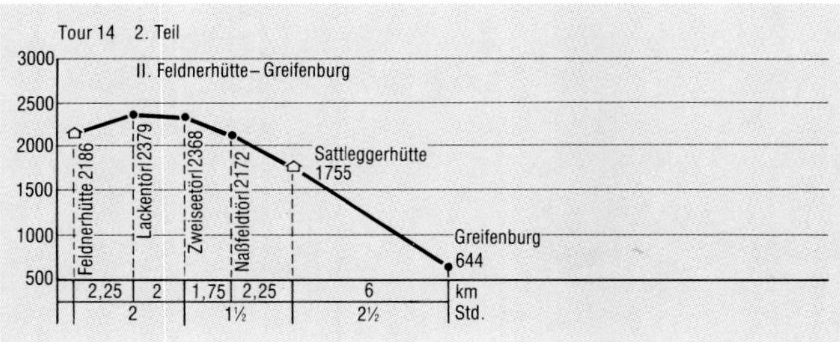

II. Südquerung, Feldnerhütte–Greifenburg

Über die Hochtristen und Emberger Alm, Zweitagestour. Mit Markierung 337 im Gletscherschliff-Gelände *»Plattach«* in den Osthängen von Rothorn und Plattkogel, auf Steigspuren etwas abwärts, und ansteigend zum *Lackentörl* (2379 m, Abstieg nach Süden ins Draßnitztal möglich). Nun den Lackentörlspitz (2443 m) ost- und südseitig umgehend und an steilgrasigen Hängen unter dem schönen Felsberg »Grafische Tristen« bergab zum *Zweiseetörl,* (2368 m, 2 Std.). Links die beiden Seen »Zweisee«, rechts der »Einsee«. Nach Süden steil am Sensenspitz vorbei zu einem Sattel vor der *Hochtristen* (2536 m). Diesen markanten Gipfel erklimmt man leicht über kleine Blockstufen (1 Std. mit Abstieg zum Sattel). Weiter in grünem Gelände zum *Rottörl* und *Naßfeldtörl* (2172 m), schließlich den Naßfeldriegel (2238 m) querend ins Skiliftgelände der *Emberger Alm* (1755 m, +1½ Std.) und zur *Sattleggerhütte.* Abstieg auf Fahrstraße nach *Greifenburg* (644 m, +2½ Std.). – Oder beim Rottörl nach Markierung zum Ochsentörl (2076 m, daneben der Knoten, 2214 m) und bergab zum Hochtristen-Schutzhaus (1697 m, +2 Std.); Fahrstraße nach Berg im Drautal (zu Fuß nach Nr. 330, 2½ Std.).

Touristische Angaben

I. Ost-West-Durchquerung: 4–5 Tage, teilweise sehr anstrengend, dritte Etappe nur bei günstigem Wetter, bei Schneelage meiden! An einigen Stellen Trittsicherheit nötig. – **II. Südquerung:** Zweitagestour, ähnlich I, aber weniger anstrengend. Streckenweise sind beide Touren sehr einsam. Rasttage zwischen den Etappen einschalten; ausreichend Verpflegung mitnehmen (Hugo-Gerbers-Hütte nicht bewirtschaftet!).

Beste Jahreszeit: Ende Juli bis Mitte September.

Höhendifferenzen: I.: 1. Tag, 800 m im Aufstieg; 2. Tag, ca. 700 m im Aufstieg, ca. 300 m im Abstieg; 3. Tag, ca. 600 m im Aufstieg, ca. 400 m im Abstieg. 4. Tag, ca. 500 m im Aufstieg, 700 m im Abstieg, zum Iselsberg ca. 850 m im Abstieg. – **II.:** ca. 500 m im Aufstieg, 1000 m im Abstieg, nach Greifenburg 1100 m im Abstieg.

Reine Gehzeiten: I.: 1. Tag, 4½ Std.; 2. Tag, 6 Std.; 3. Tag, 6 Std.; 4. Tag 6 Std., Abstieg zum Iselsberg + 2½ Std. – **II.:** 4½ bis 5 Std., nach Greifenburg + 2½ Std. im Abstieg.

Einkehrmöglichkeiten: Salzkofelhütte, Feldnerhütte, Anna-Schutzhaus, Sattleggerhütte, Hochtristen-Schutzhaus.

Unterkunft: *Salzkofelhütte,* 1987 m, OeAV-S. Steinnelke, bew. Ende Juli bis Mitte Sept., Hüttenweg von Sachsenburg durch das Nigglaital, 5½ Std., mit Zufahrt bis Gh. Ambros 3½ Std. – *Feldnerhütte,* 2186 m, OeAV-S. Steinnelke, bew. Anf. Juli bis Mitte Sept., Hüttenweg von Greifenburg, Zufahrt bis Gnoppnitz, 1096 m, dann 4 Std. oder von Napplach im Mölltal, Zufahrt bis Alpenheim Teuchl, 1179 m, dann 4 Std. – *Anna-Schutzhaus,* am Ederplan, 1992 m, ÖTK Lienz, im Sommer bewirtschaftet (ehem. Sommersitz des Malers Franz von Defregger). – *Sattleggerhütte,* 1755 m, privat, bew. Mitte Juni bis Mitte

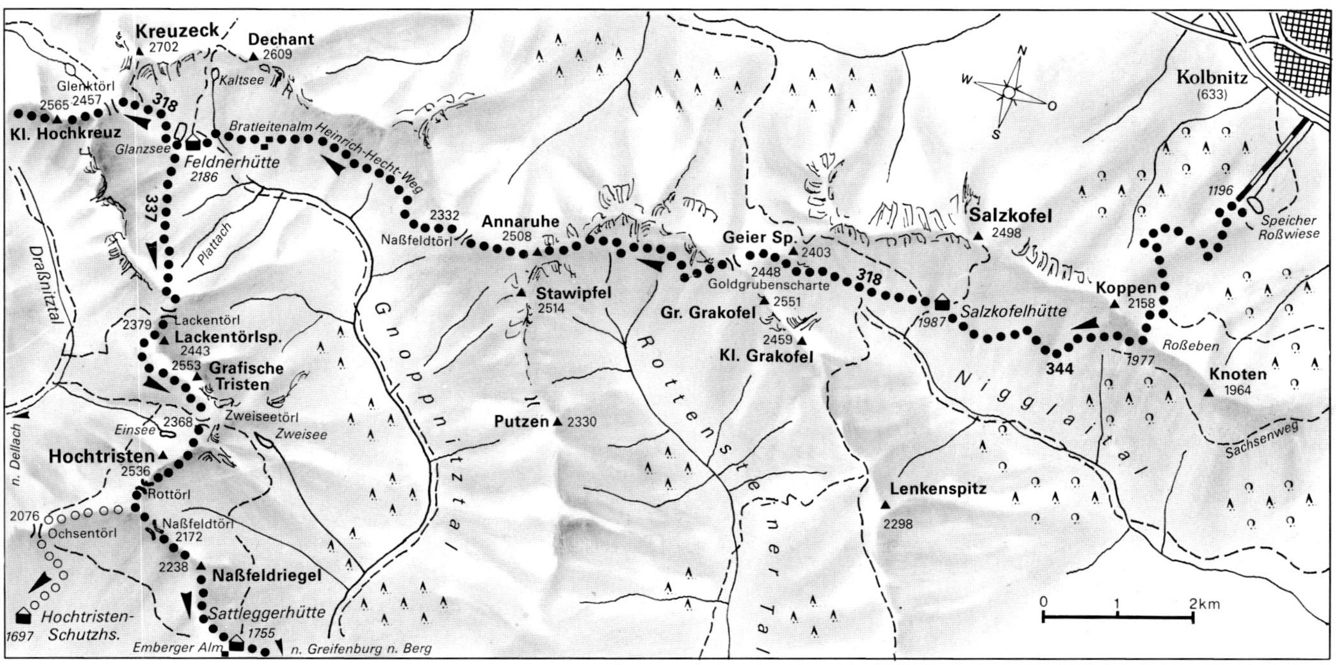

Am Kirschentörl der Kreuzeckgruppe sieht man keine schmackhaften Kirschen, wohl aber gschmackige Berge (unter anderen die Hohe Nase).

Sept., Tel. 04712/433. – *Hochtristen-Schutzhaus,* 1697 m, auf der Oberbergalm, privat, bew. Anf. Juni bis Anf. Sept.; beide Häuser auf Bergstraßen von Greifenburg bzw. Berg im Drautal erreichbar. – *Hugo-Gerbers-Hütte,* 2374 m, OeAV-S. ÖGV, Selbstversorgerhütte, offen, im Sommer fallweise beaufsichtigt.

Talorte: *Kolbnitz,* 633 m, im Mölltal, Schrägaufzug zum Speicher Roßwiese in Unterkolbnitz. – *Sachsenburg,* 559 m, Urlaubsort im Drauknie, schöne Kirche, wie auch im nahen Möllbrücke. – *Steinfeld,* 617 m, Urlaubsort, in der Nähe Kirchlein Gerlamoos mit berühmten Fresken. – *Greifenburg,* 644 m, großer Urlaubsort, wie Sachsenburg und Steinfeld an der Drautal-Bundesstraße und Bahnstrecke Spittal a.d. Drau–Lienz; Touren auch in die Gailtaler Alpen (Reißkofel). – *Berg im Drautal,* wie Greifenburg. – Im Mölltal: *Obervellach,* 670 m, an der Mölltal-Bundesstraße, Bahnhof Mallnitz, erstklassige Basis auch für andere Tauernteile, berühmte Kirche mit Altarbild von Jan Scorel. – Weitere kleinere Orte. – Nächste Stadt: *Lienz,* Hauptstadt von Osttirol (10 km von Iselsberg).

Weitere Tourenvorschläge: Polinik (2784 m), höchster Berg der Kreuzeckgruppe. Von Obervellach (Fahrweg bis 1400 m) 1½ bis 3 Std. zur Polinikhütte (1873 m); nach Mark. 326, zuletzt sehr steil, etwas gesichert, zum Gipfelblock (3 Std.), sehr lohnend. – Durchquerung von der Polinikhütte zur Feldnerhütte (10 Std., nur für Hochalpinisten!).

Karte: Österreichische Karte 1:50000, Bl. 180 Winklern und Bl. 181 Obervellach.

15 Beim Chef höchstpersönlich

Vom Großglockner sieht man den Großglockner nicht

Die Gruppe des Großglockners ist mit 650 Quadratkilometern nicht der umfangreichste, wohl aber der höchste und bedeutendste Abschnitt der Hohen Tauern. Er umfaßt 59 Gletscher, von denen die Pasterze den größten Ostalpengletscher darstellt, mit 20 Quadratkilometern Fläche und über 250 Meter Eismächtigkeit. Neben vielen anderen Dreitausendern hat die Glocknergruppe etliche Gipfel von mehr als dreieinhalbtausend Metern Höhe bis zum »Chef«, der fast 3800 Meter mißt.
Bei der Erschließung der Alpen und der Weltberge ging man von den höchsten oder auffallendsten Berggestalten aus. So trat auch der Großglockner frühzeitig in die Geschichte des Alpinismus ein. Der österreichische Fürstbischof Graf Salm regte noch im 18. Jahrhundert Expeditionen zum Großglockner an, von denen die erste 1799 scheiterte. Doch am 28. 7. 1800 standen die sagenhaft kräftigen einheimischen Brüder Klotz mit dem Pfarrer Horasch und drei weiteren Gefährten auf dem Gipfel des Berges aus Fels und Eis, der so nadelspitz und mit deutlichem Abstand über seine hohe Umgebung hinaussticht. Der Großglockner ist nicht leicht zu ersteigen, doch eine nahe, große Schutzhütte und später angelegte Sicherungen haben ihn auch für gute, schwindelfreie und höhengewohnte Normalbergsteiger in den Bereich des Möglichen gerückt. Der Großglockner ist ein Wunschberg wohl jedes ernsthaften Ostalpen-Bergsteigers. Und viele von ihnen erfüllen sich den Traum – daher ist der Berg in den wenigen Sommerwochen, wenn die Schutzhütten geöffnet und so hohe Gipfel überhaupt zugänglich sind, fast hoffnungslos überlaufen. Das heißt in der Praxis, daß man auf Schritt und Tritt anderen Glocknergehern begegnet, ja von ihnen sogar behindert wird. Sei es nun an den oft sehr engen Plätzen – besser Plätzchen! – zum Stehen und Sichern, sei es unter dem Glocknerkreuz, wo der schöne Spruch des großen Bergsteigers Dr. Heinrich Pfannl zur Heimatliebe aufruft. Einsamkeitssucher oder Bergsteiger, die »ihren« Berg nicht gerne mit anderen teilen, sind am Großglockner seit langem fehl am Platze, da sogar schon die schwierigeren Kletterrouten, besonders der Stüdlgrat, überfüllt sind. Ist es unter diesen Umständen überhaupt noch sinnvoll, eine Empfehlung zum Glocknerbesuch zu geben? Oder soll man es mit denen halten, die – wie man oft hören kann – meinen, »den Glockner gemacht« zu haben, wenn sie über die Glocknerstraße gefahren sind?
Bei der Glockner-Besteigung auf der Normalroute von der Adlersruhe könnte man ausnahmsweise von dem Prinzip abgehen, frühzeitig aufzubrechen oder noch früher dran zu sein, so etwa ab drei, vier Uhr früh! Selbst dann riskiert man es, als Absteigender unter die Massen der Aufsteigenden und in Seilverstrickungen zu geraten. Die Alternative ist: man bricht, sicheres Wetter vorausgesetzt, erst am Nachmittag auf, wenn das Gros schon abgestiegen ist. Oder man kommt außerhalb der Bewirtschaftungszeit der Erzherzog-Johann-Hütte im früheren Oktober, unter besonderer Beachtung der Wetterlage, als Selbstversorger zu diesem Stützpunkt.
Vermutlich wird aber fast jeder Glockner-Begeher von heute in der Umgebung des Großen und in der Aufschau zum Tauern-Chef mehr finden als bei der Gipfeltour selbst – obwohl man diese in ihrer Art als rassig bezeichnen kann. Doch, wie gesagt, an normalen Glocknertagen muß man sie mit Hunderten Gleichgesinnter teilen, was die Berggefahr erhöht und die Bergfreude mindert. Die Sichtweite vom Großglockner umfaßt, genau berechnet, 151,880 Kilometer. Doch der geistvolle Verfasser des Glocknerbuches (Pflichtlektüre!) Oskar Kühlken bemerkte richtig: Vom Großglockner kann man den Großglockner selbst nicht sehen!
Wohl liegt einem dort oben alles zu Füßen – aber es verflacht neben dem Gewaltigen. Ich habe meinen schönsten Glocknertag nicht bei drei Besteigungen des Gipfels, sondern rund achthundert Meter tiefer verbracht, bei der Überkletterung des Freiwandgrates – ein unvergeßlicher Bergtag im Angesicht des Großglockners. Vor einer Audienz beim »Chef« schaue man sich also seine Umgebung besonders gut an, unterstützt von grundlegendem Wissen um die wichtigen Nebengebiete.
Nicht allzusehr bekannt mag sein, daß der Alpenverein Eigentümer von weiten Teilen des Glocknergeländes ist! Im Jahre 1918 bot der Industrielle Albert Wirth dem Alpenverein über 4072 Hektar Grundbesitz in der Großglocknergruppe an, unter anderem die ganze Pasterze mit Groß- und Kleinglockner, und bezahlte auch den Kaufpreis selbst! So bekam der Alpenverein den Glockner geschenkt. Und 1938 sind noch größere Grundstücke an der Kalser Seite, 5679 Hektar, aus dem österreichischen Bundesschatz um nur 3000 Schillinge an den Alpenverein gelangt. Daß schon vor mehr als hundert Jahren phantastische Projekte bestanden, eine Glocknerbahn bis auf den Gipfel zu bauen, wundert einen angesichts der Jungfraubahn in den Berner Alpen gar nicht. Sie konnten bis auf den heutigen Tag verhindert werden; die Großglockner-Hochalpenstraße ist Erschließung genug. Sie wurde am 3. 8. 1935, nach mehr als fünfjähriger Bauzeit (unter größten finanziellen und geländemäßigen Schwierigkeiten), eröffnet. Die Gesamtkosten betrugen

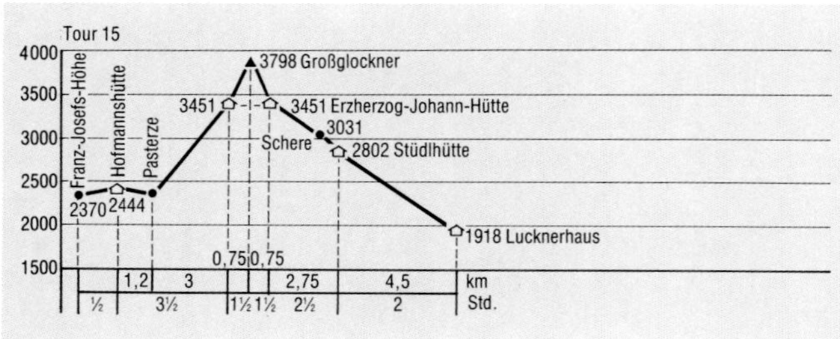

fast 26 Millionen Schilling alter, guter Währung; mehreren Tausend Beschäftigten wurde in dieser Notzeit Arbeit gegeben. Die Mautstraße ist zwischen Bruck, das sich »an der Glocknerstraße« nennt, in Salzburg und Heiligenblut in Kärnten an die fünfzig Kilometer lang, der Scheitelpunkt liegt an der Edelweißspitze mit 2577 Meter, die Aussicht umfaßt 37 Dreitausender und 19 Gletscher. Die Straße ist meist von Mai bis Oktober geöffnet, die Räumung der oft mehrere Meter hohen Schneedecke erfolgte früher mit Hand und erfordert heute noch mehrere Wochen Zeit und enormen Aufwand. Im Schnee-Rekordjahr 1965 brauchte man 64 Tage dafür. Anläßlich der 50-Jahrfeier, 1985, konnte man den 35millionsten Besucher der Großglockner-Hochalpenstraße begrüßen.

Die »Glocknerdörfer« Heiligenblut und Kals wurden bei den Touren dieses Buches mehrfach erwähnt. Sie haben enorme Bedeutung für den österreichischen Fremdenverkehr. Da der Großglockner zuerst von Heiligenblut aus erstiegen worden ist, war dieses schöne Dorf zuerst »da« – doch dann zogen die Kalser mit dem Stüdlgrat, einem Glockner-Superlativ, und mit berühmten Bergführern nach. Von *Kals* ist auch der Zustieg zur Adlersruhe günstiger.

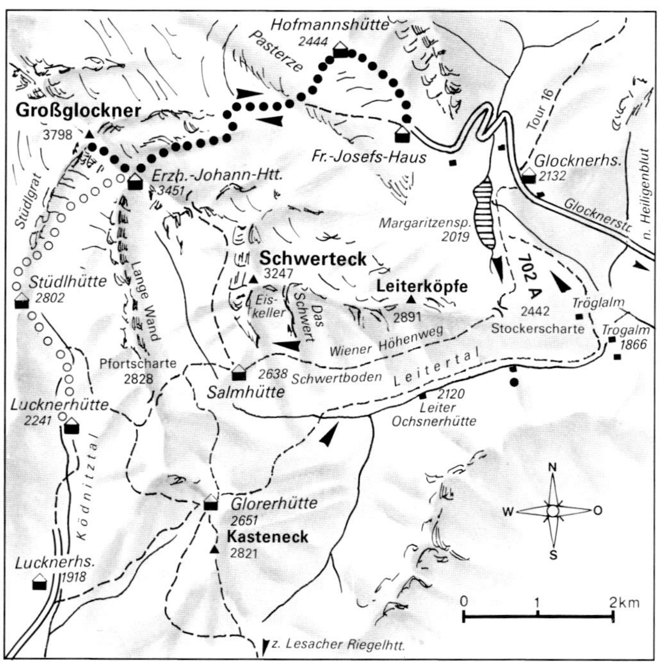

Von den vielen großen Gipfeln der Glocknergruppe sind wichtige in einzelnen Tourenkapiteln dieses Buches genannt. Hier sei nur der *Fuscherkarkopf* erwähnt, weil er den Besteiger auf der Normalroute über den Nordwestgrat von der Oberwalderhütte (2972 m) her wenig mit Eis in Berührung bringt. Er ist auch ein fabelhaft schöner, pyramidenförmiger Berg, wie aus farbigem Bratschengestein geschnitten und in der Nordwand mit einem – heute nur mehr dünnen – Schild aus Gletschereis verziert. In einem sandigen Kar zu seinen Füßen befindet sich die größte botanische Rarität der Tauern – die bei Botanikern weltbekannte *Gamsgrube.* In der Flugsandsteppe dort herrschen sibirische und grönländische Bedingungen für seltenste Pflanzen, die sich als einzigartige Eiszeit-Relikte erhalten haben. Selbstverständlich ist auch der Großglockner mit der Pasterze Naturschutz- und Nationalparkgebiet.

Vielbesucht ist der »Gletscherweg Pasterze«, für den der Alpenverein auch einen Führer herausgegeben hat, aus dem man Grundlegendes zum Thema Hochgebirge, Gletscher, Pflanzen- und Tierwelt erfahren kann. Er führt sozusagen durch das Vorzimmer des Tauernchefs Großglockner. Um diesem selbst nahe zu kommen, muß der Bergsteiger zuerst lange, teils steile Gletscher begehen: das unangenehmere Hofmannskees von der Ostseite her oder das flachere Ködnitzkees westseitig.

Eine Übernachtung in der geräumigen *Erzherzog-Johann-Hütte* auf der Adlersruhe wird dringend, schon wegen der Anpassung an die große Höhe, empfohlen. Den Großglockner von einem Talort aus in einem Tag bewältigen zu wollen, ist schon manchem Bergsteiger zum Verhängnis geworden. Von der Adlersruhe aus beträgt der Höhenunterschied zum Gipfel kaum 350 Meter, die – wenn man gut weiterkommt! – in etwa 2 Stunden zu schaffen sind. In der Tour ist Gletscherbegehung nötig, das sehr steile (40 Grad) *Glocknerleitl* zum Kleinglockner kann bei Blankeis ein ernsthaftes Hindernis sein. Einige Stellen sind mit Sicherungen versehen, der Abstieg in die schmale *Obere Glocknerscharte* ist steil und heikel, deren Überquerung ausgesetzt und optisch durch die zu beiden Seiten zu Tal schießenden Firn- oder Eisrinnen etwas abschreckend (nordostseitig die berüchtigte Pallavicini-Rinne). Die Felsen zum *Großglockner* selbst verlangen etwas Kletterkönnen (I+).

Touristische Angaben

Großglockner (3798 m), Gletscher- und Felstour, Höhenanpassung, Schwindelfreiheit und etwas Kletterkönnen nötig; Handhabung von Seil und Eispickel sowie Steigeisen Bedingung. Für schwächere Geher unbedingt Bergführer!
Beste Jahreszeit: Ab Anfang Juli bis Ende September.
Höhendifferenz: Adlersruhe–Großglockner ca. 350 m im Auf- und Abstieg.

Das Glocknerdorf Kals mit der alten Siedlung Großdorf gegen den Vorderen Kendlkopf.

Eine der schönsten Ansichten des Großglockners, von der Kasereck-Kapelle an der Großglocknerstraße.

Reine Gehzeiten: Etwa 1½ bis 2 Std. im Aufstieg, 1½ Std. im Abstieg.

Einkehrmöglichkeiten: Hofmannshütte, Stüdlhütte, Erzherzog-Johann-Hütte.

Unterkunft: *Hofmannshütte,* 2444 m, OeAV-Akadem. Sektion Wien, bew. Ende Mai bis Ende Sept., ½ Std. vom Ende der Glocknerstraße (Franz-Josefs-Höhe). – *Stüdlhütte,* 2802 m, DAV-S.-Prag, bew. Ende Juni bis Ende Sept., 2½ Std. vom Lucknerhaus, 1918 m, bis dorthin Straße von Kals. – *Erzherzog-Johann-Hütte* auf der Adlersruhe, 3451 m, Österr. Alpenklub (AV-Ermäßigung), bew. Anf. Juli bis Ende Sept., 3½ Std. von der Hofmannshütte, 2½ Std. von der Stüdlhütte (Gletschertouren).

Talorte: *Heiligenblut,* siehe Tour 12; *Kals,* 1300–1500 m, mit Großdorf und Taurer Wirt, berühmtes Glocknerdorf wie Heiligenblut. Großer Urlaubsort, Busverbindung mit Lienz. Bergführerstandort. Sessellift »Glocknerblick«. Unter anderem sehenswert: »Stockmühlen« und zwei Kirchen sowie die Daberklamm.

Karten: Österreichische Karte 1 : 50 000, Bl. 153 Großglockner; Alpenvereinskarte 1 : 25 000, Nr. 40 Großglocknergruppe.

Gut ausgerüstet im Aufstieg zum Großglockner. Tiefblick zur Adlersruhe.

16 Über den Dachfirst Kärntens

Der Klagenfurter Jubiläumsweg

Der Klagenfurter Jubiläumsweg wurde 1972 zur Feier des hundertjährigen Bestandes der Alpenvereinssektion Klagenfurt geschaffen. Otto Umlauft, dreißig Jahre lang Obmann dieser bedeutenden Sektion, wollte der Allgemeinheit der Bergsteiger aus diesem Anlaß ein würdiges Geschenk machen. Das entspricht dem Wesen dieses hervorragenden Alpinisten, der im Krieg ein Bein verloren hatte, aber oft schneller unterwegs war als unversehrte Gefährten. Er suchte für sein nobles Geschenk das letzte, fehlende Stück des Tauernhöhenweges zwischen Hocharn und Glocknerhaus aus, das er gerne Kärntens Dachfirst nennt. Vor dieser schöpferischen Arbeit der Klagenfurter, die einen ganzen Tauernteil in das Bewußtsein der Bergsteiger brachten, waren einige Dreitausender und andere hohe Gipfel dort so gut wie unbekannt.

Der Klagenfurter Alpenverein, das heißt Otto Umlauft selbst mit treuen Helfern, markierte und sicherte also von »seinem« Glocknerhaus bis zum Hohen Sonnblick. Nahe dem Kruml-keeskopf wurde das Otto-Umlauft-Biwak errichtet. Dieser »Klagenfurter Jubiläumsweg«, wie auch schon für andere Höhenrouten erwähnt, ist kein Weg im Sinne des Wortes. Er hat drei sich unterscheidende Teile. Jener vom Glocknerhaus zum Hochtor ist ohne eigentliche Kletterei, jedoch nur trittsicheren Alpinisten zu empfehlen. Der mittlere Abschnitt zwischen Hochtor und Modereck ist meistenteils Bergwanderung, doch muß die große Höhe berücksichtigt werden. Der hochalpine Teil zwischen Hohem Sonnblick und Modereck ist ein »Weg« mit Kletterei und Eisverbrämung nur für Hochalpinisten, den – wie Fritz Peterka schreibt – oft keine zwanzig Bergsteiger pro Jahr wagen. Doch welche Etappe man immer begehen mag, stets wird der Klagenfurter Jubiläumsweg das Gefühl vermitteln, an einer besonderen Stelle der Alpen gewesen zu sein!

I. Im steinernen Tiergarten

Vom Hochtor zum Modereck und zurück. Für bergsteigerische Normalverbraucher. Dort ist der Gesteinsbildner vornehmlich Kalkglimmerschiefer, oft mit blaugrünen härteren Schiefern vermischt – am nahen Brennkogel gut zu sehen. Aus dem weichen, so gut zu begehenden Sandboden erheben sich bizarre Formen, manche wie Tiergestalten, so daß der Volksmund diese Gegend »steinerner Tiergarten« oder »Mondlandschaft« nennt.

Zur Basis der Tour diene das Wallackhaus an der Großglockner-Hochalpenstraße, benannt nach dem genialen Erbauer dieser Straße. In dem gemütlichen Berghotel sind Bergsteiger willkommen; es gehört der Heiligenbluter Dynastie Wallner. Großmutter Wallner, nun schon an die neunzig, war ab 1935 mit ihrem Ehemann Bewirtschafterin der ersten Kantine an der Straße. Ein Leben so hoch oben am Berg hat seinen eigenen Zauber, besonders im Herbst. Wir aber sollten noch im Bergsommer eine Zeit günstigen Wetters auswählen – über den Tauernhauptkamm weht nämlich meist ein ordentlicher »Blasius«!

Vom *Wallackhaus* (2307 m) am besten mit Pkw oder Bus bis zum *Hochtor-Tunnel* (2505 m), höchster Punkt der Glocknerstraße. Auf dem dort ansetzenden markierten Fußsteig zur Höhe des *»Heiligenbluter Tauern«* (2575 m, ¼ Std.) wandelt man auf den Spuren der Säumer, die viele Jahrhunderte lang diese niedrige Stelle des Alpenhauptkammes überschritten. Der Pfad von Norden her ist ein wenig sanfter. Nun nach Markierung 102 kurz und steil zum *Tauernkogel* (2626 m), von wo man gut auf die Spuren des Saumweges ins Seidlwinkeltal hinabsieht – dort sollte die Glocknerstraße gebaut werden, bevor man sich für eine andere Trasse entschied. Über eine breite Kammfläche nach Osten hinab, am Roßköpfl (2588 m) vorbei, den Roßschartenkopf (2664 m) nördlich umgehend, gelangt man in die *Roßscharte* (2598 m, +1 Std.). In der »Mondlandschaft«, in der Steinmännchen die Route markieren, kommen wir, immer wieder wenig ab- und ansteigend, in die *Weißenbachscharte* (2644 m, +½ Std.). Hier zweigt ein guter Abstiegsweg, Nr. 162, über die Seppenalm zur *Kasereck-Kapelle* (1904 m, 2 Std.) und zur Glocknerstraße ab (dort mit Bus oder zu Fuß in 1½ Std. zum Wallackhaus zurück). Nun über den Bergkamm, zuletzt steil, zu der abenteuerlichen Gestalt des *Hinteren Moderecks* (2932 m) mit seinen Felstürmen. Eine etwa 3 Meter hohe Felsstufe ist zu überwinden, mit Griffhaken kommt man auf die breite Gipfelfläche (+1 Std.). Ausblicke hat der freie Bergkamm schon reichlich geboten, nun genießt man in Ruhe die Aussicht zu den höheren Gipfeln der Glocknergruppe, der Schobergruppe und der Goldberggruppe, aber auch zu den einsamen Spitzen des Edlenkopfkammes (siehe Tour 11).

Den *Rückweg* nehmen wir auf der gleichen Route (2½ Std.) oder mit dem genannten Abstieg zur *Kasereck-Kapelle.*

II. Ein »Weg« für Kletterer

Vom Hohen Sonnblick zum Hochtor. Aufstieg zum *Zittelhaus* am Hohen Sonnblick, siehe Tour 11; oder von der *»Fleißkehre«* der Glocknerstraße bei Heiligenblut auf Fahrstraße, befahrbar bis 20 Minuten vor dem *Gasthof »Alter Pocher«* (1807 m) und auf dem Hans-Tritschel-Weg, zuletzt kurzes Gletscherstück, zum *Zittelhaus am Sonnblick* (3105 m, 4½ Std.). – *»Klagenfurter Jubiläumsweg«,* Markierung 102: vom *Zittelhaus,* am Kleinen Fleißkees etwas absteigend, in die *Pilatusscharte* (2905 m) und über steilen Schnee zum Ostgrat des Goldzechkopfes. Über eine kleine, mit fixen Haken gesicherte Wand auf den Grat und auf den Gipfel des *Goldzechkopfs* (3042 m), der auch westlich, auf sehr steilem Firn, umgangen werden kann, doch ist die Überschreitung kurzweiliger. Über den Nordgrat hinab zu den *Goldzechscharten* (2895 m), die durch einen Felskopf, dem westlich ausgewichen wird, getrennt sind. Nun über den

Die berüchtigte Obere Glocknerscharte ist überwunden – nun folgt die erfreuliche Kletterei zum Gipfel des Großglockners.

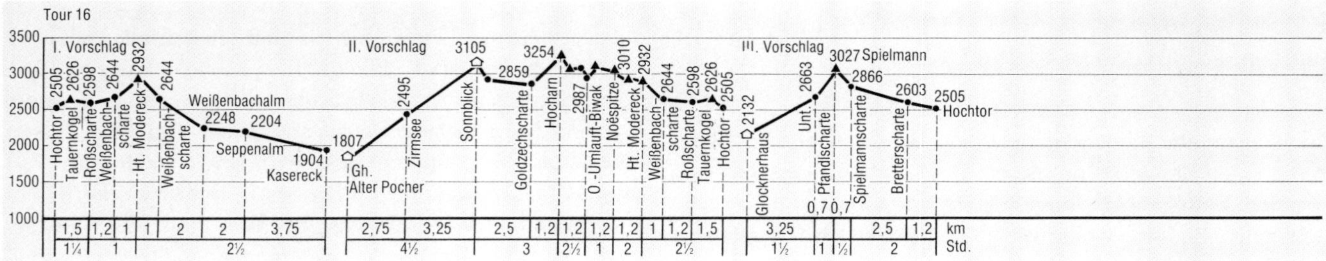

Südgrat (Normalroute, kleine Umgehungen an der Ostseite) auf Firn problemlos auf den *Hocharn* (3254 m, 3 Std.), einen interessanten Tauerngipfel, der an vier Seiten von Gletschern umgeben ist. Weiter auf dem Gratrücken nach Nordwesten, leicht hinab in die Obere Jausenscharte und auf dem fast waagrechten Firngrat (*Schneehorn*, 3060 m) bis zu ausgesetztem Kletterfels, der Schlüsselstelle der Tour. Der *»Blaue Turm«* wird in gutem Gestein, mit Thenius-Haken gesichert, überschritten (II–III). Wieder leichter auf die *Arlthöhe* (3084) und, zuletzt westlich des Grates, in die »richtige« Jausenscharte (von Bergsteigern so bezeichnet; auf der Landkarte liegt die Untere Jausenscharte zwischen Schneehorn und Arlthöhe). Bei dieser – der dritten – Jausenscharte steht die *Otto-Umlauft-Biwakschachtel* (2987 m, +2½ Std.) in einer Mulde. Sie ist gut ausgestattet, es gibt aber kein Wasser. (»Fluchtweg«, auch normaler Aufstieg, nach Südwesten, auf markierten Steigspuren, oben äußerst steil, in das Große Fleißtal und nach Heiligenblut, 3–4 Std.)
Am Weiterstreben zum *Krumlkeeskopf* (3103 m, +ca. 1 Std.) ist eine abdrängende Verschneidung etwas hinderlich, sie ist aber mit Griff- und Tritthaken gesichert. Über einen Felsrücken gelangt man unschwer nach Westen in eine Scharte vor der *Noëspitze* (3010 m), die an der Ostseite, gesichert mit Drahtseilen und Stiften, erstiegen wird. Nun auf dem gut gestuften Felsgrat mit Kletterei (II) auf die turmartige *Herbertspitze* (2971 m). Die AV-Sektion Klagenfurt meint dazu: »Überall, wo Griff- und Sicherungshaken notwendig sind, findet man sie. Immer genau der Markierung folgen, sich nicht vom Grat abdrängen lassen!« Leichter am Kamm zum Sattel vor dem *Hinteren Modereck* (2932 m, +2 Std.), dessen senkrechten Türmen man in die Nordflanke ausweicht. Mit Hilfe eines Griffhakens über eine kurze Felsstufe hinab, weiter wie bei Vorschlag I über die Hochfläche zum *Hochtor* (2½ Std.) und zum *Wallackhaus.*

III. Zwischen Glocknerhaus und Wallackhaus

Ab *Glocknerhaus* (2132 m) nach Markierung 702 über sanfte, noch grüne Hänge hinan, vorbei an einem Tauernkreuz bis vor

Auf dem einsamen Dreitausender Spielmann, mit Glocknersicht.

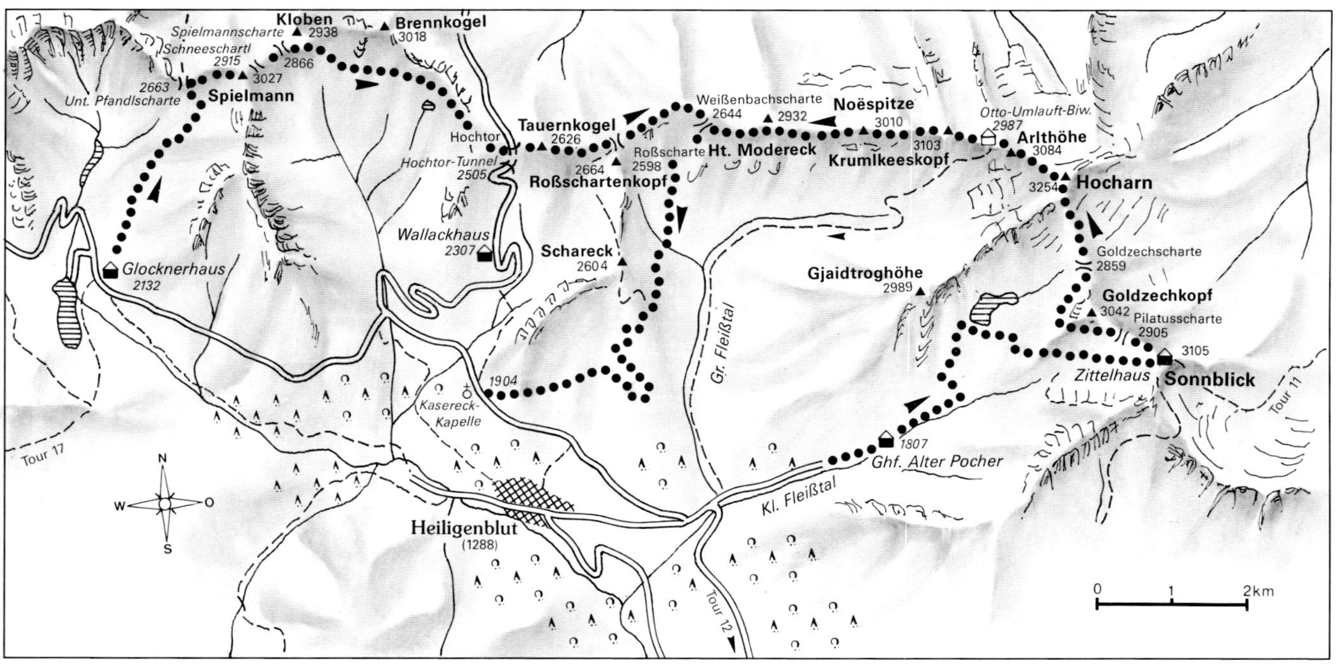

Auf der Klagenfurter Jubiläumsroute, Blick von der Pilatusscharte zum Hocharn.

die *Untere Pfandlscharte* (2663 m, 1½ Std.), ehemals vielbenützter Übergang ins Ferleitental, Reste des Pfandlschartenkeeses. Nun am Westrücken über Schrofen und brüchigen Fels (I+) auf den Gipfel des *Spielmanns* (3027 m, +1 Std.). Dann am kurzen Nordgrat in das *Schneeschartl* (2915 m) und über einen Felshöcker (oder einige Grattürme in der Südflanke umgehend) in die *Spielmannscharte* (2866 m, +½ Std.). Unter Kloben (2938 m) und Brennkogel (3018 m) vorbei (Reste des Guttal-Keeses, Schnee) im Moränengelände nach Südosten allmählich bergab. – Die beiden Gipfel sind unschwer ersteigbar, der Kloben aus der Spielmannscharte über Blockhänge, der Brennkogel nach Markierung von Süden her, Mehraufwand 2 Std. – Mehrere vorgelagerte Gipfel umgehend (Bretterköpfe, Margrötzenkopf, 2735 m), zuletzt am nordseitigen Hang zum Heiligenbluter *Hochtor* (2505 m, +2 Std.); Abstieg zum *Wallackhaus* (½ Std.), oder mit Bus dorthin.

Touristische Angaben

I. Vorschlag: mit Ausnahme des Hinteren Moderecks Bergwandergelände, am Modereck Trittsicherheit nötig, guten Windschutz und Verpflegung mitnehmen! *II. Vorschlag:* erstklassige hochalpine Tour für sehr ausdauernde Bergsteiger mit Kletter- und Eiserfahrung (Seil, Pickel, Steigeisen notwendig), Verpflegung und Wasser mitnehmen! Nur bei günstigem Wetter; *III. Vorschlag:* für gute, ausdauernde Bergsteiger, Trittsicherheit nötig, Verpflegung mitnehmen.

Beste Jahreszeit: *I. Vorschlag,* ab Anfang Juli; *II. Vorschlag, nicht vor Ende Juli; III. Vorschlag,* ab Ende Juli.

Höhendifferenzen: *I. Vorschlag,* ca. 500 Meter mit kleinen Gegensteigungen im Auf- und Abstieg; *II. Vorschlag,* über 700 m im Aufstieg, ca. 1350 m im Abstieg; *III. Vorschlag,* ca. 900 m im Aufstieg, über 650 m im Abstieg.

Reine Gehzeiten: *I. Vorschlag,* ca. 3 Std. im Aufstieg, 2½ Std. im Abstieg; *II. Vorschlag,* ca. 11 Std. mit einigen Auf- und Abstiegen sowie Gegensteigungen; *III. Vorschlag,* je ca. 2½ Std. im Auf- und Abstieg.

Einkehrmöglichkeiten: Wallackhaus, Zittelhaus, Glocknerhaus.

Unterkunft: *Wallackhaus,* 2307 m, Berghotel an der Glocknerstraße, bew. Mitte Mai bis Anf. Okt. – *Zittelhaus,* 3105 m, OeAV-S. Rauris, bew. Anf. Juli bis Ende Sept. – *Glocknerhaus,* 2132 m, an der Glocknerstraße, OeAV-S. Klagenfurt, bew. Mitte Mai bis Ende Sept. – *Otto-Umlauft-Biwak,* 2987, am Hocharn-Westgrat, offen, 8 Lager, Gaskocher, kein Wasser.

Talorte: *Heiligenblut,* siehe Tour 12; *Kolm-Saigurn,* siehe Tour 11; *Bruck a. d. Glocknerstraße, Fusch, Ferleiten,* siehe auch Tour 18.

Karten: Österreichische Karte 1:50000, Bl. 153 Großglockner und Bl. 154 Rauris.

17 In Österreichs seltsamster Berglandschaft

Glocknerhaus–Salmhütte–Glorerhütte–Glocknerhaus

Der »große« Glockner ist ein beherrschendes Massiv. Ihm fehlen nur 202 Meter auf den Viertausender! Sein Name soll nach neuen Sprachforschungen von »Glogger« kommen, das bedeutet Leithammel, das größte und stärkste Tier der Herde. Der Glockner ist also der Anführer vieler Hundert hoher Gipfel in der Tauern-Herde!

Sein Name wird vielfach zu Reklamezwecken benützt, sogar für Zigarren. Hunderttausendmal abgelichtet und vervielfältigt wurde sein Bild, meist nur der Anblick von Osten über der Pasterze. So anziehend diese Seite ist, das Bild ist abgegriffen. Ist

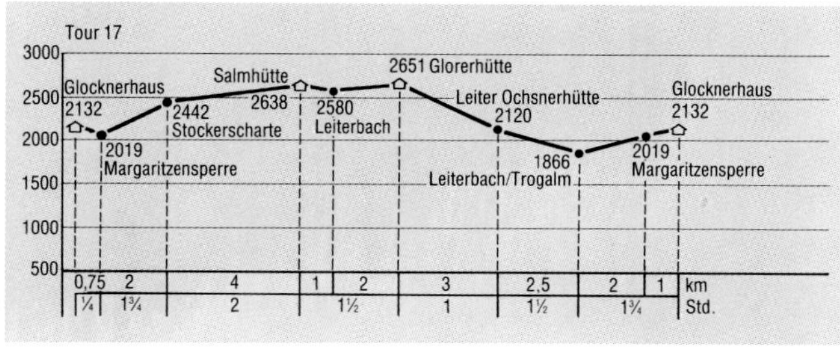

der Großglockner von der Kalser Seite nicht ebenso schön, mit den blaugrünen Felsen des Stüdlgrates? Auch dort ist der Glockner groß genug!

Noch weniger sieht man Ansichten von Österreichs höchstem Gipfel von Norden her, wo er nur Hochalpinisten ein Begriff ist. Doch überhaupt nicht herumgesprochen hat sich die fremdartige Schönheit im Süden und Südosten des Glockners, über dem Leiter- und Ködnitztal. Man kann es Österreichs seltsamste Berglandschaft nennen, Gebirge und Wüste in einem. Wie an vielen Stellen der Tauern sind harte Schiefer und weichere Bratschen durcheinandergewürfelt – in diesem Gebiet in Vollendung der Formen und Farben. Der blaugrüne Chlorit bildet kernige Grate, klobig zu Blöcken und Platten zerfallend. Die weißgelben bis braunen Bratschen verwittern zu kompakteren, scharfen und bizarren Gebilden. Der Bergwind ist ihr Herr und Meister, er schleift sie mit ihrem eigenen blättrigen Abfall wie mit einem Gebläse. Der Sand, letztes »Produkt« dieser Arbeit von Millionen Jahren, bringt den Eindruck des Wüstenhaften dazu.

In diesem Wüstengebirge erhebt sich das riesenhafte *Schwerteck* (3247 m) mit seinem fast 700 m hohen, elegant geschwun-

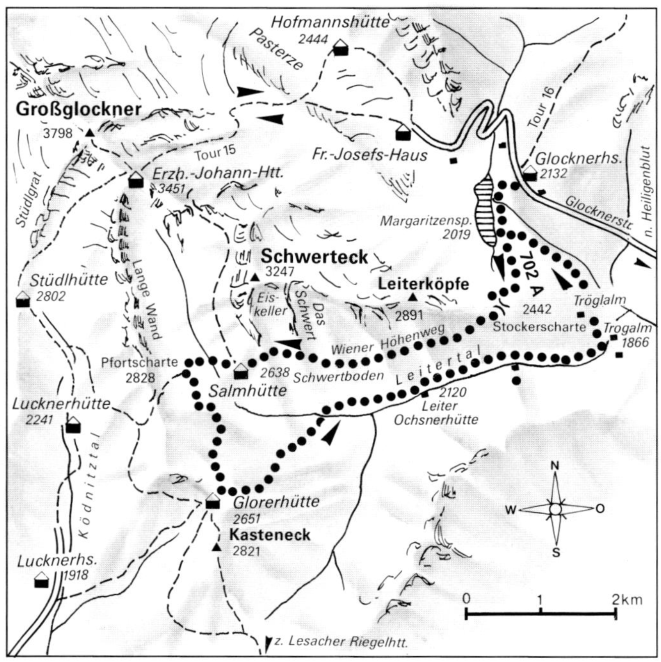

Die Glorerhütte mit Großglockner, Hohenwartkopf und Schwerteck.

genen Südgrat, dem der Volksmund den einzig möglichen Namen verliehen hat: »Das Schwert«. Mit dem ähnlich gestalteten Südsporn heißen beide Abstürze »die Schwerter«. Sie umschließen das Kar »Eiskeller« mit dauerhaften Firnresten. Auch die nahen, etwas niedrigeren Leiterköpfe zeigen Ansätze zu solcher Felsbildung.

In Österreichs merkwürdigstem Bergland sind die Gipfel nicht das einzig Schauenswerte. Zu ihren Füßen breiten sich wahre Blumenmeere, auch seltene Arten. Schon im vorigen Jahrhundert kassierte die damals rührige Gemeinde Heiligenblut eine Taxe von 3 Kreuzern für das Blumenpflücken. Heute sind die Strafen drastischer. Im Kärntner Naturschutzgesetz sind auch Wildtiere strengstens geschützt, und einem Murmeltier-Dieb brummte man schon vor Jahren die Zahlung von 150000,– öS auf!

In anderen Ländern, etwa Amerika, wären das »Schwert« und andere Sehenswürdigkeiten längst zur großen Attraktion erklärt worden. Doch wir sind in Österreich, und die farbigen Berge liegen nicht an Straßen, sondern sind nur über rauhe Gebirgspfade zu erreichen. Dem Nationalpark – das Land Kärnten war bekanntlich das erste mit solchen Gesetzen! – gehören sie bereits an. Man sollte dort Führungen unter Leitung von Geologen und Botanikern veranstalten. Vorerst aber sind es noch wenige, die solche Schönheit für sich erleben können. Und – was für ein Kontrast! – wir beginnen und beenden unseren Vorstoß ins unbekannte Glocknerland an der vielbefahrenen Glocknerstraße!

Bergtour: Ich empfehle, sich mehr als einen Tag dort umzusehen. Es gibt große Schutzhütten zu angenehmem Aufenthalt. Passend wäre etwa das *Glocknerhaus* (2123 m), wo wir vom Asphalt in die Urnatur »aussteigen« können. Die Tour beginnt mit einem kurzen Abstieg nach 702 A (Variante der Zentralalpenroute) auf Wiesenhang und Werksstraße zur *Margaritzensperre* (2019 m, ¼ Std.). Dort war ein Wärter im Lawinenjahr 1951 in einer Hütte 13 Tage lang unter Schnee begraben, bis man ihn lebend befreien konnte! Auf der Staumauer des kleinen Sees unter der Zunge der Pasterze weisen die Markierungen nach Süden. (Bei einer Wegtafel zweigt der Pfad zur Tröglalm, ins Leitertal und nach Heiligenblut ab. Wer ausgesetzten Stellen nicht gewachsen ist, könnte dort absteigen und im Leitertal den normalen Hüttenweg zur Salmhütte benützen; etwas länger als unsere Tour.)

Das Steigl hebt sich einen dunklen Riegel hinauf. Von Nordwesten über die Pasterze her mündet der Viktor-Paschinger-Steig (nach dem verdienten Gletscherforscher benannt) ein; unsere Anlage ist der *»Wiener Höhenweg«*. Der steile und kurvenreiche Pfad führt zuletzt unterhalb der *Stockerscharte* (2442 m) in einer Felsrinne zum Grat und wechselt dort von der Nord- in die Südseite (+1¾ Std.). Der »kritische Punkt« der Tour kommt kurz danach. Die sehr steilen Sonnenhänge sind grasbewachsen, aber haltlos und gefährlich. Die Markierung führt, ausgesetzt, oberhalb eines hohen Plattenschusses, der Steig ist aber gut gebahnt und kurz gesichert. Vorsicht! Bei Schneelage lieber zurückgehen!

Weiter, nun sanft ansteigend, ziehen wir durch Bergwiesenhänge und können der Umgebung mehr als einen Blick gönnen. Etwa zu den Bergblumen oder über das Leitertal hinweg auf die 12 Erhebungen der Gegenseite, den langen Zug von den Gridenkarköpfen bis zum Kroker über Heiligenblut. Vor dem *Schwertboden* fesseln das Kasteneck und die Kante des Dreitau-

Das Schwerteck mit seinem scharfen Südgrat, genannt »Das Schwert«, einem Schaustück der Alpen.

senders »Lange Wand« unsere Aufmerksamkeit. Anregender ist der Aufblick nach Norden in die Schwertkare (Gamskarln) und zum kühlen Eiskeller.
Wir kommen am Fußpunkt des *»Schwertes«* vorbei. Eine archaische Landschaft, strenge Plattenformen um ein Amphitheater, die Farben weißgelb bis oliv. Da müßten nicht nur Fotografen, sondern auch Maler und Bildhauer fasziniert sein! Auf einer Wiese, knapp vor der *Salmhütte* (2638 m, +2 Std.), sind oft Murmeltiere zu beobachten. Der Hüttenwirt des gutgeführten Hauses versorgt es unter großem eigenen Einsatz. Von der Glocknerstraße transportiert er die Lebensmittel mit dem Motorrad zur Margaritzensperre hinab und »säumt« dann mit einer schweren Kraxe über die Stockerscharte, aber auch auf dem im Fels verborgenen »Katzensteig«.
Nach guter Rast in der Salmhütte heißt es zur Glorerhütte weitersteigen. Wieder zuerst abwärts, auf einen feuchten Boden, wo die klare Quelle der Leiter entspringt. Jedem, der Felsen

Das Glocknerhaus an der Glocknerstraße, ein günstig gelegenes Schutzhaus der Alpenvereinssektion Klagenfurt.

liebt, wird das blaugrüne Gestein am Südgrat des nahen Hohenwartkopfes auffallen – eine der schönsten Klettertouren der Tauern! Bei guter Sicht zeigt sich darüber auch der spitze Gipfel des Glockners höchstselbst. Die Markierung leitet nach Süden durch eine wüste Schlucht an der Glatzschneid, bald aber zu grünen Böden und an einem Seelein vorbei, kurz aufsteigend zur *Glorerhütte* am Bergertörl (2651 m, +1½ Std.). Dieses gastliche Haus liegt an einem besonders schönen Platz, mit weiter Sicht, frei auf Bergeshöhen. Man bekommt dort Berge sogar auf der Speisekarte! Sie enthält einige Tourenvorschläge...
Bei der Glorerhütte werden wir ein wenig ausruhen (falls nicht überhaupt eine der Schutzhütten unser Nachtquartier wird). Zurück zur Glocknerstraße steht ein langer Abstieg mit Gegensteigung bevor, doch das ist so lohnend, so sehr von Bergen, Blumen und Gewässern verbrämt, daß es (fast) zum Genuß wird! Zuerst trollen wir uns auf markiertem Steig von der Glorerhütte ins *Leitertal*, mit vielen Quellen rundum. Nach kargen Almen (*Leiter Ochsnerhütte*, 2120 m, +1 Std.) erreichen wir den breiteren Hüttenweg der Salmhütte und wandern auf ihm durch das felsige Tal neben dem Leiterbach talaus, der im Kärntner Heimatlied vorkommt. Der üppige Pflanzenwuchs am Weg ist sehenswert. Bei der Brücke zur *Trogalm* (1866 m, +1½ Std.) wenden wir uns nicht nach Heiligenblut, sondern in rechtem Winkel nach Norden. Ein Wiesenpfad zieht durch eine breite Almstufe sacht bergauf (links die Hütte der *Tröglalm*). Wie fast überall in der Glocknergruppe ist die Blumenpracht unvergleichlich schön. Wir fanden im Verlauf dieser Tour Edelweiß, die noch seltenere Edelraute, die süßduftende violette Alpenscharte, die südalpine Bartnelke und die feine blaßblaue Saumnarbe, das »Tauernblümel«. Kaum zu glauben, daß zu Füßen der heroischen Glocknerberge ein so guter Boden für solch zarte Geschöpfe ist!
In sicherer Entfernung von den lotrechten Wänden einer Schlucht zieht unser Steig dahin. Unten lärmt die junge Möll, die Gletschergeborene. Und am jenseitigen Hang macht sich die Glocknerstraße bemerkbar – bald sind wir dem Trubel wiedergegeben! Als Gegensatz zur neuzeitlichen Straße ist unterhalb ihrer Trasse noch der Haritzersteig, der uralte Weg der Glocknergeher, zu sehen. Mit der »Bösen Platte« sieht er halsbrecherisch aus! Zuletzt noch steiler bergauf, erreichen wir nach +1¾ Stunden über die *Margaritzensperre* das *Glocknerhaus*. Eine »große Runde« in den Bergen haben wir geschlossen. Auch mit Unterbrechungen begangen, sind die einzelnen Abschnitte großartig!

Touristische Angaben

Große Tour in außerordentlich interessanter Umgebung. In einem Zug möglich, doch dann sehr anstrengend. Teilung der Strecken durch Übernachtung ratsam! Trittsicherheit, Schwindelfreiheit im Bereich der Stockerscharte nötig!
Beste Jahreszeit: Hüttenwege zur Salm- und Glorerhütte etwa

ab Mitte Juli. »Wiener Höhenweg« nicht vor Ende Juli, es sollte kein Altschnee mehr liegen.

Höhendifferenzen: Glocknerhaus – Margaritzensperre rund 100 m im Abstieg, über 600 m im Aufstieg zur Salmhütte, zur Glorerhütte +50 m im Ab- und Aufstieg, zum Trogalmbrückl 750 m im Abstieg, zur Margaritzensperre +150 m im Aufstieg, zum Glocknerhaus +100 m im Aufstieg.

Reine Gehzeiten: Glocknerhaus – Margaritzensperre ¼ Std. im Abstieg, zur Salmhütte +3¾ Std. im Aufstieg, zur Glorerhütte +1¼ Std. im Ab- und Aufstieg, zum Trogalmbrückl 2½ Std. im Abstieg, über die Margaritzensperre zum Glocknerhaus +1¾ Std. im Aufstieg.

Einkehrmöglichkeiten: Glocknerhaus, Salmhütte, Glorerhütte.

Unterkunft: *Glocknerhaus*, 2132 m, OeAV-S. Klagenfurt, an der Glocknerstraße, bew. Mai bis Ende Sept., Tel. 04852/2516, Busverkehr ab Lienz und Bruck/Fusch auf der Glocknerstraße mehrmals täglich in der Hauptsaison; markierter Fußweg ab Heiligenblut 3 Std. – *Salmhütte*, 2638 m, OeAV-S. Wien, bew. Ende Juni bis Ende Sept., Tel. (im Tal) 04876/333, normale Hüttensteige: von Heiligenblut durch das Leitertal 5 Std.; von der Glorerhütte 1¼ Std. – *Glorerhütte*, 2651 m, DAV-S. Eichstätt, bew. Ende Juni bis Ende Sept., Tel. 04876/291 od. 257. Zugang auf mark. Steig vom Lucknerhaus, 1918 m, 2 Std. (Straße, auch Taxi von Kals); von der Lesacher Riegelhütte, 2134 m, mark., 3 Std.; von der Stüdlhütte, 2802 m, gesicherter Steig, 4 Std.; von der Elberfelder Hütte, 2348 m, in der Schobergruppe über eine weitere Etappe des »Wiener Höhenweges«, markiert, 5 Std. – Sowohl Salm- als auch Glorerhütte sind von Kals her mit weniger Zeitaufwand zu erreichen.

Talorte: Heiligenblut, siehe Tour 12, Kals, siehe Tour 15.

Karte: Österreichische Karte 1:50000, Bl. 153 Großglockner.

18 Beim größten Rivalen des Glockners

Bergtouren ab Fusch-Ferleiten

Die Route der Anreise zum Großglockner aus dem Salzburgischen war einstens viel besser bekannt als jene von Kärnten oder Osttirol. Die Glocknergeher der »Ersten Stunde« schlichen sich von Bruck-Fusch (heute Bruck an der Glocknerstraße) durch das Fuscher- und Ferleitental und über die Pfandlscharte an. Der Ort Fusch war noch um die Jahrhundertwende berühmt: Es gab damals dort 33 Bergführer! Zu dem Ruf der Gegend trug das nahe, jetzt verfallene Bad Fusch viel bei. Es galt als aristokratische Sommerfrische und wurde »Das kalte Gastein« genannt. Eine Wildnis war zu touristischer Blüte gekommen, – der größte Teil dieses Abschnittes der Glocknergruppe gehört zum Wildesten der Ostalpen. Einzig die Nordrampe der Glocknerstraße benützt ein milder gestaltetes Terrain, tief genug für wirkungsvolle Aufschau. Sie zeigt unter anderem den Dreieinhalbtausender Wiesbachhorn, einen der begehrtesten Berge der Hohen Tauern. Die frühere Normaltour zu diesem Gipfel führte in unendlich langem, verwickeltem Zustieg vom Fuschertal aus. Dazu brauchte man die vielen Bergführer! Heutzutage wird das Wiesbachhorn mit Hilfe des hochgelegenen Stützpunktes Heinrich-Schwaiger-Haus über den verfirnten Kaindlgrat am meisten erstiegen. Diese Wiesbachhorn-Seite, gegen den vielbesuchten Mooserboden schauend, ist für den unbefangenen Neuling in den Bergen sicher die attraktivere. Wer sich aber eingehender mit dem Gebirge, seinem Aufbau und auch seinem Zerfall beschäftigt, dem wird die urhaft-gewaltige Fuscher Seite viel mehr sagen. Da ist nicht die jähe Kirchturmspitze über blankem Firnschild, die Aufsehen erregt. Hier stürzt das hohe Horn mit zwei 1300 Meter Höhenabstand messenden, furchtbaren Flanken zu Tal: in der Ostflanke mit dem Sandbodenkees und in der Südostwand, die Hubert Peterka, der den AV-Führer Glockner-Granatspitzgruppe verfaßt hat, die »größte Wand der Glocknergruppe« nannte.

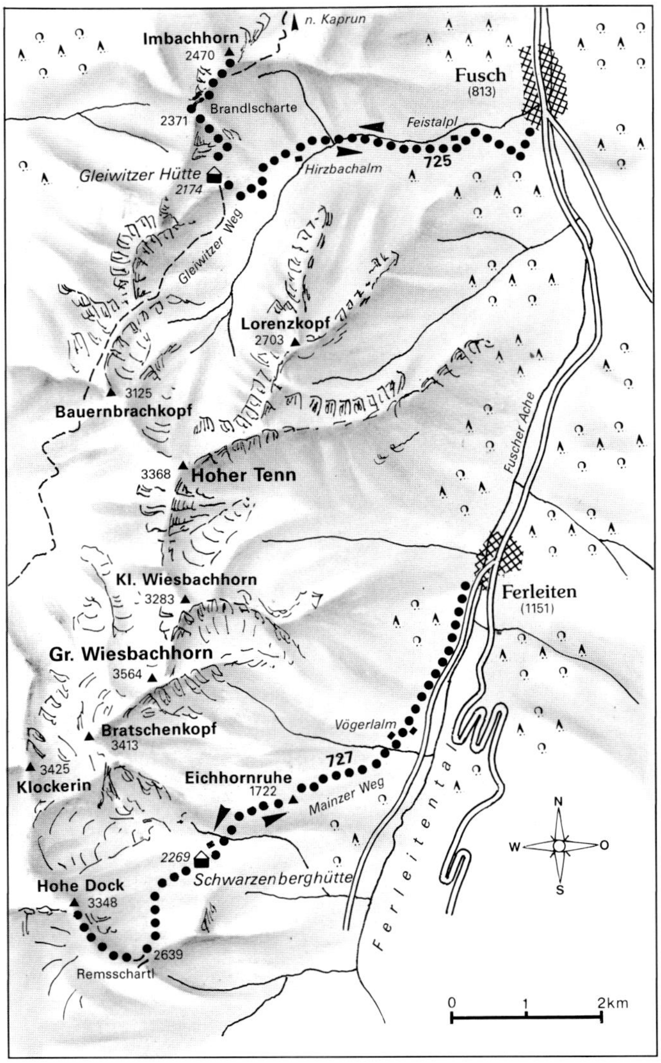

Die Gleiwitzer Hütte, willkommener Rast- und Ruheplatz nach dem langen Aufstieg aus dem Fuscher Tal.

Diese Seite des Wiesbachhorns mit seinen Trabanten vermag in ihrer Übergröße fast erschütternd zu wirken, in ihren abbrechenden Gletschern und zu Sand verwitternden Bratschenhängen. Doch viel schneller als die Herrlichkeit der Berge vergeht die touristische Bedeutung mancher Gegenden! Daß die Glocknerstraße durch das Fuschertal führt, fordert kaum zum Bleiben auf, mehr zum Durchzug.
Möge diese Einladung zu Touren ab Fusch und Ferleiten einem der interessantesten Täler der Hohen Tauern und seinen vielseitigen Zielen neue Freunde gewinnen!

I. Imbachhorn: Zu einer echten Bergsteigerhütte und zur Aussichtswarte der Glockner-Vorberge. Etwas außerhalb des Ortes Fusch (813 m) beginnt der *Gleiwitzer Weg* Nr. 725 neben dem wilden Hirzbach. Um diesem Hüttenweg, der einer guten Bergtour gleichkommt, ein wenig von seiner Schärfe zu nehmen, hat man ihn als »teilweise bequem« bezeichnet. Das ist er auch im Mittelteil, zwischen Feistalpl und Hirzbachalm. Dann folgen die berüchtigten 33 Kehren des Schlußhanges zur *Gleiwitzer Hütte* (2174 m, 4 Std.). Doch sind die 1360 Höhenmeter in abwechslungsreiche Strecken geteilt, und es gibt immer etwas zu sehen, sei es an Alpenflora oder an den Gipfeln, etwa der Gruppe des Hohen Tenn. Ist das »Bergsteigerheim über den Wolken« endlich erreicht, wird jeder froh sein, nicht umgedreht zu haben! Übernachtung wird schon wegen der Anstrengung am Hüttenweg empfohlen. Anderntags wird wohl jeder, der noch »krabbeln« kann, gerne das nahe *Imbachhorn,* die Aussichtswarte der Glockner-Vorberge, zum Ziel nehmen, mit seiner großen Schau auf das Zeller Becken und den Zeller See. Der Pfad ist teilweise sehr steil, aber markiert und unschwierig; mit vielen Kehren zuerst die Brandlscharte (2371 m) erklimmend, dann über einen Vorgipfel zum *Gipfel* (2470 m, 1½ Std.) leitend. Rückkehr auf derselben Route (+1 Std.). – *Abstieg* ins Tal wie Anstieg (3 Std.) oder auf markierten Steigen und Wegen

Das Massiv des bedeutenden Dreitausenders Hoher Tenn, gesehen vom Hüttenpfad zur Gleiwitzer Hütte.

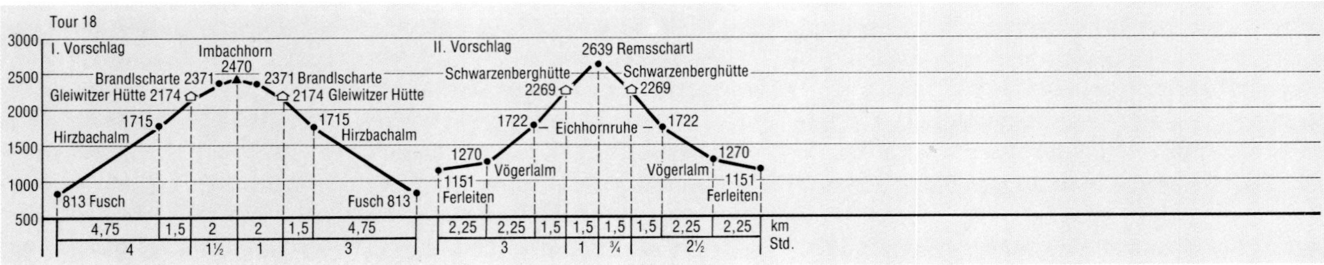

nach Kaprun oder Vorfusch bei Bruck an der Glocknerstraße, jeweils anstrengend (4–5 Std., Weg Nr. 723 und 735).

II. Schwarzenberghütte: Schon 1882 wurde als Stützpunkt für die hochalpine Bergtour zum Wiesbachhorn, dem größten Rivalen des Großglockners, eine *Schwarzenberghütte* geschaffen, die durch Lawinen mehrmals »belästigt« und endlich ganz weggerissen wurde. Ihren Namen hatte sie nach dem Kardinal Friedrich Fürst Schwarzenberg, der – wie so viele geistliche Herren – zu den Erschließern der Alpenwelt gehörte. 1921 wurde die Hütte wieder aufgebaut – und wieder von Lawinen überrollt. Dem alten Schutzhaus wurde der Zubau *»Mainzer Hütte«* angefügt – der Aufbauwille der Vereinssektionen war so bewundernswert wie bei kaum einer anderen Unterkunft in den Alpen! Schließlich kam 1950 der schlimmste Lawinenschaden, die Ruine war nur mehr Notunterstand. In den letzten Jahren beschloß die AV-Sektion ÖGV eine Generalsanierung und Wiederinstandsetzung, woraus praktisch ein Wiederaufbau mit Erweiterung entstand. Küche, Pächterzimmer, Gaststube und Schlafräume nebst modernem Sanitärbereich und Elektrifizierung wurden geschaffen. Dem abfallenden Gelände angepaßt, entstand ein niedriger Steinbau, geschützt durch den so wichtigen Lawinensporn. Der helle Lärchenholz-Bau ist von der Nordrampe der Glocknerstraße gut zu sehen und der Landschaft des Nationalparks Hohe Tauern würdig. Der Nationalparkfonds, der Gesamtverein und die AV-Sektion ÖGV trugen die Bausumme von 3 Millionen Schilling. Sie erscheint nicht hoch, wenn man die Baukosten auch nur eines Einfamilienhauses vergleicht. Freilich sind da unentgeltliche Leistungen zu erwähnen! 30 Jahre lang half die AV-Sektion Zell am See, den Verfall der alten Hütte aufzuhalten. Und ein tüchtiger Mitglieder-Bautrupp setzte für Lawinensporn und Innenausbau rund 8000 freiwillige Arbeitsstunden ein!
Die alte Mainzer Hütte war in ihrer »Blütezeit« 30 Jahre lang die meistbesuchte Schutzhütte der Glocknergruppe; über 2000 Besucher pro Saison wurden gezählt. Die neue *Schwarzenberghütte* wurde am 7. 9. 1986 eröffnet. Diese Hütte zu erwandern, ist allein schon ein Ziel für sich!
Von *Ferleiten* (1149 m) geht es nach der Markierung 727 zuerst bequem auf einem Fahrweg nahe der wilden Fuscher Ache dahin. Ab der *Vögerlalm* beginnt der *»Mainzer Weg«* zu steigen, überquert den Wiesbach und kurvt den Stangenhagriedel empor; nach der *»Eichhornruhe«* (1722 m) mit Quelle, in ganz kurzen Kehren, die aber, unbestritten, dem Höherkommen sehr förderlich sind! Guten Trost mögen dabei die Ausblicke geben: in eine wilde Gletscherwelt, über der sich scharfgeschnittene Gipfel aufbauen, unter anderen der Fuscherkarkopf mit seiner eisglasierten Nordwand und die wie gemeißelt erscheinende Pyramide des Sinabelecks (falsch: Sonnenwelleck!). Fünf große Keese und mehrere kleine in Resten fließen von den Dreitausendern herab und schütten ihre Gletscherbäche über die Talstufen. Das sogenannte Käfertal war eine der berühmten Ansichten der Alpen schon vor der Jahrhundertwende und hat Maler und Fotografen begeistert. Nach der flacheren Rennsteineben schlängelt sich das Steigl wieder steil über die Käferleite. Die Stirnmoräne des Hochgruberkeeses wird betreten. Dieser Gletscher reichte früher weit zu Tal, daher hieß das Schutzhaus auch einmal Hochgruberkeeshütte. Einige Bäche sind zu queren, für den wichtigsten wurde eine Hängebrücke errichtet. Nach einem flacheren Stück ziehen die letzten Kehren empor zur *Schwarzenberghütte* (2269 m, 3 Std.). Von der Lawinengefahr künden die zwei Rinnen unterhalb des Hauses, die auf Landkarten Schmaler und Breiter Lahner heißen.
Ein Weitersteigen in die »gewaltige Hochgebirgswelt«, wie Hubert Peterka sie nennt, ist nur Hochalpinisten anzuraten. Wer einen höheren Fixpunkt als Endziel sucht, kann noch eine kleine Tour anschließen: nach Markierung 727 auf Pfad unter der Ostwand der Hohen Dock ansteigend, schließlich über Schnee und Schrofen zum *Remsschartl* (2639 m, +1 Std.). Ab dort gefährliches Gelände: der »Hohe Gang« mit Steinschlag und der spaltige Gletscher Bockkarkees. Von Hochalpinisten, früher nur mit Bergführer, wurde diese Route benützt, um in die zentrale Glocknergruppe zu gelangen. Gipfel Hohe Dock (3348 m, 2 Std. vom Remsschartl), Trittsicherheit nötig, alte Markierung. *Abstieg* wie Aufstieg (Remsschartl–Schwarzenberghütte ¾ Std., nach Ferleiten 2½ Std.).

Touristische Angaben

I. Imbachhorn: Obwohl nur Hüttenanstieg, echte, sehr anstrengende Bergtour, der Sonne ausgesetzt; der Gipfel Imbachhorn »krönt« die Unternehmung, noch leicht für Bergwanderer; Übernachtung in der Gleiwitzer Hütte empfohlen. – **II. Schwarzenberghütte:** Diese Tour sollte man schon deswegen unternehmen, um den Pioniergeist von Generationen hüttenbesitzender Sektionen kennenzulernen! Anspruchsvolle Bergwanderung; mit Remsschartl Bergtour.

Beste Jahreszeit: I. und **II.** ab Mitte Juli, Achtung auf Altfirnfelder! Bis Mitte September.

Höhendifferenzen: I. Gleiwitzer Hütte über 1350 m im Auf- und Abstieg, Imbachhorn +300 m im Auf- und Abstieg. – **II.** Schwarzenberghütte 1100 m im Auf- und Abstieg, Remsschartl +400 m im Auf- und Abstieg.

Reine Gehzeiten: I. Gleiwitzer Hütte 4 Std. im Aufstieg, 3 Std. im Abstieg; Imbachhorn +½ Std. im Aufstieg, 1 Std. im Abstieg. – **II.** Schwarzenberghütte 3 Std. im Aufstieg, 2½ Std. im Abstieg; Remsschartl +1 Std. im Aufstieg, ¾ Std. im Abstieg.

Einkehrmöglichkeiten: Gasthöfe in den Talorten, Gleiwitzer Hütte und Schwarzenberghütte.

Unterkunft: *Gleiwitzer Hütte,* 2174 m, DAV-S. Tittmoning, bew. Mitte Juni bis Ende Sept., Tel. (Tal) 06542/77094; Zugang von Fusch siehe Text, von Kaprun ca. 6 Std., überaus anstrengend; Übergang zum Mooserboden »Max-Hirschl-Weg«, hochalpin, 6 Std. – *Schwarzenberghütte,* 2269 m, OeAV-S. ÖGV, bew. Anf. Juli bis Ende Sept., Ausbildungszentrum »Eis« der Alpinschule Peilstein der Sektion Österreichischer Gebirgsverein; Zugang siehe Text.

Talorte: *Bruck an der Glocknerstraße,* 755 m, früher Bruck-Fusch, Urlaubsort, Abzweigung der Großglockner-Hochalpenstraße–Nordrampe. – *Sehenswert:* Kinderdorf St. Anton, neugotische Kirche mit 40 m hohem Turm, gotisches Bildwerk »Madonna auf dem Eis« (um 1300 aus dem Hochwasser der Salzach geborgen). – *Ferleiten,* 1151 m, Urlaubsort, Ausgangsort der seit 700 Jahren ausgeführten »Pinzgauer Wallfahrt« nach Heiligenblut. – Wildpark.

Weitere Tourenvorschläge: Schwarzkopf, 2764 m, interessante, sehr anstrengende Tour, ab Bad Fusch (Zufahrt von Fusch), 1188 m, 5 Std., Abstieg nach Ferleiten 4 Std. Sehr einsam!

Karten: Österreichische Karte 1:50000, Bl. 153 Großglockner und Bl. 154 Rauris.

Ein Blick in die Eis- und Felswildnis des Ödenwinkels mit Kastengrat und Eiskögele vom Kalser Tauern.

19 Beschützt und ausgebildet von Alpinzentren

Von der Hochgebirgsschule Glockner-Kaprun zum Alpinzentrum Rudolfshütte

»Jeder Unfall in den Bergen erfüllt mich mit tiefer Trauer.« Professor Fritz Moravec ist ein Weltbergsteiger, der zum Beispiel den Achttausender Gasherbrum erstmalig bestiegen hat. Seit 1961 ist es seine Lebensaufgabe, die Hochgebirgsschule Glockner-Kaprun des Touristenvereins »Die Naturfreunde« (TVN) zu leiten und unter anderem jährlich über 100 Kinder zu Bergsteigern auszubilden. Für die 10- bis 13jährigen geht es dabei kindergerecht zu, doch mit dem nötigen Gebirgs-Ernst. Sie lernen alles, vom richtigen Gehen im Gelände bis zum lebenswichtigen Abstoppen der unfreiwilligen Rutschpartie im Steilfirn, vom Aufprusiken am Seil bis zu Touren im Gelände. Prof. Moravec arbeitet auch wissenschaftlich über dieses Thema. Die »Naturfreunde« haben auf dem Gebiet des Kinderbergsteigens weltweit einen Meilenstein gesetzt, und alljährlich kommen aus vielen Ländern Volontäre, um mitzuerleben, wie man Kinder sicher und freudvoll in die Berge führt.

Die Hochgebirgsschule des TVN befindet sich auf einem attraktiven Platz beim Mooserboden-Stausee über Kaprun. Der Glockner selbst ist dort nicht sichtbar, wohl aber eine Auswahl von Riesen-Dreitausendern seiner Gruppe.

Gar nicht weit von diesem Ausbildungszentrum fügt sich das Alpinzentrum Rudolfshütte gut in diese Paradeseite der Hohen Tauern. Eine alte Schutzhütte beim Weißsee entstand auf Anregung Stüdls und Hofmanns, der Glocknerpioniere, noch im vorigen Jahrhundert. Sie fiel 1954 beim Aufstau des Sees dem Kraftwerkbau zum Opfer. Die große AV-Sektion Austria schuf danach eine neue Rudolfshütte, die 1978 in den Besitz des Gesamtvereins überging und als dritte Rudolfshütte nun modern ausgebaut und eingerichtet wurde. Prof. Louis Oberwalder, über zehn Jahre lang 1. Vorsitzender des Österreichischen Alpenvereins, der sich auch beispielhaft für den Nationalpark Hohe Tauern einsetzte, hat sich für die Umwandlung des Schutzhauses in ein Alpinzentrum besonders bemüht. Nunmehr besteht dort eine vielbesuchte Ausbildungsstätte für Bergsteiger mit Lehrsälen, Labors und Forschungseinrichtungen; berühmt ist auch die 12 Meter hohe Kletterwand im Hause.

Eine Schar von eisglitzernden Dreitausendern bildet den hohen Rahmen um das Alpinzentrum. Höchster ist dort der Johannis-

Im Tourenbereich des Alpinzentrums Rudolfshütte. Blick vom Salzplattensee zur Hochfürleg.

Im Abstieg vom Kapruner Törl zur Rudolfshütte. Im Hintergrund: Sonnblickkees mit Granatspitze und Stubacher Sonnblick.

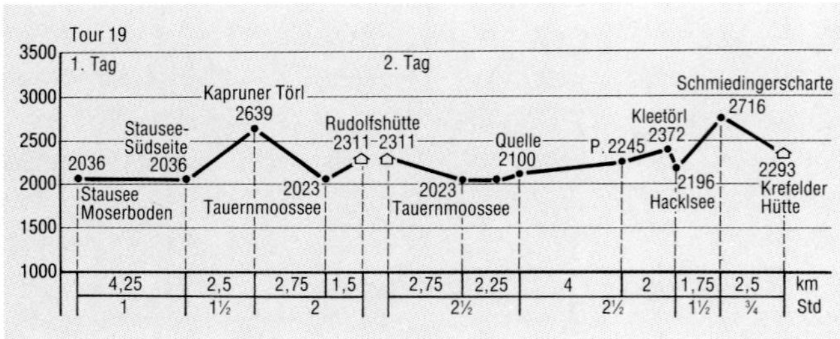

berg (3453 m). Zusammen mit Totenkopf, Hoher Riffl, Eiskögele, Ödenwinkelwand und Hohem Kasten überragt er den Ödenwinkel. In den Hohen Tauern und weit darüber hinaus gibt es nichts vergleichbar Wilderes! Im Führer steht keine leichte oder harmlose Route. Im Süden, neben dem Kalser Tauern, gibt es ein paar niedrigere Bergköpfe. Dieser seit alters unter anderem für den Salzhandel benutzte Übergang sollte schon 1770 mit einer Straße zwischen Lienz und Salzburg erschlossen werden, wogegen sich die südlichen Anrainer aber sträubten.

Westlich vom Weißsee umkleiden spaltige Gletscher noch einige Dreitausender und 2900er. Die Granatspitze (3086 m), Namensgeber in dieser Tauerngruppe, ist ein elegant geformter Kletterberg mit wundervollem Fels; der oft begangene Stubacher Sonnblick (3088 m) ist über dem ausgedehnten Sonnblickkees breit aufgebaut. An der nahen Hochfürleg (2943 m) hat eine Bergsteigerelite in den 30er Jahren, wie auch in den Ödenwinkel-Wänden, überaus schwierige Touren damaligen Stils erstbegangen. Junge Bergführer unserer Tage, wie Hans Bärnthaler und der Geschäftsführer des Alpinzentrums, Hans Gregoritsch, eröffneten dort die ersten Sechser-Touren in den Hohen Tauern. Im Bereich der beiden Ausbildungszentren werden wir gute Bergwanderungen und -touren unternehmen und dabei auch anschaulich des »Mythos Kaprun« gedenken, jenes damals größten technischen Werkes Österreichs, das in der Hungerzeit nach dem Krieg beim Kraftwerkbau Tausenden Menschen Arbeit und Brot gegeben hat.

1. Tourentag: Vom Stausee Mooserboden über das Kapruner Törl zur Rudolfshütte. Zu den bisher von Millionen Schaulustigen besuchten Kraftwerk- und Stauanlagen von Kaprun führen mehrmals täglich im Sommer »Zubringer«: vom Endpunkt der allgemein befahrbaren Straße *Kaprun–Wasserfallboden* besteht ein planmäßiger Busverkehr in Tunnels zum Schrägaufzug Lärchwand, der – eine Art Menschenbagger! – auf offener Plattform jeweils 160 Personen zur Höhe bringt. Zwischen der Limbergsperre mit dem Stausee Wasserfallboden (1672 m) und dem *Mooserboden-Stausee* (2036 m) verkehrt ein Pendelbus.

Über zwei Staumauern (Drossensperre), zwischen denen in erhabener Lage der »Höhenburg«-Felsen mit dem *Adolf-Schärf-Haus* ragt, kommen wir zu den alpinen Steigen. Mit Markierung 717 (»Austria-Weg«) leitet der Pfad am Ostufer des 3 Kilometer langen Speichersees Mooserboden nach Süden, zuerst über ein felsiges Stück mit Geländer, danach nahe dem Ufer, fast eben in eindrucksvoller hochalpiner Umgebung. Klockerin, Bärenkopf und Schwarzköpflkees ergießen ihr Eis über tausend Meter hohe Flanken mit Eistürmen. Das Karlingerkees reicht fast bis zum Steig hinab (P. 2097). Einen Zufluß des Speichers überqueren wir auf einer Brücke (1 Std.) und auf ansteigendem Rasenhang bemerken wir eine Abzweigung der Markierung 716 nach Norden. (Ein etwas feuchter Steig zieht am Rande von Hocheiser- und Grießkees, mit dessen Hilfe man – besser in umgekehrter Richtung! – den Stausee umrunden könnte, ca. 4 Std., Pickel ratsam.)

Wir steigen nach Nr. 716 aber gegen Südwesten durch die sog. *Wintergasse,* die oft schneebedeckt ist, jedenfalls aber viel Wasser, sogar einen kleinen See bietet. Zuletzt steil (Felsstiege) in das *Kapruner Törl* (2639 m, +1½ Std.), den Einschnitt zwischen den Törlköpfen und dem Torkopf (2877 m). Bei guter Sicht zeigt sich dort im Nordosten das Wiesbachhorn so spitz wie ein Zuckerhut, man nannte es daher früher auch »die Eisnadel«. Das Gelände bleibt urig und bietet im Abwärts noch manche Überraschung: Rasen, Moränen, Riesenblöcke, sehenswertes Gestein, wieder viel Wasser (einige Male muß ein Gletscher-Abfluß gequert werden!), zuletzt Moorland beim *Tauernmoossee* (2023 m), und dann folgt ein »knackiger« Wiederaufstieg zur Staumauer des *Weißsees* und zur *Rudolfshütte,* unter anderem auf Eisenleitern (Vorsicht bei Nässe! +2 Std.).

2. Tourentag: Krefelder Höhenweg zwischen *Rudolfshütte* und Krefelder Hütte. Die großartige, kontrastreiche Höhenroute wird selten begangen und zeigt vielfältige Hochgebirgsbilder. Man kann die Tagestour durch Abfahrt mit der Seilbahn von der Rudolfshütte zur Mittelstation etwas verkürzen. Zu Fuß steigt man vom Schutzhaus den *Schafbichl* hinunter. Weiter der Markierung 711 am Ufer des Tauernmoossees (2023 m) folgend, über die Staumauer und auf einer Werksstraße zu einer *Quelle* (2100 m, 1½ Std. bzw. ¾ Std. bei Seilbahnbenutzung).

Der Steig zieht im Bogen durch das Wurfkar, Schrofen- und Plattenhänge und mindestens 6 Bäche querend und gewährt dabei Einblicke in die wilden Winkel zwischen Hocheiser, Grießkogel und Kitzsteinhorn mit dem Maurerkees. Nach *P. 2245* wird es wieder trockener, an Hackbrettl, Richtzeitsedl und Roßknechter vorbei. Danach wird das Reichenbergkar etwas ab- und wieder ansteigend auf einem Rasenhang zum *Kleetörl* (2372 m) überschritten. Kurz und steil am Riegel Kleelahner abwärts; im Hacklkar, nahe dem kleinen *Hacklsee* (2196 m, +2½ Std.) findet sich ein guter Rastplatz vor der Hauptleistung der Tour. (Hier wäre ein Auskneifen in den Pinzgau durch das Mühlbachtal nach Mühlbach/Niedernsill, 769 m, 4 Std., möglich.) Durch die sog. Badstube zieht der Krefelder Höhenweg in vielen kleinen Kehren im Kar Winterethausviehzeit auf steilen Bratschenhängen (Sicherungen) in die *Kleine Schmiedingerscharte* (2716 m, +1½ Std.). Dort tut sich der belebte, mit Aufstiegshilfen für den Skizirkus gespickte Gletscher Schmiedingerkees auf, an dessen Rande wir nun erst steil, dann gemächlicher zur *Krefelder Hütte* (2293 m, +¾ Std.) hinabwandern. Zwischen zwei Seilbahngebieten haben wir einen Tag lang die große Einsamkeit der Tauern spüren dürfen.

Ein ungewöhnliches Bild vom Tauernmoossee, mit Kitzsteinhorn und Hocheiser.

Touristische Angaben

1. Tag, sehr lohnend, noch leichte Bergtour in wildem Hochgebirgsrahmen, Ausdauer nötig, Pickel mitnehmen! *2. Tag,* hochinteressante Bergwanderung in Einsamkeit zwischen überlaufenen Seilbahngebieten. Pickel und Tagesverpflegung mitnehmen!

Beste Jahreszeit: Ab Ende Juli bis Mitte September.

Höhendifferenzen: *1. Tag,* 600 m im Auf- und Abstieg, +300 m im Wiederaufstieg; *2. Tag,* 350 m im Abstieg zum Tauernmoossee (oder Seilbahn), 700 m im Aufstieg, 600 m im Abstieg (dabei 200 m Höhenverlust beim Kleetörl).

Reine Gehzeiten: *1. Tag,* 2½ Std. im Aufstieg, 1 Std. im Abstieg, +1 Std. Wiederaufstieg; *2. Tag,* ca. 5 Std. im Aufstieg, 1½ Std. im Abstieg (mit Seilbahn ¾ Std.).

Einkehrmöglichkeiten: Bergrestaurant Mooserboden, Dr.-Adolf-Schärf-Haus, Rudolfshütte, Krefelder Hütte.

Unterkunft: *Dr.-Adolf-Schärf-Haus* (Berghaus Mooserboden), 2045 m, am Mooserboden-Stausee, TVN, Standort der Hochgebirgsschule Glockner-Kaprun, Zufahrt von Kaprun bis Mooserboden, wie beschrieben, bew. Mai bis Sept., Tel. 06547/271. – *Rudolfshütte,* 2311 m, Alpinzentrum des OeAV, ganzj. bew. ausgen. Seilbahnsperre Mitte Okt. bis Anf. Dez. und 2 Wochen Ende Mai bis Anf. Juni, Tel. 06563/221; Zufahrt mit Seilbahn ab Enzingerboden, 1474 m; Zugang vom Alpengasthaus Enzingerboden auf mark. Steig Nr. 715, vorbei am Grünsee, landschaftlich schön, 2½ Std. – *Krefelder Hütte,* 2293 m, DAV-S. Krefeld, bew. Anf. Juni bis Ende Sept., Tel. (Hütte) 06547/8621361; Zufahrt mit der Gletscherbahn (Station »Salzburger Hütte«), 1867 m, 1¼ Std. – *Salzburger Hütte,* 1860 m, am Kitzsteinhorn (Mittelstation der Gletscherbahn), ÖTK, ganzj. bew., Tel. 06549/349; Zugang auf sehr steilem Steig vom Gh. Wüstelau, 871 m, 2½ Std.

Talorte: *Kaprun,* 800 m, Straße von Zell am See. Durch das von 1938 bis 1955 erbaute Kraftwerk Kaprun Vergrößerung des schon früh als Fremdenort bekannten Dorfes. Nunmehr durch die Gletscherbahn Kitzsteinhorn (bis 3029 m) einer der bedeutendsten Urlaubsorte Österreichs mit allen Einrichtungen. Busverkehr zu den Kraftwerksanlagen wie erwähnt. – *Sehenswert:* Burgruine, Kirche, Klamm. – *Uttendorf im Pinzgau,* 804 m, Straße und Bahn von Zell am See, Busverkehr zum Enzingerboden (Kraftwerke). Seilbahn zum Weißsee. Großer Urlaubsort, zwei schöne Kirchen.

Weitere Tourenvorschläge: *Vom Dr.-Adolf-Schärf-Haus:* Aufstieg zum *Heinrich-Schwaiger-Haus,* 2802 m, DAV-S. München, mark. Steig, steil, als Hüttenwanderung auch für weniger Geübte lohnend, 2¼ Std. Weiter zum *Großen Wiesbachhorn* (3564 m), über Unteren und Oberen Fochezkopf (gesichert) und den Kaindlgrat (Firnschneide), nur für Hochalpinisten! – Übergang vom Dr.-Adolf-Schärf-Haus zur *Gleiwitzer Hütte,* anstrengende Tagestour für Hochalpinisten, siehe Tour 18. – *Von der Rudolfshütte:* Ein Sessellift führt vom Weißsee zum *Medelzkopf* bis 2564 Meter; zu Fuß zum Gipfel (2761 m, 1½ Std.), lohnend. *Tauernkogel* (2683 m), Steigspuren, nur für Trittsichere, über Kalser Tauern (1½ Std.); Gletscherberge wie

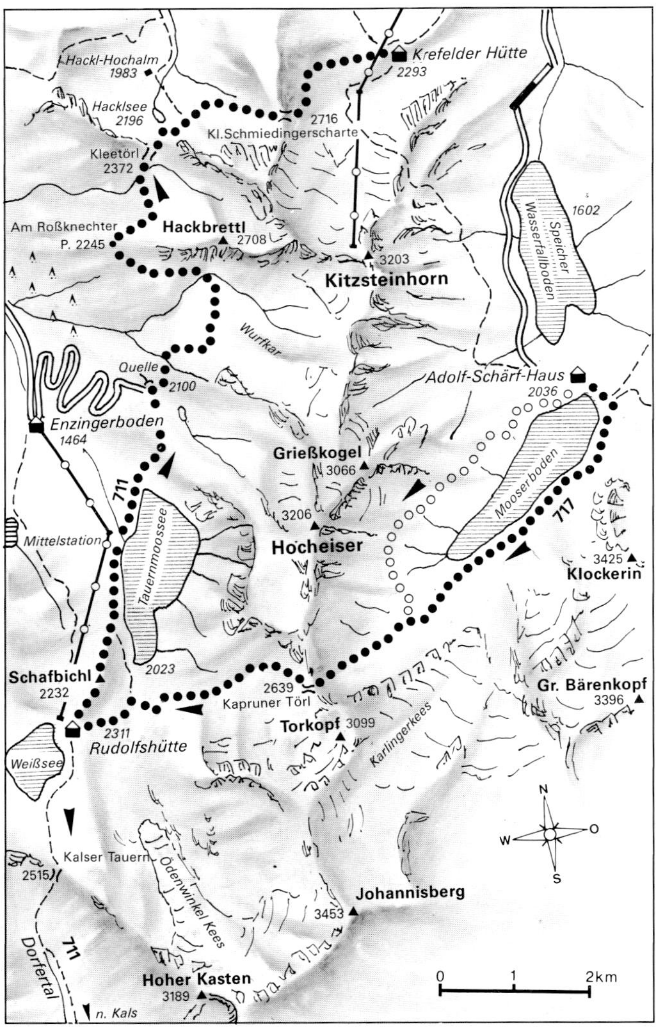

Hocheiser, Stubacher Sonnblick, Granatspitze nur für Hochalpinisten bzw. Kletterer. Zur *Hochfürleg* (2943 m) führt der »Gruberweg«, mark., von der Staumauer des Weißsees, mit gesicherter Felsstufe, weiter am Rand des Keeses und über Firn zum Gipfelkreuz (3 Std.), sehr lohnend für Bergsteiger, ohne Spalten. – Der *St. Pöltener Ostweg* ist bei Tour 20 beschrieben. – Das *Kitzsteinhorn* (3203 m) wird mit Hilfe der Gletscherbahn viel besucht. Von der Bergstation ca. 200 Meter Aufstieg, sehr steil und exponiert, mit doppeltem Geländer gesichert. Dennoch ist auf Vereisung zu achten, schwächere Gefährten und Kinder unbedingt anseilen!

Der Steig *von der Krefelder Hütte zum Mooserboden* ist landschaftlich schön, sehr lohnend, und führt nun über die Nördliche Kammerscharte (2689 m), gut markiert und gesichert, teilweise Schnee- und Bachüberquerungen (markiert, 4 Std.).

Zwei *neue Steige um die Rudolfshütte* werden 1988 fertiggestellt: der Wanderweg um den Schafbichl (mit Umgehung der Steinernen Stiege!) und der Gletscherpanoramaweg hinab zur Oststaumauer des Weißsees und entlang des rot-weiß-grün markierten Weges bis zum Stierbühel, weiter durch die sanft ansteigende Mulde unterhalb des Gletschers, in die Gletscherarena, auf einer kleinen Brücke den Gletscherbach überschreitend und weiter auf einem dem schönen Gelände angepaßten Weg zum Regenmesser auf 2500 Meter, direkt bis zum Fuße des Sonnblickgletschers (hier Zusammentreffen mit dem Hans-Gruber-Weg. ca. 1–2 Std.).

Karte: Österreichische Karte 1:50000, Bl. 153 Großglockner.

20 Diese hohen Routen werden meist unterschätzt

Der St. Pöltener Ostweg und der St. Pöltener Westweg

Das sind fast anheimelnde Namen, die da mit der neuen Landeshauptstadt von Niederösterreich verbunden sind. Das seltsame »Pölten« ist eine Verballhornung des Heiligen-Namen von Hyppolytus. St. Pölten war das älteste karolingische Reichskloster auf österreichischem Boden. Nach der Stadt nannte die AV-Sektion ihre Schutzhütte und auch die beiden hohen Routen, die sie angelegt und markiert hat. Sie hat damit die Glockner- und Venedigergruppe derart verbunden, daß für die Bergsteiger kein Zwischenabstieg ins Tal nötig ist. Die »Urstrecke« des Ostweges wurde schon 1875 erstbegangen, und noch vor dem Bergsteiger Hans Donabaum, der sich später für die Markierung und den Steigbau einsetzte, hatten Kalser Führer 1908 einen Teil der Route gekennzeichnet. Baubeginn für den St. Pöltener Ostweg war 1910, fertiggestellt war er 1911 – eine beachtliche Leistung für diese Höhe, vielleicht waren es auch wettergünstige Jahre –, eröffnet wurde er aber erst 1922. Dazwischen lag

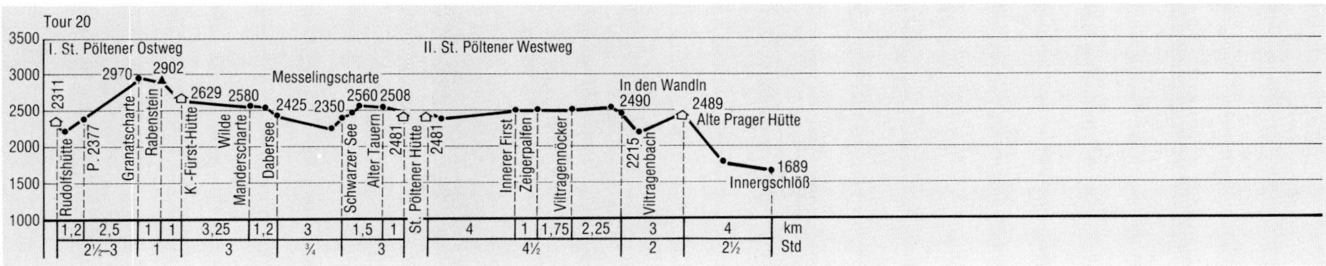

der Erste Weltkrieg, in dem das Bergsteigen praktisch nicht ausgeübt werden konnte. Eine Elite deutschsprachiger Bergsteiger, unter anderen Hans Dülfer, fiel an der Front. Etwa fünf Jahrzehnte lang wurde danach die hohe Route nur von ausgepichten Hochalpinisten begangen und mehr von der Alten Rudolfshütte aus. Heute wird der St. Pöltener Ostweg in beiden Richtungen öfter als früher bewältigt.

Ein offener Unterstand, die Karl-Fürst-Hütte, ist der einzige Stützpunkt am St. Pöltener Ostweg. Die heute gut eingerichtete, erneuerte Hütte hat auch ihre Geschichte, sie trägt den Namen eines Mordopfers. Der Bergsteiger Karl Fürst wurde in dieser Gegend ermordet. Verbrechen am Berg – und gar in solchen Höhen! – sind selten. Doch auch in der St. Pöltener Hütte hat sich 1934 ein Raubüberfall ereignet. Der Hüttenwirt Friedl Steinberger und ein Gast wurden von schwer bewaffneten jungen Raubmördern erschossen, eine Küchenhilfe konnte flüchten. Der ältere der Burschen wurde zum Tod verurteilt und im selben Jahr noch hingerichtet, der zweite, erst sechzehnjährig, bekam über neun Jahre Gefängnis.

Ist der St. Pöltener Westweg von einfachem Charakter, nur fast unendlich langwierig und daher auch anstrengend und keinesfalls zu unterschätzen, so ist der St. Pöltener Ostweg gleich um Nummern größer und alpinistisch von hohem Rang. Auch für diese Strecke des Tauernhöhenweges hat sich das Wort »Weg« als irreführend erwiesen. Ich habe ihn in mehreren Unternehmungen als hochalpin kennengelernt; drei Gefährten von mir aber, alle um die sechzig, ließen sich von dem Wort Weg verlocken, waren der Tour nicht gewachsen und hatten mehr Glück als Verstand, daß sie nach einer Nacht in der Karl-Fürst-Hütte vollzählig, nur mit schweren Erkältungen, heimkehrten! Zwei Drittel der Ostroute sind in großer Höhe zu begehen – an der Granatscharte ist man fast auf Dreitausend! – und spaltige Gletscher sowie unangenehm vereistes Blockwerk über Abgründen sind weitere ernste Hindernisse. Der St. Pöltener Ostweg ist eine der großzügigsten Hochtouren in diesem Teil der Alpen! Eine solche Super-Tour muß vorher gut überlegt und geplant sein. Ich rate, sie vom Alpinzentrum Rudolfshütte anzugehen, da man ab dort die größeren Höhen und Schwierigkeiten noch mit einer gewissen Frische überwindet. In jedem Fall sollte man die Hüttenwirte nach dem Zustand der »Wege« fragen!

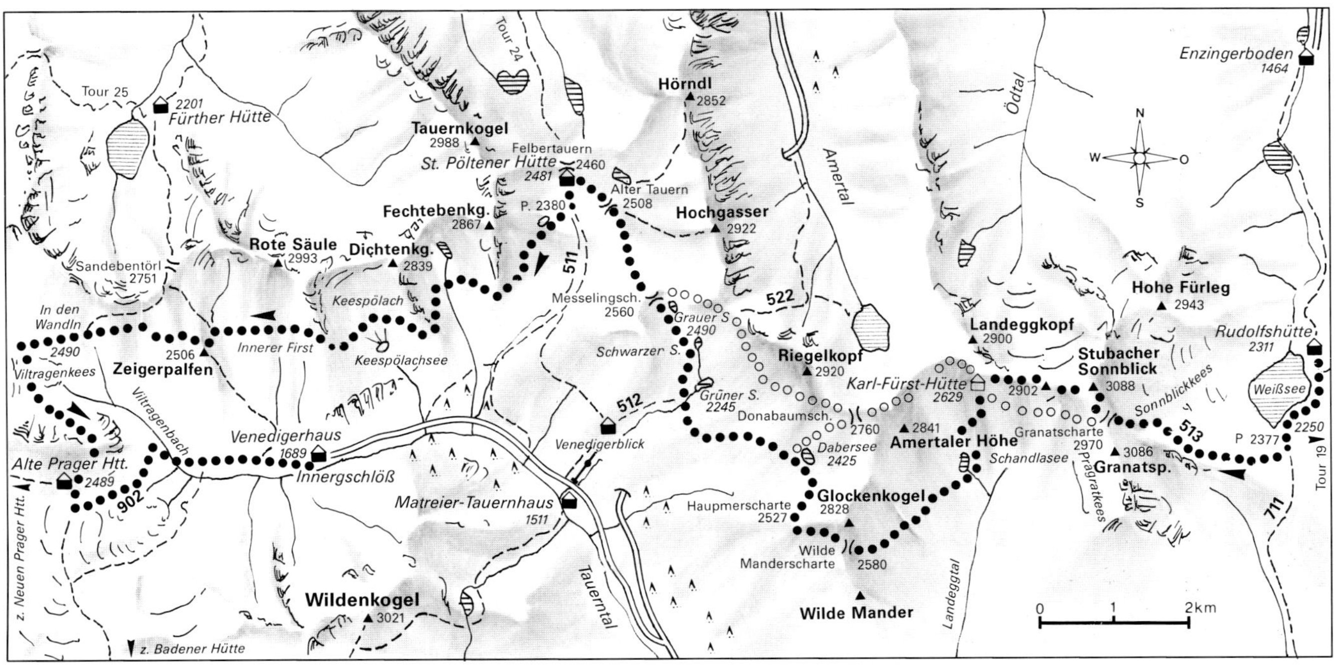

1. St. Pöltener Ostweg mit leichterer Variante: Von der *Rudolfshütte* (2311 m) bergab zum *Weißsee* (2250 m) und nach Markierung 711 über die Staumauer und den Stierbichl hinan. Beim *Punkt 2377* (Wegweiser) nach 513 über Geröll nach Westen bergauf und zu einem steilen Firnhang, der zu queren ist. Über einen kurzen Felsabsatz (rechts halten) und über Schrofen schwach rechts auf den Firn des *Sonnblick-Keeses* (Achtung auf Spalten!) und in nordwestlicher Richtung zur *Granatscharte* (2970 m, 2½–3 Std.). Die Aussicht kommt einem Gipfelblick gleich, besonders schön zeigen sich die Felspyramiden der Glocknergruppe. Nun am Gletscher kurz empor gegen den Sonnblick, sodann aber nach links unter den Felsen am *Prägratkees* entlang (gefährliche Spalten, erste Schlüsselstelle der Tour!). Weiter, schwach absteigend, gegen den Ostgrat des *Rabensteins* (2902 m) der in einfacher Kletterei, teils auf gelegten Platten, erklommen wird. Nun an die Nordseite des Berges, die gequert wird. Dabei öffnen sich Tiefblicke in eine der einsamsten Gegenden der Alpen, die fast nie besuchte Dorfer Öd, mit Felsbergen (Teufelsmühle). Ein Grat wird nach Süden überschritten, über brüchige Schrofen, mit Stahlseilen gesichert, kommt man bergab in die »Südmulde« unter der Weiten- oder Landeck-Scharte, die nicht betreten wird. Etwas unterhalb liegt die offene *Karl-Fürst-Hütte* (2629 m, +1 Std.). *Variante:* Der Rabenstein kann auch umgangen werden, indem man auf dem spaltengefährlichen Prägratkees von der Granatscharte aus absteigt und nach Westen unter dem Rabenstein in die Südmulde quert (unangenehmer als die Originalroute!). »Fluchtweg« ab Karl-Fürst-Hütte, in das Landeggtal, nach den Landeggalmen links halten, zum Steig Nr. 502 und zur Felbertauernstraße (4 Std.). Bei der *Karl-Fürst-Hütte* beginnt eine markierte, leichtere Variante des St. Pöltener Ostweges, die sehr zu empfehlen ist. Dieser sogenannte »Venediger-Höhenweg« hat zwar einen schlechten, oft nur angedeuteten Steig, aber sehr gute Markierung und zieht auf einer Rampe hoch über dem Schandlasee mit wenig Höhenunterschied durch das Steingetzkar in die *Wilde Manderscharte* (2580 m) zwischen Glockenkogel und Wilde Mander. Nun nach Nordwesten durch das Kar »In der Schelder«, mit kleinen Seen und Venedigerblick, mit wenig Gefälle in die *Haupmerscharte* (2527 m) und dort nach Norden hinab zu zwei See-Augen und zum *Dabersee* (2425 m, +3 Std.), der sich erst durch das Abschmelzen des Daberkeeses gebildet hat. Man trifft nach dem See wieder auf die Originalroute des Ostweges.

Hier empfiehlt sich eine längere Rast, mehr als die Hälfte der Tour ist geschafft, allerdings »zieht« es sich, mit unangenehmem Wiederaufstieg, noch sehr bis zur St. Pöltener Hütte! Nun kann man mit mehr Muße die Umgebung betrachten. Die Gipfel der Granatspitze gehören zu den niedrigeren der Hohen Tauern, manche erheben sich nur wenig über Gletscher und Kare, andere aber zeigen große Wände, und viele sind scharf und rassig geformt, wie die Teufelsspitze über dem Amertaler See oder Blaues Hütle und Glockenkogel beim Dabersee.

Weiter auf der Originalroute ca. 250 Meter bergab zum *Grünen See* (2245 m, +¾ Std., hier »Fluchtweg« nach Markierung 512 zum Sessellift »Venedigerblick«) und wieder ansteigend zum *Schwarzen See* (Wasserfall) und *Grauen See* (2490 m). Etwas höher die *Messelingscharte* (2560 m, MT). In schwachem Gefälle zum *Alten Tauern* (2508 m) und (kurze Sicherungen) über den Weinbühel auf- und wieder absteigend zum *Felbertauern* (2460 m), und zur *St. Pöltener Hütte* (2481 m, +3 Std., insgesamt ca. 9–10 Std.).

2. Originalroute des St. Pöltener Ostweges zwischen Karl-Fürst-Hütte und Dabersee. Unangenehme Stellen unter anderem an der Donabaumscharte. Aus der Südmulde zum Südgrat des *Landeggkopfes* empor, der Gipfel (2900 m) wird nicht betreten. Am Tauernhauptkamm weiter, wo ein Steigl ausgeprägt ist. Zwischen Landeggkopf und Donabaumscharte folgen nun die gefährlichsten Stellen der Tour, die – meist nordseitig – oft vereist sind. Auch bei Neuschnee sind dort schon berühmte Bergsteiger umgekehrt! Ein Felskopf wird nach Westen umgangen. Man gelangt gegen die *Amertaler Höhe* (besser Wand, 2841 m), einen zweigipfeligen Kletterberg. Er wird in der Nordflanke traversiert. Die Steiganlage ist gut, die Sicherungen sind es nicht! In der *Donabaumscharte* (2760 m) auffallende Markierung. Blick nach Norden zum großen Amertaler See und zur Felbertauern-Straße. Nun sehr steil nach Süden auf das *Daberkees* hinab (Einstieg manchmal vereist, Achtung auf Spalten!) und am Gletscher nach Westen und Südwesten durch ein weites Kar bis oberhalb des *Dabersees* (2425 m, 2½ Std. ab Südmulde). Nun weiter wie unter 1. beschrieben.

3. »Urstrecke« des St. Pöltener Ostweges, zur Umgehung des Abstiegs zum Grünen See und Wiederaufstiegs, zwischen Donabaumscharte und Messelingscharte, erspart auch an Länge der Strecke, ist aber nur für Alpinisten günstig, die mit Eis vertraut sind, da der Abstieg vom Weiten Firnsattel oft vereist und überaus steil ist. Von der Donabaumscharte etwas hinab und am Daberkees querend nach Westen in den Weiten Firnsattel zwischen Riegelkopf (2920 m) und Punkt 2759 der Daberkögelen. Nun, je nach Eis- und Schneelage, nach Norden oder Westen ca. 100 Meter hinab, entweder steiler Firn oder aperer Fels, größte Vorsicht! Weiter (immer Steigspur) unter der Teufelspitze, dem Riegelturm und Schöppmanntörl (von wo die Markierung Nr. 522 von der Nordeinfahrt des Felbertauerntunnels herleitet, nordseitig oft sehr steiles Schneefeld!), fast in gleicher Höhe zum namenlosen See (P. 2543 m) und zur Wegtafel bei der *Messelingscharte* zur Vereinigung mit der Originalroute (2 Std.).

4. Der St. Pöltener Westweg. Von der St. Pöltener Hütte zuerst ein Stück nach Nr. 511 hinab zur Wegtafel (2380 m), nach Südwesten abzweigend und an einem kleinen See (2361 m) vorbei. Der Tauernhauptkamm trägt hier eine Reihe hoher Gipfel – der Roten Säule fehlen nur 7 Meter auf den Dreitausender! –, die

Am Spaltengewirr des gefährlichen Prägratkeeses vorbei führt die Route des St. Pöltener Ostweges.

Die St. Pöltener Hütte am Felbertauern, dem »Urweg« zwischen Mittersill und Matrei, ist auch ein bedeutender Stützpunkt zwischen dem St. Pöltener Ost- und Westweg.

beachtliche Grate und Sporne nach Süden und Südosten ausstrecken. Diese »Bergfüße« gilt es zu queren, immer auf gutem, aber stellenweise feuchtem Steig. Der erste Gipfel, den wir so umgehen, heißt Fechtebenkogel. Dichtenkar und Weißeneckkar werden im Bogen ausgegangen, um den Südost-Absenker des Weißenecks drehen wir uns herum, um das Kar *»Keespölach«*(-bollach) fast waagrecht auf einer Art Terrasse zu durchschreiten. Das Kees zum Pölach ist fast verschwunden, geblieben aber sind mindestens vier über den Pfad sprudelnde Wildbäche, die sich in den Keespölachsee stürzen und einen großen Wasserfall bilden. Dann ist der Südfuß des Roten Kogels, der *Innere First* zu umgehen. Die Südhänge werden nun merklich sanfter, unter uns breiten sich die grünen Innergschlößer Almen aus. Stets Aussicht zum Großvenediger!

Wenig spürbar steigt es an zum *Zeigerpalfen* (= felsen, 2500 m, MT). Hier zweigt nach Norden der Pfad zum Sandebentörl und zur Fürther Hütte ab (3 Std.); nach Süden eine Markierung zum Venedigerhaus in Innergschlöß (1691 m, 1½ Std.). Durch die vom Gletscher geformten *Viltragennöcker* führt der fast ebene, aber doch anstrengende Bergbummel weiter zu einer Wegtafel, an der der »Fürther Weg« zum Sandebentörl abzweigt. Einige hundert Meter noch zur Wegtafel *»In den Wandln«* (2490 m, 4½ Std.). Nun steil nach Süden bergab, fast 300 Höhenmeter, zum Ende des Viltragenkeeses, wo die *Brücke* (2215 m) über den Abfluß, den *Viltragenbach* (hoffentlich noch) zu finden ist. »Hoffentlich« deswegen, weil ich bei meiner Tour dort noch keine Brücke hatte; wir mußten, angeseilt, mehrere reißende Arme des Baches im Eiswasser überqueren! – Ein Abstieg längs des Viltragenbaches, der nach Einmündung des Schlatenbaches Gschlößbach heißt, nach Innergschlöß ist möglich. – Der St. Pöltener Westweg führt an der Gegenseite steil bergauf, wieder fast 300 Höhenmeter in blockigem Moränengelände zum Gamsleitenhang des Vorderen Kesselkogels, umrundet seinen felsigen Ostsporn und führt – zuletzt lange, flache Querung – zur *Alten Prager Hütte* (2489 m, +2 Std.). – Abstieg nach Nr. 902 nach *Innergschlöß* (1689 m, 2½ Std.). Oder Weiterweg zur Neuen Prager Hütte (2791 m, 1 Std.) oder über das Löbbentörl (2770 m) zur Badener Hütte (2608 m, 3 Std.).

Die scharf geformten Gipfel von Riegelkopf und Teufelsspitze nahe der Amertaler Scharte am St. Pöltener Ostweg.

Touristische Angaben

St. Pöltener Ostweg mit leichterer (1) und Umgehungs-Variante (3), nur für sehr geübte, ausdauernde Hochalpinisten mit Seil und Eisausrüstung bei günstigem Wetter, Originalroute (3) mit Schwierigkeitsgrad II+. Alpenvereinskarte 1:25000, Nr. 39 mitnehmen! Nicht im Alleingang! Sehr früher Aufbruch nötig. – *St. Pöltener Westweg* (4), günstig angelegter, gut markierter Steig, doch wegen der langen Strecke und des Wiederaufstiegs auch recht anstrengend. Pickel mitnehmen. Wetter beobachten – lt. Hubert Peterka ist der Felbertauern ein berüchtigtes Schlechtwetterloch!

Beste Jahreszeit: Mitte Juli bis Mitte September.

Höhendifferenzen: St. Pöltener Ostweg, insges. ca. 2400 m im Auf- und Abstieg. – St. Pöltener Westweg, ca. 500 m im Auf- und Abstieg.

Reine Gehzeiten: St. Pöltener Ostweg, ca. 9–10 Std. (10–12 Std. einkalkulieren!). – St. Pöltener Westweg, 6½ Std.

Einkehrmöglichkeiten: Rudolfshütte, St. Pöltener Hütte, Alte Prager Hütte.

Unterkunft: *Rudolfshütte,* siehe Tour 19. – *St. Pöltener Hütte,* siehe Tour 24. – *Karl-Fürst-Hütte,* offener Unterstand, 1988 in ausgezeichnetem Zustand, mit Stockbetten für 6 Personen, Decken, Gaskocher und den notwendigsten Utensilien ausgestattet. – *Alte Prager Hütte,* 2489 m, DAV-S. Prag, einfache Jausenstation, bew. Ende Juni bis Ende Sept., Hüttenzugang Nr. 902 (3 Std. v. Innergschlöß).

Talorte: *Uttendorf,* siehe Tour 19, *Kals,* siehe Tour 15, *Matrei in Osttirol,* siehe Tour 24.

Weitere Tourenvorschläge: Von der Rudolfshütte und der St. Pöltener Hütte, siehe Touren 19 und 24. Verbindung auch mit Tour 25 möglich. Bei den großen Überschreitungen werden wegen der Streckenlänge selten Gipfel erstiegen, obwohl sie besonders beim Ostweg nahe liegen.

Karten: Alpenvereinskarte 1:50000, Nr. 39 Granatspitzgruppe; Österreichische Karte 1:50000, Bl. 152 Matrei in Osttirol und Bl. 153 Großglockner (in den Karten weichen Schreibweisen der Namen und Höhenangaben manchmal geringfügig voneinander ab).

21 Die Tour aller Touren – Zwischen Glockner und Venediger

Sudetendeutscher Höhenweg

Über alle hohen Ziele dieses Buches könnte man in schwärmerischen Worten schwelgen. Doch keine Tour verdient sie so sehr wie der Sudetendeutsche Höhenweg, die Tour aller Touren in den Hohen Tauern, ein Wandern und Steigen auf hohem Bergkamm. Wie sinnvoll erscheint dort alles: wie beginnt sie angenehm in duftenden Bergwiesen, führt sachte an höhere Stufen heran, zuerst auf dem Sandboden der Steige, dann auf härterem Steingrund. Eine kurze, gesicherte Abstiegsstelle gibt eine Vorahnung von »höheren Weihen« im Gebirge. Wieder sanft ausklingend, führt der Pfad zu einer guten, hochliegenden Schutzhütte und in die Nähe des wohl am leichtesten ersteigbaren Dreitausenders der Tauern und seines höheren Bruders, wo wieder, als einziges Hindernis, eine gesicherte Abstiegsstelle in etwas gesteigerter Schwierigkeit zu finden ist.

Der Sudetendeutsche Höhenweg mit den beiden »Muntanitzen« (die Namen bedeuten einfach Berg) ist somit eine kleine, wichtige Schule des Bergsteigens. Und mit dem Bretterwandbach wird ein Anschauungsunterricht über unvermutete Berggefahren geboten. Alles nicht auf strenge Art (sofern das Wetter günstig ist!), sondern angenehm-verbindlich. Dazu ist noch die liebenswürdigste Eigenschaft der Tauern, ihr Blumenreichtum, dort besonders ausgeprägt. Im August kann man Frühlings- und Sommerblumen, auch seltene Arten, durcheinander blühen sehen. Das Gras wandert an dieser Stelle bis in die steilsten Hänge; von früherer Nutzung zeugen Heuhütten bis in 2400 Meter Höhe.

Formen- und Farbensinn werden bei dieser Tour aller Touren besonders angesprochen. Schon die Kartennamen sagen aus: Blauspitze, Weißer Knopf, Graue Scharte, Zimaróß (Rote Spitze). Und da wir wieder einmal im Bratschen-Gebiet sind, zeigen Steilflanken und Wände alle Schattierungen von Weiß-gelblich bis Braun. Ein kleines Wunder dieser Berge sind die trotz des weichen Gesteins kantigen, wie geschliffenen Konturen. Auf dem hohen Pfad fallen besonders der fürchterliche Absturz der Drillingschneid und die Südwand der von scharfen Graten eingefaßten Kendlspitze auf. An solchen »vernichtend glatten« Bratschenbergen scheiterten sogar Kletterkünstler wie der Erschließer der Granatspitzgruppe, der berühmte Bergnamenforscher Dr. Wilhelm Brandenstein. Er würde sich übrigens im Grabe umdrehen, wüßte er, was in unserer Zeit aus den von ihm erfaßten Namen des Gebietes geworden ist: Keine der Landkarten stimmt mit der anderen überein, und in den Tälern von Matrei nennt man die Berge anders als auf der Kalser Seite.

Wirksamster Aspekt der Tour aller Touren aber sind die Ausblicke. Zeitweise wandelt man zwischen Glockner und Venediger wie auf einer hohen Brücke dahin. Der Maler Egger-Lienz zählte die Schau von dort oben, mit Blick auf sechzig Dreitausender, zu den »weltberühmten Ansichten«!

Doch: Alles Erzählen wird hinter dem eigenen Eindruck verblassen!

Der *Sudetendeutsche Höhenweg* zwischen Kals-Matreier-Törl und Sudetendeutscher Hütte gestaltet sich mit Hüttenan- und -abstieg sowie Gipfelbesteigungen zur 4-Tage-Tour. Das *Kals-Matreier-Törl* mit seinem Schutzhaus in herrlicher Lage kann man von Matrei oder Kals mit Aufstiegshilfen sozusagen spielend erreichen.

Am Sudetendeutschen Höhenweg, Ausblick zur Bretterwandspitze.

Über dem Kalser und Lesachtal zeigen sich die großen Gipfel der Schobergruppe. Von links: Böses Weibele, Roter Knopf, Glödis, Ganot und Hochschober.

1. Tourentag: Von *Matrei* mit den Goldried-Sesselbahnen in das Goldriedkar mit See (Bergstation 2150 m) und auf markiertem Weg bequem zum *Kals-Matreier-Törlhaus* (2207 m, 1½ Std.) oder mit der Sesselbahn »Glocknerblick« von *Kals* auf 1944 Meter, anschließend etwa 200 Meter Aufstieg über das Ganotzegg (mit Rastbänken) und ein Hinüberschlendern über den »Panoramaweg« zum Törlhaus (1½ Std.). Für »Liftmuffel« gibt es von beiden Seiten markierte Wege und Steige aus dem Tal (von Matrei 3½, von Kals 2½ Std.). Man sollte mittags am Törl sein, dann bleibt für den Nachmittag noch eine kleinere oder größere Tour, etwa die *Zimaróß* (2405 m) oder für gute Geher der anschließende *Gorner* (Guaner, 2702 m) mit *Rotenkogel* (2762 m), Trittsicherheit nötig (2 Std. hin, 1½ Std. zurück). Doch schon vom Törl aus ist der Rundblick einmalig. Die

dunklen Felstürme Ganot und Glödis mit dem Firnpelz des Hochschober vermitteln die Bekanntschaft mit der Schobergruppe, dem »Wunder der Ostalpen«. Über dieses Törl und das noch höhere Bergertörl führt heute noch eine anstrengende Wallfahrt zwischen Obermauern und Heiligenblut.
2. Tourentag: Der Sudetendeutsche Höhenweg, Nr. 502, leitet bergan über grüne Buckel zur *Kalser Höhe* (2434 m, dort mündet ein vielbegangener Pfad vom Kalser Lift), quert am Westhang der Blauspitze und des Weißen Knopfs und führt etwas bergab. Westseitig kommen wir unter den messerscharfen Abstürzen der Drillingschneid (2554 m) vorbei und wieder aufwärts zum *Hohen Tor* (2477 m, 2½ Std., Einbindung des Steiges »Aussig-Teplitzer-Weg« von der Bergstation des Kalser Liftes). Tief in sehr steile Bratschenhänge geschnitten, zieht der Pfad nun unter dem Brunnenkogel (Kofelkopf) und dem Tschadinhörndl (2769 m) stetig steigend dahin. Zwei in den Hang ge-

Steinböcke in der Schobergruppe.

Ausblick vom Gradötz über das Gradötzkees zum Kleinen und Großen Muntanitz.

rissene Gräben sind unschwierig zu queren (bei Schnee äußerste Vorsicht!). Am breiten *Dürrenfeld* (Türnfeld, Turn = Turm) guter Rastplatz mit Sicht auf die wüste Bretterwandspitze (2887 m). Als Berg doppelt gefährlich, dem Bergsteiger und den Menschen im Tal. In seinem Südkar entspringt der Bretterwandbach, den man den wildesten Wildbach Österreichs nannte und der schon einmal, wie aus einer Regenrinne auf den Ort herabschießend, Matrei zerstört hat. Zahlreiche Wildbachverbauungen sollen weitere Katastrophen verhindern.

Von der *Dürrenfeldscharte* (2823 m, +2 Std.), dem höchsten Punkt des Tourentages, leitet die Markierung, kurz gesichert, bergab zu flacheren Böden. Ein Firnfeld unter dem Gradötzkees ist zu queren, manches Wasser zu überspringen, bevor man die schon lange sichtbare *Sudetendeutsche Hütte* (2656 m, +1 Std.) erreicht. Ein »neuer« Gipfel ist zu bewundern, der Nussingkogel, fast ein Dreitausender. Man sieht ihn gut von der nahen Nussingscharte (2741 m), die man in einem Bergspaziergang besuchen könnte. Die Kehren, mit denen sich der »502«-er jenseits in die Tiefe des Landecktales zu stürzen scheint, sind sehenswert!

3. Tourentag: Muntanitze und Vorberge. Wir können – harmlos und kinderleicht! – 5 Gipfel, davon 4 Dreitausender-Punkte, einheimsen und – etwas schwieriger – mit dem Großen Muntanitz noch einen höheren Dreitausender: Von der Hütte nördlich bergauf zur Mulde »Auf dem Wellach«, ein »sprechender« Name! Nun zum Südwestrücken der Muntanitze mit den Wellachköpfen, einem breiten, farbschönen Gebilde, wo man auf Felsbänken weich wie auf dunklen Teppichböden tritt. Der oberste *Wellachkopf* (2960 m) ist erreicht; weiter auf dem »Karl-Schöttner-Weg« überschreitet man die Punkte 3110, 3117 und 3142 hin zum *Kleinen Muntanitz* (3192 m, ca. 2 Std.). Bei guten Verhältnissen in der zum *Kampl-Sattel* (3129 m) hinabführenden

steilen gesicherten Blockgasse (falls kein Schnee oder Eis!) ist die Überschreitung zum *Großen Muntanitz* (3232 m) nicht schwierig. Umfassende Aussicht von diesem höchsten Gipfel der Granatspitzgruppe (hin und zurück +1½ Std.). *Abstieg* vom Kleinen Muntanitz nach der gleichen Route (+1½ Std.).
4. Tourentag: Abstieg ins Tal. Auch ein Rückweg über den Sudetendeutschen Höhenweg wäre lohnend, mit »Abfahrt« nach Kals oder Matrei (4–6 Std.). Der normale Hüttenweg führt über die *Steiner Almen* (1914 m), zuletzt sehr steil längs des Steiner Baches (Wasserfall) zum Felbertauern-Stüberl an der *Felbertauern-Straße* hinab (Busstation, Parkplatz, 3–4 Std.).
Varianten: von der Äußeren Steiner Alm (1909 m) markierter Pfad zum *Weiler Glanz* (höchster Bauernhof 1500 m!, 3 Std.), Straße nach *Matrei* (1½ Std. zu Fuß). Dies ist auch der beste Aufstiegsweg zur Sudetendeutschen Hütte (4 Std.). Interessant ist auch der oft begangene Steig, Markierung 514, vom Kalser Tauernhaus (1754 m, 2 Std. von Kals-Taurer durch die Daberklamm, deren Wasser abgeleitet werden sollen, wogegen die Kalser protestieren), über den Stotzboden zum Punkt 2848 m. Kurze Querung des spaltenfreien Gradötzkeeses und Steig zur Sudetendeutschen Hütte (4 Std.). Von der Rudolfshütte führt der »Silesia-Steig«, ab Kalser Tauern (steile Firnfelder im Frühsommer, Steigeisen) zu Nr. 514 beim Muntanitztrog (6 Std.).

Touristische Angaben

1. Tag, leichte Hüttenwanderungen, vielbegangen. – *2. Tag,* noch leichte Überschreitung mit mäßigen Höhenunterschieden, öfter begangen wegen der Liftzufahrt, doch ernst zu nehmende Bergtour, anstrengend. Kein Abweichen vom Pfad (gefährliches steiles Gras!). Früher Aufbruch wegen Gewittern. – *3. Tag,* Kl. Muntanitz: leichte Bergwanderung, Gr. Muntanitz anspruchsvollere Bergtour, die Abstiegsstelle kann bei Schneelage schon schwierig sein. In der Hütte vorher erkundigen! Pikkel, Leichtsteigeisen, kurzes Seil mitnehmen. – *4. Tag,* normale Hüttenwege im Abstieg, vielbegangen. Die ganze Tour, mit Ausnahme des Gr. Muntanitz bei vereister Stelle, ist für ausdauernde ältere Bergsteiger und Kinder (12–14 J.) zu empfehlen.
Beste Jahreszeit: August bis Mitte September.
Höhendifferenzen: *1. Tag:* Matrei–Goldriedlift–Kals-Matreier-Törlhaus 150 m im Aufstieg; Kals–Lift Glocknerblick–Törlhaus 200 m im Aufstieg, 250 m im Abstieg. – *2. Tag:* Sudetendeutscher Höhenweg 850 m im Aufstieg, 250 m im Abstieg. – *3. Tag:* Kl. Muntanitz im Auf- und Abstieg 550 m, zum Gr. Muntanitz +160 m im Ab- und Aufstieg. – *4. Tag:* Zur Felbertauern-Straße 1450 m im Abstieg, nach Glanz 1100 m im Abstieg.
Reine Gehzeit: *1. Tag:* Goldried-Törlhaus 1½ Std. – Glocknerblick–Törlhaus 1½ Std. – *2. Tag:* Sudetendeutscher Höhenweg 4½ Std. im Auf-, 1 Std. im Abstieg. – *3. Tag:* Kl. Muntanitz 2 Std. im Auf- und Abstieg, Gr. Muntanitz +1½ Std. im Ab- und Aufstieg. – *4. Tag:* 3 bis 4 Std. im Abstieg.

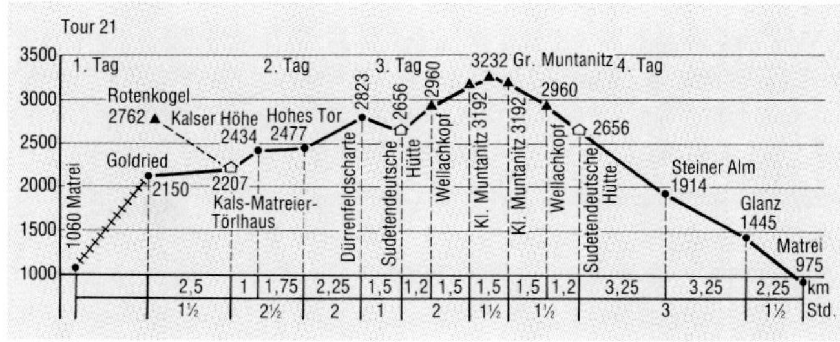

Einkehrmöglichkeiten: Goldried-Bergstation, Glocknerblick-Bergstation, Kals-Matreier-Törlhaus, Sudetendeutsche Hütte, Tauernstüberl, Kalser Tauernhaus.
Unterkunft: *Kals-Matreier-Törlhaus,* privat, am Kals-Matreier Törl, 2207 m, Zugänge wie beschrieben, bew. Anf. Juli bis Ende Sept. – *Sudetendeutsche Hütte,* 2656 m, DAV-S. Sudeten, Zugänge wie beschrieben, Tel. (im Tal) 04875/676, bew. Mitte Juni bis Ende Sept. – *Kalser Tauernhaus,* DAV-S. Mönchengladbach, 1754 m, im Sommer bewirtschaftet.
Talorte: Matrei, siehe Tour 24, Kals, siehe Tour 15.
Karten: Österreichische Karte 1:50 000, Bl. 152 Matrei in Osttirol, Bl. 153 Großglockner, Bl. 178 Hopfgarten in Defereggen und Bl. 179 Lienz (die beiden letztgenannten Blätter sind nur bei Aufstieg von Matrei mit Hilfe der Goldried-Sesselbahn erforderlich).

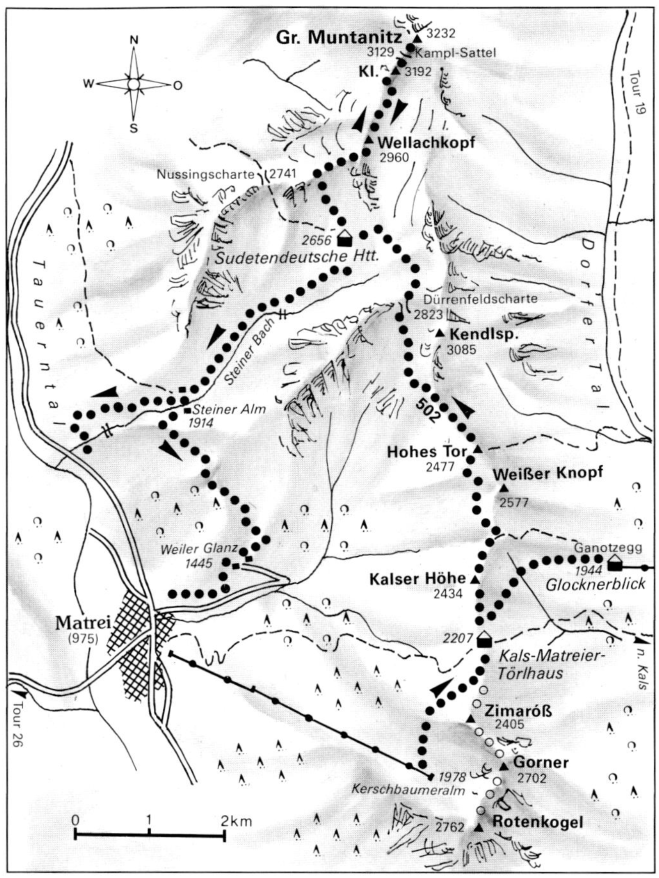

22 Durch die »Westalpen des Kleinen Mannes«

Zwei Durchquerungen der Schobergruppe

Keine der Hochzonen in den Hohen Tauern war so unbekannt wie noch vor wenigen Jahrzehnten die Schobergruppe mit ihren 53 Dreitausendern. Berühmtere Gebirge rundum stahlen ihr die Schau, und das dümmliche Wortspiel »Schobergruppe – Schottergrube« trug zum alpinen Verruf bei. Geröll und Blockwerk gehören doch zum Kleid der Berge, und in anderen Gruppen gibt es noch mehr an Schotter! Freilich entziehen sich die finsteren, eng gescharten Hochgipfel von selbst dem großen Publikum. Sie sind schwer zugänglich, von Hunderten Bergen sind kaum ein Dutzend markiert! Einheimische Bergsteiger nannten sie »die Westalpen des Kleinen Mannes«, was für ihre Schwierigkeit spricht. Auch die Scharten sind hoch, die Täler fast endlos. Dabei war gerade diese Gruppe ab den zwanziger Jahren reichlich mit Schutzhütten und auch Höhenrouten (Wiener Höhenweg) versehen. Doch in der Nachkriegszeit waren zwei der besten Hütten – darunter die berühmt komfortable Wangenitzseehütte – unbrauchbar, beraubt, ja sogar eingeäschert und die Steiganlagen im Verfallen.
In diesem Zustand, als Niemandsland, zeigte sich die Schobergruppe in den fünfziger Jahren. So war sie geradezu ein Geschenk für junge Leute mit Forscherdrang wie mich. Mit wenigen Gleichgesinnten hauste ich in der halbzerstörten Elberfelder Hütte, in Heustadeln oder in einem offenen Jagdunterstand, in denen wir wie Urmenschen lebten. Wir waren halb verhungert, aber wir hatten ein Wunderland farbiger Berge mit rotem, blauem, grünem Gestein entdeckt. Einige Neutouren im Fels gelangen uns – das Gebiet ist ja vor allem Bergsteiger- und Kletterland, die Gletscher sind klein.
1956 konnte ich eine Ehrenrettung der Schobergruppe in der alpinen Literatur (AV-Jahrbuch) vollbringen. Ludwig Purtscheller hatte um die Jahrhundertwende die Hauptgipfel erstiegen, danach war eifrig erschlossen worden – und anschließend wurde das Gebiet zum Dornröschen der Tauern. Mittlerweile war die Elberfelder Hütte wieder aufgelebt, doch erst 1966 gab es eine neue Wangenitzseehütte, erbaut von der kapitalkräftigen Sektion Holland des Alpenvereins. Die feierliche Eröffnung des modernen Schutzhauses wurde mit einem Staatsakt verglichen, sogar der österreichische Unterrichtsminister war als Bergsteiger gekommen! Und der ORF widmete dem Ereignis am 8. 8. 1966 den ersten Rang in seinen Nachrichten.

Im Aufstieg vom Schobertörl zum Hochschober. Die Pyramide rechts der Bildmitte ist der Glödis.

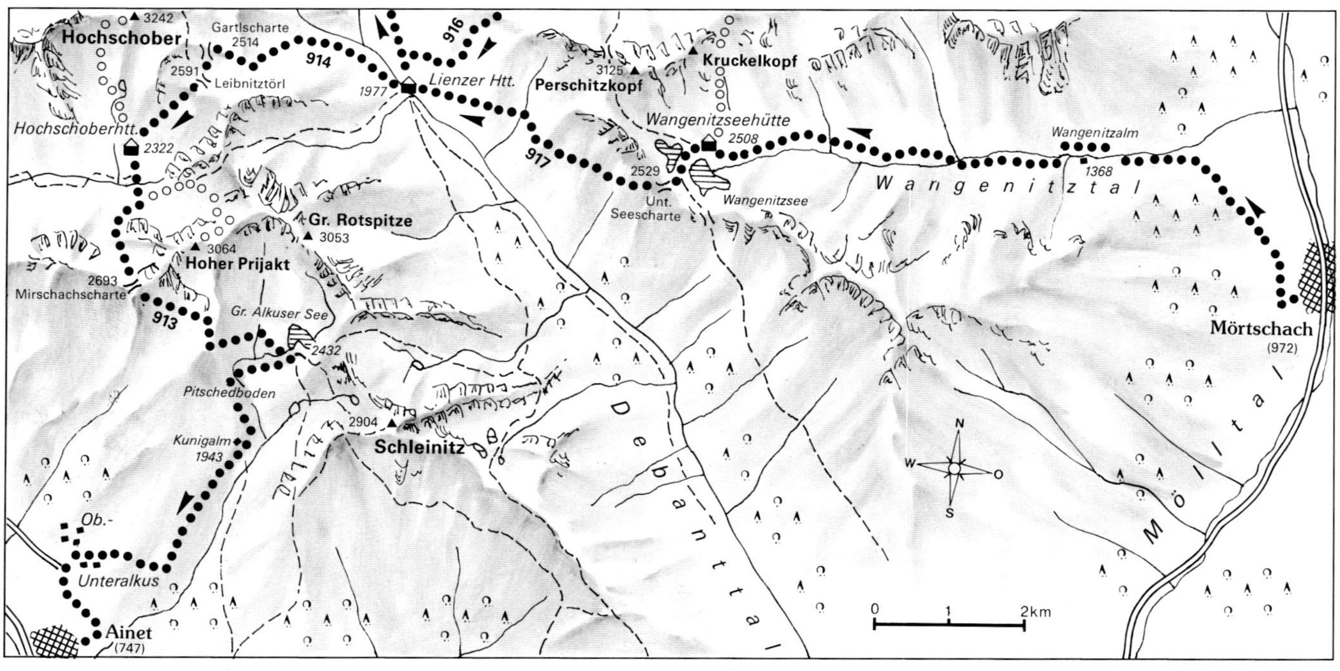

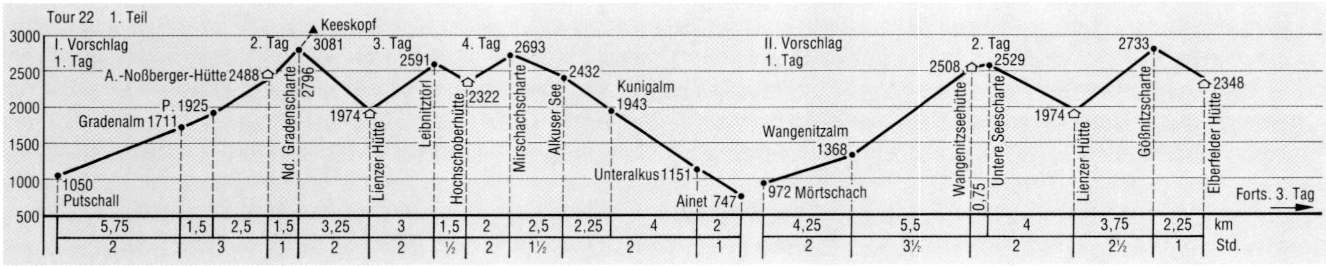

Zeitgeist und technische Entwicklung machten vor der Schobergruppe nicht halt. Die Täler sind nun – zwar weniger umfangreich als andere in den Tauern – mit Güterwegen und Fahrstraßen erschlossen. Oberhalb der Osttiroler Landeshauptstadt Lienz entstand am Zettersfeld ein neuzeitliches Skiland. Der Lienzer Alpinist Walter Mair verfaßte, nachdem der alte 50 Jahre hatte dienen müssen, einen neuzeitlichen Führer der Schobergruppe. Derzeit ist das Gebiet relativ gut besucht, Bewegung ist wie früher auf den Höhenwegen, doch fehlt es immer noch an echtem Interesse für die Eigenart der wilden Berge. Die meisten Besucher wissen gar nicht, was für ein Schatz die Schobergruppe ist: der interessanteste Abschnitt der Hohen Tauern, ein Wunder der Ostalpen. Die Kärntner Landesregierung hat das gut erkannt und ihren Ostteil mit vier ausgedehnten Bergkämmen und zahlreichen Dreitausendern zum Nationalpark erklärt. In zwei Durchquerungen ist in relativ kurzer Zeit das Wichtigste in der Schobergruppe kennenzulernen, dank der verbindenden Höhenwege. Die Erlebnisse solcher Touren werden zu weiteren Besuchen anregen. Wer weiß, vielleicht wird eine Freundschaft mit der Schobergruppe daraus?

I. Durchquerung von Osten nach Westen

1. Tourentag: Gradental–Noßberger Hütte. Von *Putschall* (1050 m) bei Döllach an der Glocknerstraße durch das eindrucksvollste Tal der Gruppe mit lebendigen Wassern und himmelhohen Wänden: auf Fahrweg Nr. 916, später Steig, nahe dem Gradenbach (Zugang auch von Döllach auf Forstweg, 2½ Std.). An der Nordseite hohe Felsgrate des kaum begangenen Brentenkopfkammes. Die Südseite ist noch gewaltiger, mit den (teils undurchstiegenen) Wänden von Friedrichsschneid, Friedrichskopf und Georgskopf. In ca. 1400 Meter Stätte des ehemaligen Gradenbades mit sehr kalter Quelle. Die *Gradenalm* (1711 m, Zufahrt möglich) bleibt rechts, der Pfad hebt sich nun zur Stufe des feuchten Gradenmooses (1948 m). Auf dem Adolf-Noßberger-Weg (nach dem Haupterschließer der Gegend benannt) nun gegen eine 300 Meter hohe Felswand, an welcher der Gradenbach in vier Fällen herabtost. Der Steig überwindet die unzugänglich scheinende Stufe auf Rasenbändern und führt oberhalb des blaugrünen *Vorderen Gradensees* zum Gradenbach. Zur Linken die über tausend Meter hohe, eisdurchzogene Nordwand des Petzecks, rechts die wuchtigen Felsmassen des Kleinen und Großen Hornkopfs. Noch etwas bergan, dann fast eben zum *Mittleren Gradensee* und über Gletscherschliffe zum lehmblauen *Großen Gradensee* mit der prachtvoll gelegenen, von 13 Dreitausendern umstandenen *Adolf-Noßberger-Hütte* (2488 m, 3–5 Std.). Das Schutzhaus ist Stützpunkt vor allem für hochalpine Touren, Kletterfahrten und für vier Übergänge, von denen drei über Gletscher oder durch Steilfirnrinnen führen (Hohe Gradenscharte, Klammerscharte und Hornscharte).

Fast gemütlich ist dagegen der Steig zur *Niederen Gradenscharte* (2796 m) am *2. Tourentag:* Nach Nr. 916 am Seeufer entlang, über den Abfluß des Klammerkeeses und durch eine Zone von Felsbänken bergan zum fotogenen *Schartensee* (+1 Std.). Der nahe *Keeskopf* (3081 m) wird auf dem Südostgrat, einigen Platten ausweichend, über steile Schrofen unschwierig erstiegen (1 Std., Abstieg ¾ Std.).

Von der *Niederen Gradenscharte* jenseits auf Blockhalden und Rasenhängen durch das Steinkar hinab zur *Lienzer Hütte* (1974 m, +2 Std.). Nach der wilden Hochgebirgswelt des Gradentales wirkt der Almboden dort wie eine Oase. Die Gipfel stehen da weiter im Hintergrund – etwa der Glödis (3206 m), formschönster Berg der Schobergruppe (allseits nur in Kletterei zugänglich, markierte Route über den Südostgrat; am nur wenig schwierigeren Nordostgrat besserer Fels, II).

3. Tourentag: weiter zur Hochschoberhütte. Den Franz-Keil-Weg, Nr. 914, bergauf ins »Gartl«, über die *Gartlscharte* (2514 m) und das *Leibnitztörl* (2591 m, +2 Std.) mit dem Gartlsee (beliebter Rastplatz angesichts von vier Dreitausendern) und steil bergab zur *Hochschoberhütte* (2322 m, +½ Std.). Gute Bergsteiger können unterwegs zum *Schobertörl* (2898 m) abzweigen und weglos den *Debantgrat* (3055 m) – etwas unterhalb des Törls nach Osten zum Kamm aufsteigend – »mitnehmen« (hin und zurück 2½ Std.). Das Schutzhaus ist zu Füßen der Prijakte unvergleichlich schön gelegen, die beiden steilwandigen Dreitausender mit dunklem Eklogitgestein haben kein Gegenstück in den Alpen!

Der *Hohe Prijakt* (3064 m) ist durch das Kar Kleiner Barren, am Barrenlesee vorbei und über die Barreneckscharte – leichte, markierte, mühsame Route – zugänglich (3 Std.), schöne Eklogitsteine mit Granaten! – Der nahe *Hochschober* (3242 m) über die Staniskascharte (2930 m) ist ebenso lohnend, verlangt aber

Die Gradenseen mit der Adolf-Nußberger-Hütte, darüber der große Friedrichskopf (rechts) und der Sandkopf (links).

Trittsicherheit und Erfahrung mit steilem Schnee, Pickel nötig (3½ Std.). – Zahlreiche weitere gute Touren im Hüttenbereich!

4. Tourentag: Abstieg nach Ainet bei Lienz. Auf dem markierten »Nasensteig« Nr. 913 (einige ausgesetzte Schrofenstellen) zur *Mirschachscharte* (2693 m, +2 Std.), grobes Blockwerk, und absteigend zum *Großen Alkuser See* (2432 m, +1½ Std.). Die sehr umständlich zum Zettersfeld führende Markierung 913 verlassend, über den feuchten *Pitschedboden* nach Markierung zur *Kunigalm* (1943 m). Ab dort Fahrweg in die Bergbauernsiedlungen *Ober- und Unteralkus* (1151 m, +2 Std.) und nach Gwabl und ins Iseltal bei Bad Weiherburg. Wir kürzen auf Fußsteig steil nach *Ainet* ab (747 m, +1 Std., Busstation).

II. Durchquerung von Süden nach Norden

1. Tourentag: Von *Mörtschach* (972 m) im Mölltal, siehe Tour 13, durch das enge Wangenitztal nach Markierung 928 zur *Wangenitzalm* (1368 m, Fahrweg, mit Pkw befahrbar, zu Fuß 2 Std.). Längs des wilden Wangenitzbaches, an mehreren Almen vorbei, zu beiden Seiten Felsgelände, an der Nordseite um die Dreitausender des Petzeckkammes, die hier besonders wild sind. Zuletzt steil bergauf zur *Wangenitzseehütte* (2508 m) mit dem charakteristischen Pultdach (ca. 5 Std., mit Zufahrt 3½ Std.). Der Wangenitzsee ist der größte See der Schobergruppe, daneben liegt noch der kleinere Kreuzsee. In ihnen spiegelt sich die hochalpine Umrahmung, die Dreitausender Kruckel-

Wanderer im Gößnitztal, im Hintergrund der Rote Knopf.

Vom leicht erreichbaren Dreitausender Keeskopf blickt man zum Hochschober (links) und Glödis (rechts).

kopf, die zwei Perschitzköpfe und der Geiskofel (2816 m) mit der Himmelwand. Das Petzeck (3283 m), Hauptgipfel der Schobergruppe, ist von der Hütte auf markiertem Steig, eine kurze gesicherte Stelle, in 2½ Stunden ersteigbar, sehr lohnend.

2. Tourentag: An den Seen entlang zur *Unteren Seescharte* (2529 m) und nach Nr. 917 am »Zinkeweg«, oben sehr steil bergab zur *Lienzer Hütte* (1974 m, +2 Std.). Weiter, nach Markierung 915, den »Elberfelder Weg« bergan (zur Linken der Glödis gut sichtbar) zur *Gößnitzscharte* (2732 m, +2½ Std.) mit dem Gößnitz-Biwakhütterl (Markierung über den Südostgrat zum *Gößnitzkopf,* 3096 m, leichte Kletterei, 1 Std.). Über das sterbende, schuttbedeckte Gößnitzkees (farbiges Gestein!) nordöstlich, angesichts der sieben Felstürme der Klammerköpfe, hinab zur *Elberfelder Hütte* (2348 m, 1 Std.).

In der Umgebung der Elberfelder Hütte können fleißige Hochalpinisten nicht weniger als 33 Dreitausender »einheimsen«! Leichter Übergang Kesselkeessattel zur Glorerhütte, siehe Tour 17, gefährlicher Übergang über die Hornscharte mit Gletscher und Steilfirn zur Adolf-Noßberger-Hütte. – Zu empfehlen: Böses Weibele (3119 m) über den Kesselkeessattel (3 Std.), leicht. Der Rote Knopf (3281 m), zweithöchster Gipfel der Gruppe, ist markiert; bei Schnee unangenehme Schrofen (3½ Std.).

3. Tourentag: Zum Ausklang der *Drei-Seen-Weg* nach Heiligenblut, eine der schönsten Höhenrouten der Tauern. Der markierte Pfad zieht von der Elberfelder Hütte an drei Ausläufern von Dreitausendern des Brentenkopfkammes und am *Hinteren, Mittleren* und *Vorderen Langtalsee* vorbei. Schöne Ausblicke, zum Beispiel zum Roten Knopf. Einige Schrofenstellen sind gesichert, Trittsicherheit ist nötig. Zuletzt geht es steil zur *Wirtsbaueralm* (1730 m, Jausenstation) und ins Gößnitztal hinab. Neben der Gößnitzschlucht auf Fahrweg Nr. 915 nach *Heiligenblut* (1288 m, ca. 5 Std.). – Wer nicht schwindelfrei ist, nimmt ab Elberfelder Hütte den normalen Steig Nr. 915 nach Heiligenblut (4 Std.).

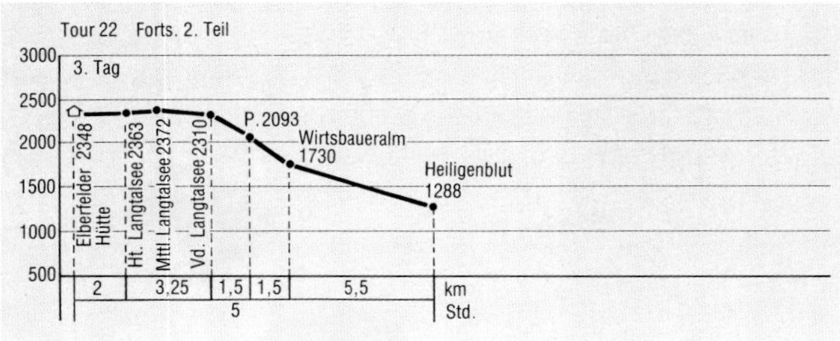

Touristische Angaben

I. Durchquerung von Osten nach Westen: Gradental–Adolf-Noßberger-Hütte–Lienzer Hütte–Hochschoberhütte–Lienz. 4 Tourentage; eine Woche planen! *1., 2. und 3. Tag:* Steige zu den Hütten für Bergwanderer geeignet, zur Noßberger Hütte anstrengend, *4. Tag,* Trittsicherheit nötig, anstrengend, bei Schneelage meiden, Verpflegung mitnehmen. – **II. Durchquerung von Süden nach Norden:** Wangenitzseehütte–Elberfelder Hütte–Heiligenblut. 4 Tourentage; eine Woche planen! *1. und 2. Tag,* Steige zu den Hütten für Bergwanderer geeignet, *2. Tag* anstrengend, *3. Tag,* nur für Schwindelfreie!

Beste Jahreszeit: Ab Ende Juli bis Mitte September.

Höhendifferenzen: I.: *1. Tag,* über 1400 m, bei Zufahrt ca. 750 m im Aufstieg; *2. Tag,* 300 m im Aufstieg, über 800 m im Abstieg; *3. Tag,* über 600 m im Aufstieg, ca. 300 m im Abstieg; *4. Tag,* fast 400 m im Aufstieg, ca. 1850 m im Abstieg. – **II.:** *1. Tag,* je nach Zufahrt ca. 1100 bis 1500 m im Aufstieg; *2. Tag,* ca. 60 m im Aufstieg, 550 m im Abstieg, ca. 750 m im Wiederaufstieg und 400 m im Abstieg; *3. Tag,* ca. 1050 m im Abstieg.

Reine Gehzeiten: I.: *1. Tag,* ca. 5 Std. im Aufstieg, bzw. mit Zufahrt 3 Std.; *2. Tag,* 1 Std. im Aufstieg, 2 Std. im Abstieg; *3. Tag,* 2 Std. im Aufstieg, ½ Std. im Abstieg; *4. Tag,* 2 Std. im Aufstieg, 4½ Std. im Abstieg. – **II.:** *1. Tag,* ca. 5 Std. im Aufstieg, bzw. mit Zufahrt 3½ Std.; *2. Tag,* ca. ½ Std. im Aufstieg, 1½ Std. im Abstieg, 2½ Std. im Wiederaufstieg, 1 Std. im Abstieg; *3. Tag,* ca. 5 Std. im Abstieg.

Einkehrmöglichkeiten: Adolf-Noßberger-Hütte, Lienzer Hütte, Hochschoberhütte, Wirtsbaueralm.

Unterkunft: *Adolf-Noßberger-Hütte,* 2488 m, am Großen Gradensee, OeAV-S. Wiener Lehrer, bew. Ende Juni bis Mitte Sept., Zugang siehe Text. – *Lienzer Hütte,* 1974 m, OeAV-S. Lienz, bew. Mitte Juni bis Ende Sept., Zugang durch das Debanttal, Auffahrt ab Glocknerstraße/Iselsberg bis Seichenbrunn (1721 m), +1 Std.; von Lienz zu Fuß 5 Std. – *Hochschoberhütte,* 2322 m, OeAV-S. Wiener Lehrer, bew. Juli bis Sept., Zugang mit Auffahrt von Ainet nach Oberleibnig und anschließendem Güterweg bis 1640 m, dann zu Fuß 1–2 Std. – *Elberfelder Hütte,* 2348 m, DAV-S. Elberfeld, bew. Anfang Juli bis Mitte Sept., Tel. (Hütte) 04824/2545, Zugang von Heiligenblut durch das Gößnitztal, 5 Std. – *Wangenitzseehütte,* 2508 m, Nederlandse Bergsportvereniging/OeAV, bew. Mitte Juni bis Mitte Sept., Tel. (Hütte) 04826/229, Zugang siehe Text.

Talorte: *Döllach* und *Heiligenblut,* siehe Tour 12, *Mörtschach,* siehe Tour 13. – *Lienz,* 673 m, Hauptstadt von Osttirol, an der Drau, Felbertauernstraße-Zufahrt; Bahnverbindung mit Spittal a. d. Drau und Innichen. Jugendherberge. Gondelbahn und Bergstraße zum Zettersfeld, Sessellift Venedigerblick. Heimatmuseum Schloß Bruck mit Egger-Lienz-Bildern.

Karten: Österreichische Karte 1:50000, Bl. 179 Lienz, Bl. 180 Winklern, Bl. 153 Großglockner und Bl. 154 Rauris.

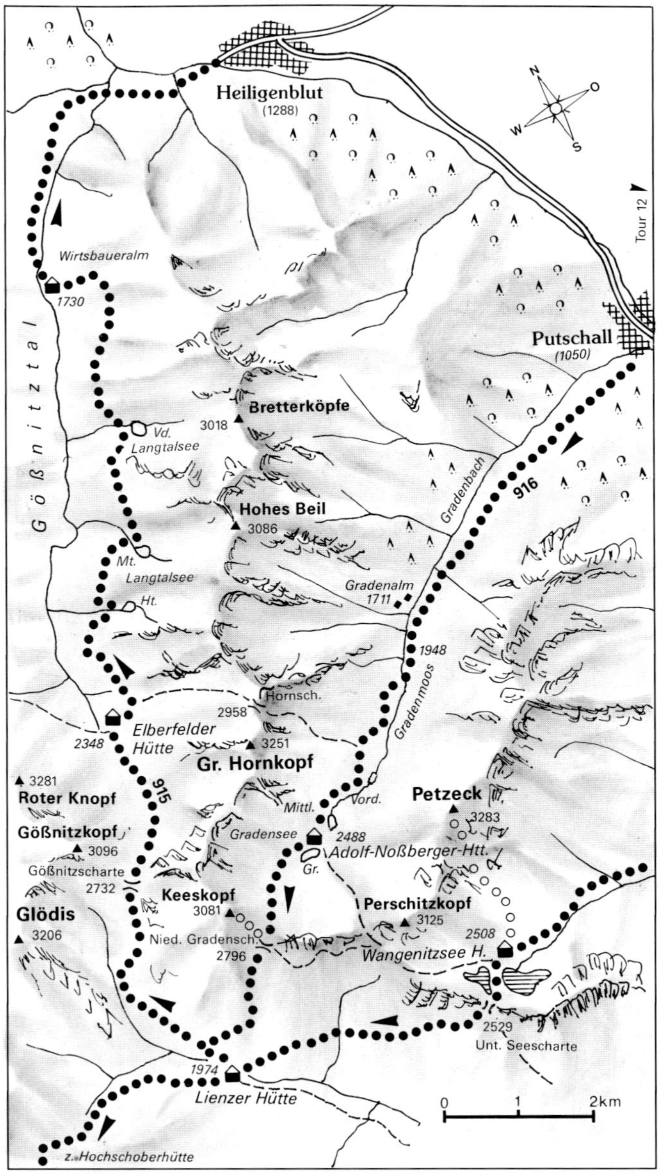

Oben: Die alten Almhütten von Außergschlöß in der Venedigergruppe.

Unten: Das »Auge Gottes«, ein kleiner Bergsee am »Gletscherweg Innergschlöß«.

Venedigergruppe, Deferegger Alpen mit Villgrater Bergen und Rieserfernergruppe

23 Die »Weltalte Majestät« und ihre Vasallen

Der Großvenediger – eine National-Angelegenheit

Ignaz Ritter von Kürsinger, lexikalisch Beamter, Schriftsteller und Topograph, dem wir eine interessante Beschreibung des Lungaus verdanken (siehe »Buchenauer, Höhenwege in den Niederen Tauern«), hatte auch im Pinzgau als Landpfleger verwaltend, anregend und verändernd seine Hände im Spiel. Er hat sehr viel für sein Land getan, etwa die Trockenlegung der versumpften Talsohle des Pinzgaus eingeleitet. Von ihm ging die starke Initiative zur Ersteigung des Großvenedigers aus, den er die »Weltalte Majestät« nannte. Den Gipfel – der bei den Einheimischen Stötzenkopf oder Sulzbacher, später Venediger nach den schatzsuchenden »Venedigermanndln« hieß – zu erreichen, bezeichnete er als pinzgauerische Nationalangelegenheit.

Noch vor 1828 hatte der einheimische Jäger Paul Rohregger einen Versuch aus dem Untersulzbachtal auf den Großvenediger unternommen. 1828 stieg sogar Erzherzog Johann, der bergerfahrene Prinz aus dem österreichischen Kaiserhaus, in großer Gesellschaft in eine Steilflanke des Berges ein, aber ein Absturz vereitelte das Unterfangen. Doch am 3. 9. 1841 stand der berühmte Alpinist Anton von Ruthner mit dem Jäger Rohr-

Auf der vielbegangenen Route zum Großvenediger. Blick vom Defreggerhaus zum Rainerhorn.

Erhaben, wie es seiner Größe entspricht: der Großvenediger von der Muntanitzgruppe.

egger und Kürsinger selbst auf dem Großvenediger. Von der vierzigköpfigen Gruppe hatten 25 Personen den Gipfel erreicht! Die Majestät und ihre Vasallen bringen Superlative in die Welt der Hohen Tauern. Die Venedigergruppe ist mit über 1000 Quadratkilometer Fläche und 25 Einzelkämmen ihre größte Gruppe; die Gletscher zählen zu den bedeutendsten der Alpen. Ihr Reichtum an seltenen Mineralien ist bekannt. Weniger bekannt ist der schöne Kletterfels in manchen Abschnitten, und über ihren Blumenreichtum könnte man Bücher schreiben. Von ihren Wildwassern in Gletscherbächen und dem Kampf um sie wird in den Tourenkapiteln 25 und 26 erzählt. In ihrem Salzburger Anteil ist die Venedigergruppe bereits gesetzlich Nationalpark, für den Osttiroler Teil gibt es noch immer kein solches Gesetz.

Für den Großvenediger gilt Ähnliches wie für den Großglockner: Er ist überlaufen, seine Berggruppe ist es aber nicht! Beim Großvenediger und anderen Eisbergen seiner Umgebung kommt dazu noch die besondere Gefährlichkeit der Gletscherspalten. Man könnte ein ganzes Venediger-Buch mit Anekdoten, aber auch traurigen Berichten über Spaltenstürze in dem Gebiet füllen.

Daher prüfe jeder Großvenediger-Anwärter sich genau, ob er als Gletschergeher erfahren genug ist, der unheimlichen Gefahr ohne Spalten-Abenteuer zu begegnen. Besonders im Venedigergebiet werden Bergführer dringend empfohlen!

Wie beim Großglockner sehe man sich auch beim Großvenediger das Vorland und weniger gefährliche Berge und Routen an. Einige davon sind in diesem Buch beschrieben (siehe Tour 20,

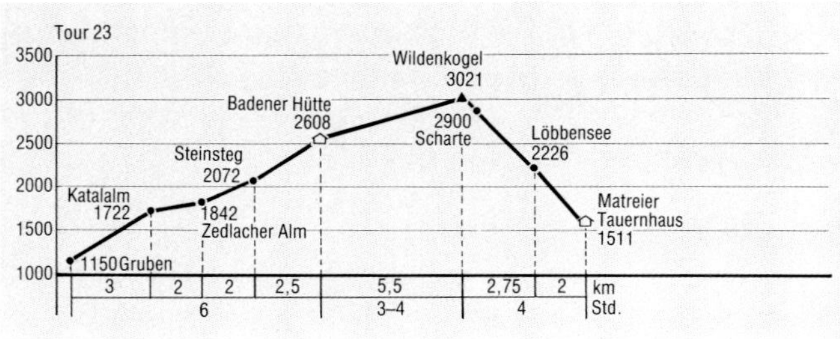

24, 25, 26, 30). Ein leichter Dreitausender – und die wunderbarste Aussichtswarte zum Großvenediger! – ist etwa der *Keeskogel* (3291 m), von der Kürsingerhütte mit wenig Schnee, ohne Spaltengefahr leicht ersteigbar. Eine Halbtags-Unternehmung wäre der vielbegangene »Gletscherweg Innergschlöß«, für den es einen Alpenvereinsführer gibt. Ein ähnlicher Lehrpfad besteht auch im salzburgischen Obersulzbachtal.

Eine der schönsten gletscherfreien Touren der Tauern ist im Bereich der Badener Hütte auszuführen: der *Wildenkogel-Weg* mit Ersteigung dieses Dreitausenders und Abstieg durch die urige Landschaft beim Wildensee und Löbbensee. Schon der Aufstieg zur *Badener Hütte* ist eine lohnende Bergtour: entweder von *Gruben* im Tauerntal bei Matrei (ca. 6 Std.) oder vom Matreier Tauernhaus über Innergschlöß, einen Teil des Gletscherlehrpfades, Markierung 902 oder 921, und auf dem Rudolf-Zöllner-Weg über das *Löbbentörl* (2770 m) zur *Badener Hütte* (2608 m, je nach Zufahrt 5–7 Std.). Eine gute Kombination wäre auch: *St. Pöltener Westweg* (siehe Tour 20) mit Übernachtung in der *Alten* oder *Neuen Prager Hütte* und Weiterweg zur *Badener Hütte* (je 3–4 Std.). Von diesem Schutzhaus sind zahlreiche interessante Gletschertouren zu machen. Ein leichter Gipfel ist der Innere Knorrkogel (2882 m, ½ Std. vom Löbbentörl). – *Wildenkogel-Weg:* von der Badener Hütte auf dem Badener Weg, Nr. 921, bis unter das Löbbentörl, dann nach Osten, abzweigend, markiert, lange in gleicher Höhe, an zahlreichen Seelein (Lackach) vorbei zum Südgrat des Wildenkogels und am blockigen Kamm zum *Gipfel* (3021 m, 3–4 Std.). Am Grat zurück und weiter nach Osten, oft Schnee (rechts der große Wildensee, 2515 m), auf markiertem Steig in plattigem und schuttigem Gelände bergab zum *Löbbensee* (2226 m) und – nun oft in hohem Gras – nahe dem wilden Löbbenbach (Wasserfall) steil hinunter zum *Matreier Tauernhaus* (1511 m, ca. 4 Std.).

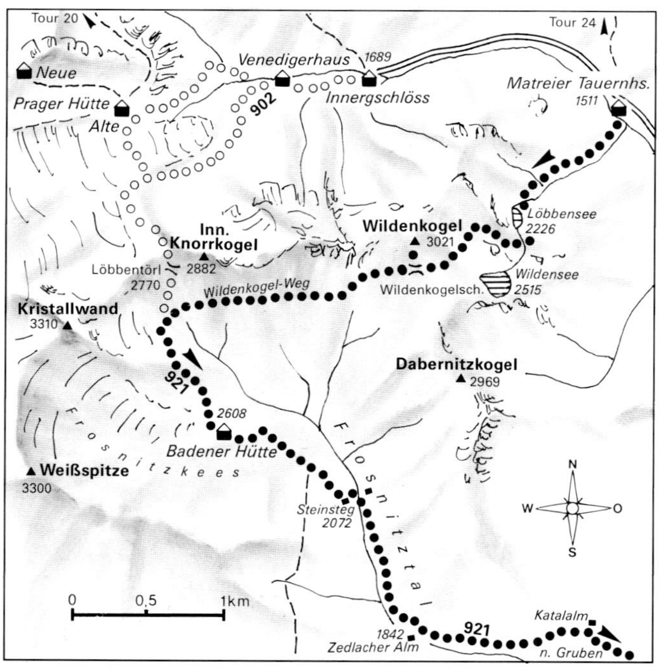

Touristische Angaben

Großvenediger-Normalrouten spaltengefährliche mehrstündige Gletschertouren, nur für gute Bergsteiger mit Gletscher-Erfahrung (oder mit Bergführer), Gebrauch von Seil, Pickel und Steigeisen Bedingung! – Für den Wildenkogelweg: Bergerfahrung und Ausdauer sowie Wegsinn nötig, Verpflegung mitnehmen. Überaus lohnende, aber anstrengende Bergtour mit Ersteigung eines Dreitausenders.

Beste Jahreszeit: Anfang Juli bis Mitte September.

Höhendifferenzen: Badener Hütte–Wildenkogel–Matreier Tauernhaus ca. 400 m im Aufstieg, ca. 1500 m im Abstieg.

Reine Gehzeiten: Zum Wildenkogel 3 bis 4 Std., zum Matreier Tauernhaus 4 Std..

Einkehrmöglichkeiten: Badener Hütte, Matreier Tauernhaus.

Unterkunft: *Badener Hütte,* 2608 m, OeAV-S. Baden, bew. Anf. Juli bis Mitte Sept., Zugänge siehe Text. – Für den Großvenediger: *Kürsinger Hütte,* 2549 m, OeAV-S. Salzburg, Tel. Hütte 0 65 65/4 50, bew. 14 Tage vor Ostern bis Ende Sept., Zugang durch das Obersulzbachtal ab Hopffeldboden-Parkplatz 5 Std. Auf den Großvenediger (3666 m) über die Venedigerscharte, 4 bis 5 Std.. – *Neue Prager Hütte,* 2782 m, DAV-S. Prag, bew. Ende Juni bis Ende Sept., Zugang, siehe Tour 20. Auf den Großvenediger über das spaltenreiche Schlatenkees 3½ Std.. – *Defreggerhaus,* 2963 m, Österr. Touristenklub, im Sommer bew., Tel. 04875/61 10, Aufstieg von Hinterbichl/Virgental über die Johannishütte, 5 Std.; günstigster Zugang zum Großvenediger über spaltige Gletscher, 2½ Std.

Talorte: *Matrei* (siehe Tour 24) bzw. Matreier Tauernhaus für Badener Hütte, Alte und Neue Prager Hütte. – *Hinterbichl* bei Prägraten/Virgental für Defreggerhaus. – *Neukirchen am Großvenediger* (siehe Tour 25) für Kürsinger Hütte.

Karten: Österreichische Karte 1 : 50 000, Bl. 152 Matrei Osttirol (für die beschriebene Tour), Bl. 151 Krimml (für das übrige Venedigergebiet); Alpenvereinskarte 1 : 25 000, Nr. 36 Venedigergruppe.

Auf dem Weg zum Felbertauern befindet man sich den gewaltigen Abstürzen der Freiwand gegenüber.

24 Felbertauern heißt nicht nur eine Straße

Der Urweg zwischen Mittersill und Matrei

Felbern sind Weidenbäume, und nach diesem reichlich vorhandenen Gewächs wurden ein Tal und sein hochgelegener Alpenübergang benannt: der Felbertauern (2481 m). Tauern nannte man nicht nur unsere große Gebirgsgruppe, sondern Pässe, Senken, Übergänge in den Ostalpen. Wobei es Tauern, im Sinne von Pässen auch außerhalb des Gebirges Tauern gibt, etwa den Ossiacher Tauern in Kärnten und eine Tauernscharte nebst Tauernkogel im Tennengebirge. Seit alters gingen Mensch und Vieh unter unsäglichen Strapazen über das Gebirge, um Waren aus einem Tal ins andere zu schaffen. Die Lastträger nannte man Säumer (auch »Samer«). Gesäumt wurde mancherlei, etwa der begehrte Wein (der oft bei den sogenannten »Weinbrunnen« getauft, d. h. mit Wasser versetzt wurde) und Salz.

Der Felbertauern tritt erstmals 1296 in das Licht der Geschichte. 1635 kannte G. Blaeuw in seinem Novus Atlas I, Amsterdam, schon mehrere Tauernpässe: »Der bergen ist dieses Land allenthalben voll vnd sonderlich der rauhen vnd hohen Güpfeln, welche die Inwohner in gemein *Thaurn* mit ihren vnterschiedlichen vnd besondern Namen aber den Rastatterthaurn, Feldbergthaurn (= Felbertauern), Kornthaurn, Casteinerthaurn zc nennen, die denn von wegen der grossen höhe dermassen kalt sind, daß alle die jenige, so auch im höchsten Sommer darüber reisen, vber kälte klagen...« G. Blaeuw wußte schon von »Güppfeln«, doch hatten damals nur die Übergänge Bedeutung, der Berg als solcher nicht. Er war kein Freizeitziel wie heute, sondern Alltag für Bauern, Jäger und Säumer. Aber auch Handwerker wanderten über den Felbertauern, vom ärmeren (heutigen) Osttirol in die mehr versprechende Salzburger Gegend. Die gütige Wirtin des riesigen Bräurup-Gasthofs zu Mittersill verpflegte die Hungerleider kostenlos. Kamen sie aber mit Geld zurück, mußten sie ihre Schulden bezahlen. Bekannt waren die großen Viehtriebe über den Felbertauern, mit schrecklichen Katastrophen. So erfroren am 28. 5. 1878 vier Treiber und 100 Rinder im Schneesturm.

Für diesen bedeutenden Tauern gab es nicht weniger als drei Tauernhäuser, deren Wirte gegen eine »Tauernprovision« bis in unsere Zeit hinein die Steige erhalten mußten. Diese Unterkünfte lagen viel zu tief – das Matreier Tauernhaus im Süden war mit 1500 Meter Seehöhe das höchste! Erst 1922 wurde mit der St. Pöltener Hütte eine Unterkunft auf der Höhe des Felbertauern geschaffen, an einer damals besonders für hochalpine Bergsteiger strategischen Stelle: zwischen dem St. Pöltener Ostweg, der schwierigsten Etappe des Tauernhöhenweges, und dem St. Pöltener Westweg.

Unserer Zeit blieb es vorbehalten, dort den großen Verkehrsweg durch das Gebirge zu schaffen. Schon im vorigen Jahrhundert war eine Bahnverbindung zwischen Kitzbühel und Lienz geplant, ab 1920 gab es Pläne einer Straße über den Felbertauern, doch erst 1967 wurde nach 6jähriger Bauzeit, mehr auf Osttiroler Initiative hin, die Felbertauern-Mautstraße zwischen Mittersill und Matrei eröffnet, ohne Kehren und mit dem 5281 Meter langen Felbertauerntunnel in 1630 Meter Höhe. Sie brachte nicht nur die langersehnte Nord–Südverbindung zur Adria, sondern auch den Bergen neuen Zuzug und die »Hauptstädte« dieses Tauernteils, Mittersill und Matrei, kamen zu neuer Blüte. In 21 Jahren haben etwa 20 Millionen Fahrzeuge den Felbertauern-Tunnel durchfahren! In einem eigenen Stollen erreicht auch die Transalpine Ölleitung zwischen Triest und Ingolstadt nahe dem Autotunnel ihren »Gipfel« (1550 m).

Die Landschaft um den Felbertauern zeigt die zwei Gesichter eines Januskopfs: an der Südseite relativ weiche Formen und günstigeres Bergwetter, an der Nordseite herrscht die Unwirtlichkeit bei hohen Bergen mit gewaltigen Wänden. Als ich 1951, nach dem schrecklichen Lawinenwinter mit seinen vielen Opfern in den Alpen, erstmals durch Felber- und Amertal wanderte, war die Wildnis fast abstoßend und auch das Benehmen mancher Bewohner. Als wir bei der Taimeralm um ein Heulager baten, wurden wir mit Drohungen verscheucht. In der nahen Ödalm empfing uns der Senner – er mußte jeden Tag über 1200 Höhenmeter zu seinen Schafen steigen – freundlich, doch er hatte nur einen harten Bretterboden mit Heuresten über dem Ziegenstall anzubieten! Lawinenkegel und zerstörte Brükken lagen damals (im August!) allseits herum. Und gerade bei der Ödalm befindet sich nun das Nordportal der Felbertauern-Straße, und bei der Taimeralm werben nun andere Leute mit Speck, Kaffee und Kuchen um Gäste. Innerhalb von nur 15 Jahren hat sich die Welt dort völlig verändert. Die Lawinengefahr

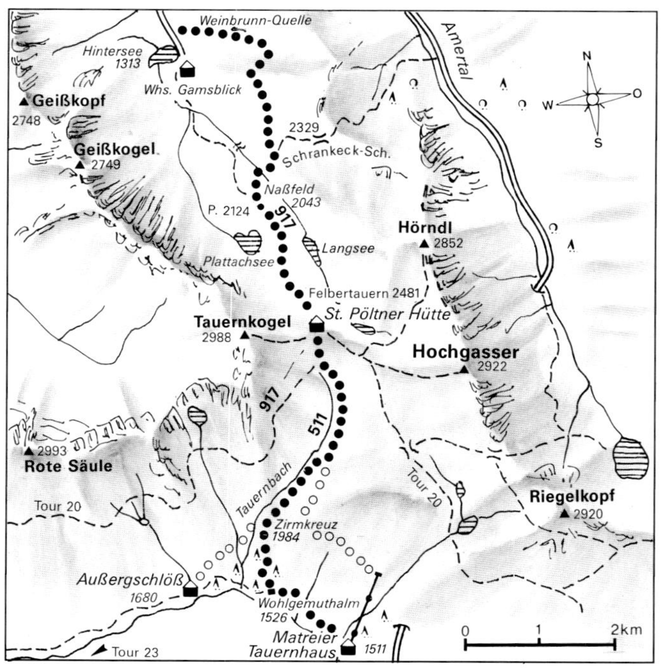

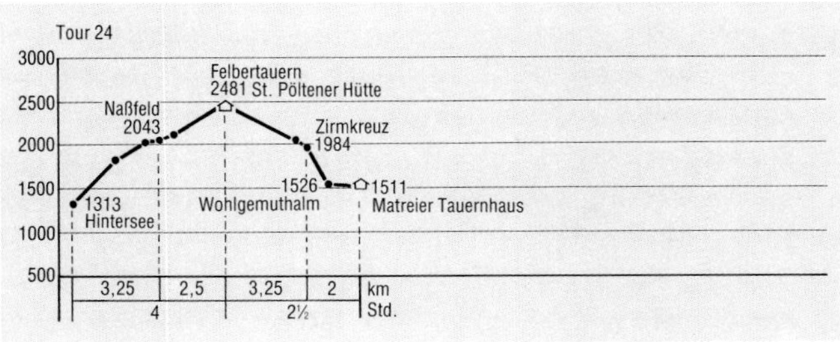

im engen Amertal ist durch Überdachungen und Galerien der Straße gebannt.

Das früher weltabgeschiedene Felbertal ist durch die gute Zufahrt zu einer kleinen Attraktion geworden, vor allem wegen des romantisch gelegenen Hintersees. Von dort wollen wir unsere Bergtour auf dem Urweg über den Felbertauern antreten!

Etwa 6 Kilomter südlich von Mittersill zweigt in der einzigen großen Kurve der *Felbertauern-Straße,* gleich nach einer Galerie, das staubfreie Stichstraßerl ins Felbertal nach *Hintersee* (3–4 km, 1313 m, Bushaltestelle) ab. Hier beginnt die Wildnis nahe der vielbefahrenen Straße. Die Ausläufer des Hörndl schieben sich wie ein Riesenkeil zwischen Felber- und Amertal. Die kargen Almen liegen über Abstürzen. Das Felbertal ist ein Tal des Wassers und der Wände, die am Hohen Herd an die tausend Meter messen. Über Fallstufen und in Klammen rauschen die Bäche. Die Pembachklamm, die Schößwendklamm mit ihren Strudeltöpfen im Grüngestein und der Hintersee, der vor 500 Jahren durch einen Bergsturz aufgestaut worden ist, sind »Naturdenkmal«. In der Felsrinne Tiefenbachklamm schießt der Bach aus einem Schneetor heraus. An dieser Stelle starb 1987 eine Mutter mit zwei Kindern, die unter der Schneebrücke gespielt hatten, als diese über ihnen zusammenbrach.

Vor dem Ausflugsziel *Hintersee* (1313 m, zu Fuß 1 Std. ab der Felbertauern-Straße) sind Parkplätze und Schautafeln (u. a. für den Nationalpark), und am Südende steht die Jausenstation »Gamsblick«. Beim Nordufer, nahe dem Parkplatz, finden wir Wegweiser und Markierung 917. (Der alte Steig vom Südufer des Sees über den Geißstein ist verfallen und gefährlich!) Längs eines Wildbaches mit Wasserfällen, erst durch Wald, kommen wir enorm steil zur Höhe. Die *Weinbrunn-Quelle* mit Tafel ist willkommene Anregung zu kurzer Rast. Nach der Wald- und Gebüschgrenze wendet sich der Steig unter der »Schneegruben« durch die Schrankleiten (auch »Schank...«). Nach einer weiteren Quelle (1832 m), geht es sanfter, weit ausholend, zu *Punkt 2034* (WT zur kaum begangenen Schrankeck-Scharte, 2332 m). Nach einem kleinen Abstieg wird ein *»Naßfeld«* (2043 m) durchwandert. Solche Flurnamen gibt es oft in den Ostalpen. Die berühmtesten Naßfelder sind eines bei Badgastein (das in »Sportgastein« umgetauft wurde) und eines in den Karnischen Alpen, wofür die Fremdenverkehrs-Umtaufer auch lieber den Namen Sonnenalpe verwenden. »Begleitung« ist uns eine Kraftstrom-Überlandleitung, die bei Nebel sogar Richtung weisen kann. Freie Sicht wäre aber zu wünschen, denn nach dem Aufstieg zu *Punkt 2124* durchschreiten wir einen schönen Hochboden zwischen Plattachsee und Langsee mit vielen kleinen »See-Augen«. Nun weniger steil zur länglichen Mulde des *Felbertauern* (2481 m, 4 Std.), wo meist ein kleines Schneefeld liegt und das Tauernkreuz steht. Etwas oberhalb die *St. Pöltener Hütte.* Der historische Übergang befindet sich südöstlich davon, beim *Weinbichl.* – Ein längerer Aufenthalt zu Touren im Bereich der Schutzhütte ist anzuraten, stehen doch im Umkreis hohe Gipfel, darunter ein Fast-Dreitausender! – Dem St. Pöltener Ostweg und dem Westweg ist ein eigenes Kapitel (20) gewidmet.

Als einfachen Abstieg zum Matreier Tauernhaus bietet sich Pfad Nr. 511 nach Süden an (von dem bei einer Lacke nach rechts der St. Pöltener Westweg, Nr. 917, abzweigt). Wir halten uns längs des Tauernbaches bergab über *Punkt 2027* und das *Zirmkreuz* (1984 m) mit schönem Ausblick in die Venedigergruppe. Auch die Tauernflora vermag beim Steilabstieg abzulenken. Die Überlandleitung ist ein treuer »Begleiter« ins Tal, das nach dem Bach schlicht Tauerntal genannt wird. Beim Zirmkreuz zweigt ein bequemerer Pfad nach Außergschlöß ab (1680 m; Straße zum Matreier Tauernhaus, +1 Std.). Wir haben von der *Wohlgemuthalm* (1526 m) noch 1 Kilometer Straße bis zum *Tauernhaus* (1511 m, 2½ Std.). Lohnend ist auch die Variante zum Sessellift »Venedigerblick« (zwei Abzweigungen von Nr. 511, 1¾ Std. zur Bergstation), Abfahrt mit Lift zum Matreier Tauernhaus (zu Fuß 1 Std.). – Zur Rückkehr zum Ausgangspunkt gibt es planmäßigen Busverkehr der Linie Lienz–Mittersill durch den Felbertauern-Tunnel.

Ob mit oder ohne Gipfeltour haben wir auf dem Urweg über den Felbertauern ein zwar seit einigen Jahren häufiger begangenes, doch immer noch zu wenig bekanntes Berggebiet der Tauern erforscht, mit dem Reiz starker Kontraste zwischen Nord und Süd.

Touristische Angaben

Hintersee–St. Pöltener Hütte sehr anstrengende Bergtour in großartiger alpiner Umgebung und Einsamkeit. Abstieg zum Matreier Tauernhaus weniger aufwendig, die Gegend ist durch Talurlauber und Sessellift-Gäste belebt. Für Schneefelder Pickel mitnehmen!

Beste Jahreszeit: Nicht vor Ende Juli bis Mitte September.

Höhendifferenzen: Fast 1200 m im Aufstieg (ab Busstation Hintersee +300 m!); fast 1000 m im Abstieg, mit Sessellift über 400 m weniger.

Reine Gehzeiten: Mindestens 4 Std. im Aufstieg, 2½ Std. im Abstieg, mit Sessellift 1¾ Std.

Einkehrmöglichkeiten: An der Auffahrt zum Hintersee das Gasthaus Tauernhaus Schößwend (1099 m), Jausenstation Hintersee, St. Pöltener Hütte, Bergstation des Sesselliftes »Venedigerblick«, Matreier Tauernhaus.

Unterkunft: In den Talorten und *St. Pöltener Hütte,* OeAV-S.

Der Tauernkogel ist der Hausberg der St. Pöltener Hütte.

St. Pölten, Tel. (Hütte) 06562/265, bew. Ende Juni bis Mitte Sept.

Talorte: *Mittersill,* 790 m, Hauptort des Oberpinzgaus, an der Straße Zell am See–Krimml–Gerlospaß. Ausgangspunkt der Straße Paß Thurn–Kitzbühel und der Felbertauern-Straße. Busverbindung Kitzbühel–Lienz. Haltestelle der Krimmler Bahn. Großer Urlaubsort. Schloß Mittersill aus dem 16. Jh., berühmte St. Nikolaus-Kirche in Felben, dort auch Heimatmuseum. – *Matrei in Osttirol,* 977 m, großer Urlaubsort, ca. 15 km südlich des Felbertauerntunnels. Der Beiname »in Osttirol« zum Unterschied von Matrei am Brenner in Nordtirol. Straße ins Virgental. Großartige Kirche St. Alban, nördlich des Ortes auf Felsen Schloß Weißenstein aus dem 12. Jh. (privat). Nahe Matrei die berühmte romanische Nikolauskirche, 13. Jh. – Heimatmuseum. – Sitz der Nationalpark-Kommission. Hochgelegene Bauernhöfe, etwa Stein, 1396 m, besonders interessant.

Weitere Tourenvorschläge: Ab St. Pöltener Hütte: lohnende Bergtour auf den *Tauernkogel* (2988 m, markiert, Nr. 523, 1½ Std.), noch leicht, aber sehr steil, Trittsicherheit! Zurück gleiche Route (1 Std.). – *Hochgasser* (2922 m), über den West-

rücken, lohnend, Markierung 513 über den Weinbichl (2525 m, kurzer Abstieg, Sicherungen) zum Alten Tauern (2498 m) und nach Nr. 525 – recht steil – zum Gipfel mit Kreuz und Buch (2 Std.); gleiche Route zurück (1½ Std.). – *Hörndl* (Hohe Fürleg, 2852 m), über den Weinbichl wie zum Hochgasser, doch dann mit Markierung 524 durch das Kar über dem Obersee und den breiten SW-Hang aufwärts, zuletzt am Südgrat zum Gipfel (2 Std.); gleiche Route zurück. – Überaus lohnend zum Abstieg: *Messeling,* drei Seen und Sessellift »Venedigerblick«. Nach Nr. 513 über den Weinbichl und ansteigend zur Messelingscharte (2560 m); der Gipfel Messeling (2693 m) kann von dort, nicht schwierig, nach Markierung erstiegen werden (½ Std.), gleiche Route zurück (¼ Std.); weiter nach Nr. 513 abwärts zu drei Seen, die nach ihrer Farbe benannt sind: Grauer See (2543 m), Schwarzer See (2344 m) und Grüner See (2245 m). Die Grünsee-Hütte der OeAV-S. Matrei ist nicht bewirtschaftet. Genau unter dem Schwarzsee führt im Inneren des Berges der Straßentunnel. Am Westende des Grünen Sees WT. Nach Nr. 512 zur Bergstation des Sesselliftes »Venedigerblick« (1982 m, ca. 3 Std.) Talfahrt oder Steilabstieg zum Matreier Tauernhaus (1 Std.).
Der ab Matreier Tauernhaus erreichbare Gletscherweg Innergschlöß ist bei Tour 23 erwähnt. – Verbindung mit Tour 20 gegeben.
Karte: Österreichische Karte 1:50000, Bl. 152 Matrei in Osttirol.

25 Wo man den »Blauen Montag« erfunden hat

Die Oberpinzgauer Seite der Hohen Tauern

Die Hohen Tauern dachen nach Norden, gegen das Salzachtal, im Ober- und Unterpinzgau mit sehr beachtlichen Ausläufern ab. Der ungestüme Bergfluß Salzach entspringt in den benachbarten Kitzbüheler Alpen und durchbraust auf seinem langen Weg zum Inn erst einmal den Oberpinzgau, wesentlich verstärkt durch die wilden Bäche der Hohen Tauern, die sicherlich ihren Anteil an dem oftmaligen Hochwasser des Flusses haben, das manchmal sogar die Stadt Salzburg bedroht.
Das bezaubernde Salzburger Bergland kulminiert im Oberen Pinzgau in Hochgipfeln wie dem Großvenediger und einer ganzen Reihe weiterer ansehnlicher Dreitausender. Zum Teil sind sie recht bekannt, wie der Große Geiger, die Dreiherrnspitze, die Schlieferspitze oder der Larmkogel. Aber wer kennt in den Seitenkämmen die noch über dreitausend Meter hoch aufragenden Köpfe und Kogeln – Vorderkopf, Weiglkarkopf, Unlaßkarkopf, Foiskarkogel, Käferfeldeck und Jaidbachspitze, den herrlichen Plattigen Habach oder die Gamsmutter? Chronischer Mangel an Schutzhütten hat die Einsamen zwar nicht vor einer Ersteigung, wohl aber vor Überlaufenheit bewahrt. Wer da Aufgaben in den Alpen sucht, könnte in den scharfgratigen Bergzügen nicht nur für sein Tourenbuch fündig werden – sie sind auch sehr reich an Mineralien.
Die bedeutenden Urlaubsorte im Pinzgau zwischen Zell am See und Krimml haben seit langem ihren guten Ruf. Genannt werden aber muß dazu die fast schon legendäre Gestalt des großen Bergsteigers, Bergführers, Skifahrers und Schriftstellers Oskar Kühlken, der nicht nur 60 Viertausender erstieg und 75 Filme drehte, sondern auch den Fremdenverkehrsregionen Saalbach und Oberpinzgau zum Start verholfen hat. Er verfaßte neben anderen Werken, wie dem Glocknerbuch, auch das Venedigerbuch, ein Heimatbuch des Pinzgaus. Darin berichtet er

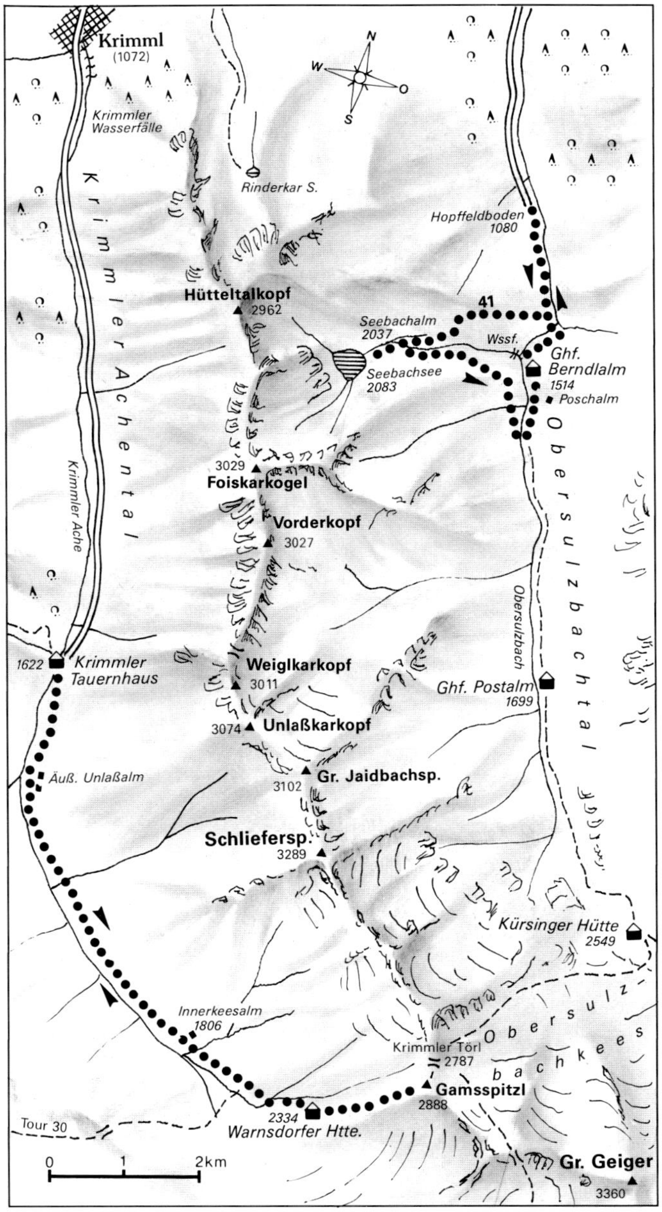

Am Larmkogel ist man dem Großvenediger schon sehr nahe.

unter anderem auch von den Krimmlern, denen man früher besondere Lebenslust nachsagte – sie sollen sogar den »Blauen Montag« erfunden haben!

Der Oberpinzgau zeigt zwei völlig verschiedene Talseiten und Gebirge: südlich die berggewaltigen Hohen Tauern, nördlich die wiesensanften Kitzbüheler Alpen. Aus diesem Zauber der Gegensätze »lebt« das Bild der Landschaft: vom »Pinzgauer Spaziergang« an der Nordseite schaut man auf Hunderte gleißender Tauerngipfel – und steht man auf einem der eisigen Venedigerberge, so können die Augen auf grünen Almen rasten. Drei der sieben großen Oberpinzgauer Seitentäler, das Obersulzbachtal, das Stubachtal und das Felbertauerntal, wurden bei den Touren 19, 20 und 23 erwähnt. Hier wird vom Hollersbachtal, Habachtal, Untersulzbachtal und vom Krimmler Achental erzählt.

Blickfang beim Abstieg vom Larmkogel zur Fürther Hütte ist der große Kratzenbergsee.

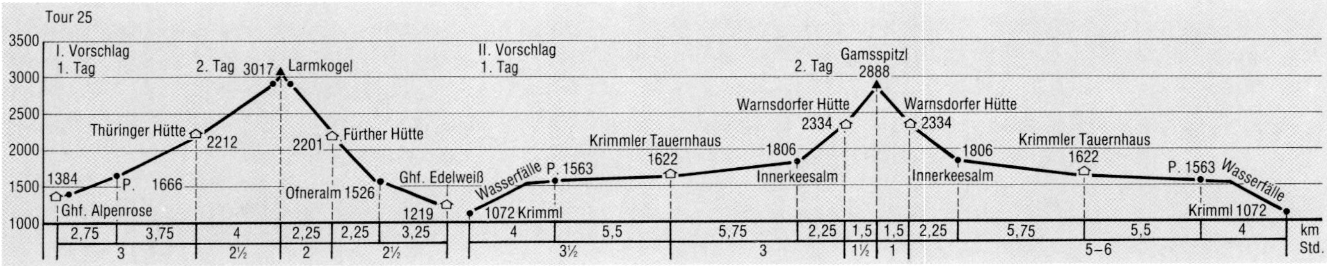

I. Vorschlag: Zwischen Hollersbachtal und Habachtal. Die verheerenden Hochwasser des Hollersbaches sind ein halbes Jahrtausend lang überliefert. Die hohen Zacken des Gebirges geben aber auch Schätze her.

Nachdem vor einigen Jahrzehnten ein wahres Edelsteinfieber im Habachtal ausgebrochen war, sucht man noch immer nach dem begehrten »Habacher«, dem Tauern-Smaragd. Zwischen beiden Tälern erhebt sich der leicht zugängliche Dreitausender Larmkogel, den man bei einer Überschreitung zwischen zwei Schutzhütten »mitnehmen« kann.

Günstig ist die Zufahrt von *Bramberg* ins Habachtal (Taxi Moschen) bis zum *Gasthof Alpenrose* (1384 m). Weiter auf Fahrweg, Markierung 918, zur *Moaralm* (1410 m). Dort befinden sich, hoch oben, die alten »Smaragdstollen«. Das Tal ist von Felswänden eingeengt. Über eine solche Stufe führt ein erneuerter Viehsteig, der »Noitroi«, markiert und gesichert, für ausgesprochene Klimmer. Relativ bequemer sind die vielen Kehren des 918ers, an einigen Wasserfällen vorüber, zur *Thüringer Hütte* (2212 m, 3 Std.). Es ist eine Neue Thüringer Hütte, nachdem die alte Lawinen zum Opfer gefallen war. Die von Gletschern und Dreitausendern (Hohe Fürleg, 3243 m) beherrschten Kare bieten einen großartigen Anblick.

Nach Übernachtung bringt uns steiles Steigen auf einem Geröllpfad (Nr. 918) durch Blockwerk in die *Larmkogelscharte* (2933 m; Smaragde findet man unterwegs nicht, doch gibt es auch andere seltene Mineralien im Gebiet). Von der Scharte an der Ostseite des Larmkogels auf Steiglein zum *Larmkogel-Gipfel* (3017 m, +2½ Std.). Zur Scharte zurück und jenseits, auf ähnlichem Pfad wie an der Westseite, östlich hinab zur *Fürther Hütte* (2201 m, +2 Std.). Unterwegs schöner Anblick des Kratzenbergsees. Ein anderer Zugang zur Fürther Hütte ist der »Fürther Weg« über das Sandebentörl von der Alten Prager Hütte oder der St. Pöltener Hütte (je ca. 4 Std., siehe Tour 20). Abstieg von der Fürther Hütte auf dem normalen Hüttensteig. Nr. 916 über einen Steilhang neben dem Wasserfall des Seebaches zur Talstation der Materialseilbahn (Ofneralm) und das flache, teils versumpfte Tal hinaus zum *Gasthof Edelweiß* (1219 m, +2½ Std.), wo der Bach durch eine Klamm tost. Ab hier allgemein befahrbare Straße nach *Hollersbach* (806 m, zu Fuß 2½ Std.), kleiner Stausee am Talausgang.

II. Vorschlag: Krimmler Fälle und Warnsdorfer Hütte. Das seit alters bekannte Urlaubsdorf Krimml könnte allein schon als bester Ausgangsort für drei große Alpengruppen bestehen. Berühmt gemacht haben es aber die Krimmler Wasserfälle, mit 380 Meter die höchsten der Alpen. Die jährlichen Besucherzahlen übersteigen bereits die halbe Million! Die »österreichischen Niagara-Fälle« sind dem Zugriff der Elektrizitätswirtschaft entzogen, sie stehen unter gesamt-europäischem Naturschutz.

Bei der ausgedehnten Bergwanderung durch das Krimmler Achental zur Warnsdorfer Hütte sollte man eine Übernachtung einplanen. Von Krimml (1072 m) nach Markierung 37 zum Fuß der Fälle und auf dem markierten Wasserfallweg Nr. 40 bergan, wo man von Aussichtskanzeln die drei Fallstufen gut einsehen kann. Der oberste Fall, hundert Meter frei durch die Luft, ist der schönste. Weiter auf dem flachen Fahrweg entlang der eiligen Ache, vorbei an den von Südtirol her bewirtschafteten Almen (siehe Tour 30) zum *Krimmler Tauernhaus* (1622 m, 3½ Std., dorthin auch Taxiverkehr ab Krimml; Gepäck wird zur Warnsdorfer Hütte befördert, Weiterfahrt bis Innerkeesalm möglich).

Die »Taferne in der Ahen« ist urkundlich seit 1400 nachgewiesen, sie hatte größte Bedeutung für den Saumverkehr über den Krimmler Tauern (Wein, Salz, Schnaps). Der Tauernwirt bekam Getreide für die Instandhaltung der Steige und Verköstigung Mittelloser und mußte auch die Opfer der Berge zum christlichen Begräbnis nach Krimml bringen. – Man sollte sich in dem stimmungsvollen, uralten Haus gut umsehen!

Der Weiterweg Nr. 502, 519 führt noch an Almen vorbei. Bei der *Innerkeesalm* (1806 m) hat man das Krimmler Kees mit der berühmten Nordwand der Dreiherrnspitze in voller Entfaltung vor sich. Oskar Kühlken meint richtig, daß es »in den Ostalpen keinen Eissturz von gleicher Dynamik« gibt! Nun steilerer Pfad zur *Warnsdorfer Hütte* (2334 m, +3 Std.). Das nahe *Gamsspitzl* (2888 m, markierter AV-Steig, 1½ Std., Abstieg 1 Std.) sollte man sich nicht entgehen lassen. In der Nähe das Krimmler Törl (2787 m) am Obersulzbachkees, spaltiger Gletscher-Übergang zur Kürsinger Hütte. Alle weiteren Bergtouren im Gebiet verlangen Eisgehen und/oder Kletterei. – *Rückweg* wie Herweg (Warnsdorfer Hütte–Krimml 5–6 Std.). Am Westende des großen Gebirges haben wir die wildeste Eispracht der Hohen Tauern von »noch normalen« Steigen aus geschaut!

Der große Gletscherrahmen der Thüringer Hütte mit Habachkees, Hoher Fürleg und Großvenediger.

Touristische Angaben

I. Vorschlag: Hüttentour, mit leichter Ersteigung eines Dreitausenders; *II. Vorschlag:* Bergwanderung zu einer Hütte; Gamsspitzl kleine Bergtour.

Beste Jahreszeit: Alle nicht vor Mitte Juli bis Mitte September.

Höhendifferenzen: *I. Vorschlag:* 1. Tag, 850 m im Aufstieg; 2. Tag, fast 800 m im Aufstieg und im Abstieg zur Fürther Hütte +1400 m im Abstieg nach Hollersbach. – *II. Vorschlag:* über 1250 m im Auf- und Abstieg.

Reine Gehzeit: *I. Vorschlag:* 1. Tag, 3 Std. im Aufstieg: 2. Tag, 2½ Std. im Aufstieg, 2 Std. im Abstieg zur Fürther Hütte +5 Std. nach Hollersbach. – *II. Vorschlag:* 6½ Std. im Aufstieg (+1½ zum Gamsspitzl) 5–6 Std. im Abstieg, +1 Std. vom Gamsspitzl.

Einkehrmöglichkeiten: *I. Vorschlag:* Thüringer Hütte, Fürther Hütte, Gasthof Alpenrose und Gasthof Edelweiß. – *II. Vorschlag:* Krimmler Tauernhaus, Warnsdorfer Hütte.

Unterkunft: *Neue Thüringer Hütte,* 2212 m, DAV-S. Oberkochen, Tel. (Hütte) 06566/555, bew. Anf. Juli bis Mitte Sept. – *Neue Fürther Hütte,* 2201 m DAV-S. Fürth Tel. (Hütte) 06562/34699, bew. Ende Juni bis Mitte Sept., Zugang von Hollersbach 3½ bis 5½ Std., je nach Zufahrt. – *Krimmler Tauernhaus,* 1622 m, bew. Mitte März bis Mitte Okt., Tel. 06564/227 oder 313. – *Warnsdorfer Hütte,* 2334 m, bew. Mitte Juni bis Ende Sept., Tel. (Hütte) 06564/8241, Materialseilbahn ab Innerkeesalm.

Talorte: *Zell am See,* 750 m, berühmter Fremdenort an der Bahnstrecke Salzburg–Innsbruck und Salzachtal–Saalachtal-Straße. Lokalbahn Zell am See–Krimml, ebenso Busverbindung durch den Oberpinzgau. – *Hollersbach,* 806 m, Bergsteigerschule, Nationalparkhaus, Kräutergarten von Yves Rocher. –

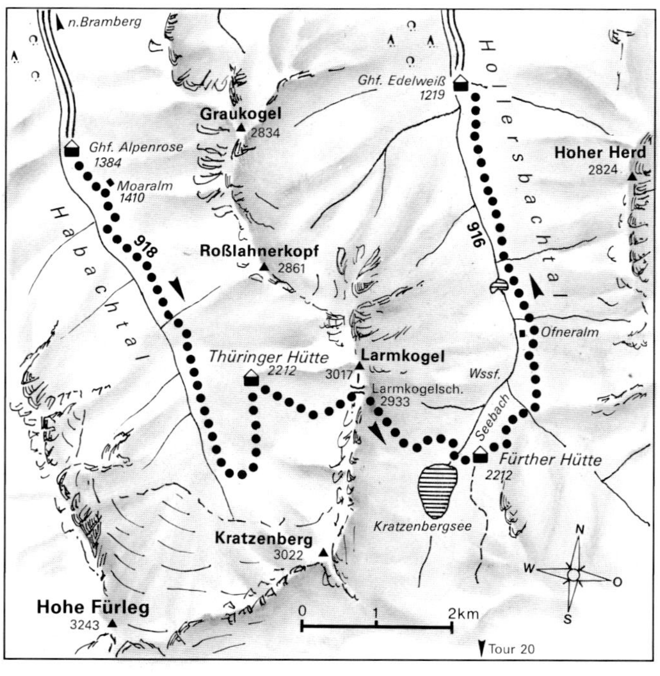

Bramberg am Wildkogel, 819 m, Heimatmuseum, in der Kirche berühmte Steinguß-Pietà. – *Neukirchen am Großvenediger,* 850 m, in der Kirche kostbare Südtiroler Madonna. – *Wald im Pinzgau,* 885 m, Name nach großen Wäldern, die im 19. Jahrhundert (140 Arbeiter 2 Jahre lang!) abgeholzt wurden. – *Krimml,* 1072 m, Bergsteigerschule, Straße zum Gerlospaß. – Weitere Orte wurden bei den Touren 18, 19, 24 genannt.

Weitere Tourenvorschläge: *Untersulzbachtal,* weniger begangen, das einzige Pinzgauer Tal, das einen Blick zum Großvenediger freigibt. Von Neukirchen (850 m) nach Markierung am Sulzbachfall und an ehemaligen Stätten des Bergbaues vorbei zur Jausenstation *Stockeralm* (1265 m), hin und zurück Halbtagstour.

Karte: Österreichische Karte 1: 50000, Bl. 151 Krimml und Bl. 152 Matrei in Osttirol.

26 Über beide und andere Seiten des Virgentales

Zu neuen und alten Schutzhütten der Hohen Tauern

Bis vor etwa zehn Jahren war das Virgental in Osttirol keine Hochburg des Fremdenverkehrs. Alpinisten kamen in die Talorte, meist um weiterzustreben – auf hohe Eisgipfel der Venedigergruppe, Kurs Nord. Essener Hütte, Defreggerhaus, Clarahütte, Johannishütte und Bonn-Matreier-Hütte waren die alten Stützpunkte im Gebirge. Die Südseite des Virgentales (das man »Firgen« und nicht »Wirgen« ausspricht!) hatte weder Schutzhütten noch alpinistischen Ruf. Daß 1929 im Virgental der erste deutschsprachige Tonfilm »Der unsterbliche Lump« gedreht wurde, hat sich nicht besonders auf den Fremdenverkehr ausgewirkt.

Bei meinem ersten Besuch, 1955, gab es in den Talorten schon Gasthöfe und Urlauber. Zehn Jahre später hatten sich im Tal einige Quartiere mehr aufgetan, die »Hüttenlage« war unverändert. Ab 1980 aber traten tiefgreifende Änderungen ein – das Tauziehen um den Osttiroler Anteil des Nationalparks Hohe Tauern hatte eingesetzt (der bis heute, 1988, noch Projekt ist). Um die Umbalfälle der Isel, die bekanntlich einem Kraftwerk zum Opfer fallen sollen, wird gekämpft; ein Gletscherskigebiet in der gefährlichen Eisregion der Venedigergruppe – auf Grund und Boden des Alpenvereins! – war noch verhindert worden, und der Alpenverein hatte aus allen diesen Gründen eine Art Patronat über das Tal auf sich genommen. »Sanfter Tourismus«, d. h. naturnaher Tourismus, der die Umwelt nicht zerstört und die sozialen Verhältnisse nicht zerrüttet, hieß die Parole. Der Österreichische und der Deutsche Alpenverein mit ihren zusammen rund 650000 Mitgliedern empfahlen diesen das Virgental als erstrangiges, nicht technisiertes Erholungsgebiet (ohne Lifte, Hotelkästen und große Parkplätze). Der Erfolg war eine wesentliche Steigerung des Fremdenverkehrs der Region, besonders in der Vor- und Nachsaison. Für diese Bestrebungen, die von der im nahen Matrei seit 1975 ansässigen Nationalpark-Kommission als Nationalpark-Modell Virgental gefördert werden, wurden zwischen 1978 und 1985 10,5 Millionen Schillinge aufgewendet, unter anderem für die Aktivierung der Landwirtschaft am Berg, zur Wanderwege-Sanierung, Erhaltung bäuerlicher Kulturdenkmäler, Landschaftspflege und für touristische Infrastrukturen. 1976 wurde der nun vielbegangene Wasserschaupfad Umbalfälle eröffnet.

Die Einheimischen aber wahrten ihre Chancen auch auf einem anderen Sektor und errichteten flugs einige private Schutzhütten. Neue Hütten sind ja selten geworden in den Alpen, der Deutsche Alpenverein ist sogar strikt gegen neuen Hüttenbau. Beispielgebend war der Bauer Friedl Kratzer aus Prägraten, der mit der *Sajathütte,* einem auch architektonisch sehenswerten Bauwerk, geradezu Aufsehen erregte. Der Sajatkessel mit sei-

Zu beiden Seiten des Virgentales: Zupalseehütte mit Eichhamgruppe und Galtenkopfkamm.

Die berühmte Wallfahrtskirche von Obermauern bei Virgen. Blick zum Bergerkogel.

nen schwierigen Dreitausendern war durch die übersteilen Bergwiesen, welche ehedem mit Steigeisen an den Füßen gemäht werden mußten, eher unbekannt. Kratzer baute selbst mit Hand einen halbmeterbreiten Steig. Das Ergebnis – eine touristische Neuschöpfung in allen Belangen! Gleiches kann man von der hübschen, sehr wichtigen *Eisseehütte* im Timmeltal sagen, die einen vorher kaum begangenen Dreitausender, die Weißspitze, sozusagen unters Volk brachte. Auch die Zopetspitze und weitere Dreitausender kamen mit dem neu geschaffenen Übergang zur Johannishütte in Mode. Gasthäuser »sprossen« hervor, so die recht brauchbare *Niljochhütte* am Hüttensteig zur Bonn-Matreier-Hütte. Und ein vorausblickender Wirt aus Virgen ließ die *Wetterkreuzhütte* und die *Zupalseehütte* in einem ehemals von Touristen gemiedenen Gebiet errichten. Damit wurde eine gute Überleitung zur bald danach erbauten *Lasörlinghütte* geschaffen, die nun endlich auch diesen einsamen Dreitausender erschließt. Zahlreiche Markierungen, nicht immer nötig, wurden auch auf hohe, steile Gipfel gelegt, wo früher höchstens Schafe weideten.

Der »sanfte Tourismus« wirkt sich nicht in allem so aus, daß man ihm unkritisch gegenüberstehen könnte. So verleugnen manche Virgentaler bereits ihren heimischen Dialekt und passen sich den Gästen zu sehr an. Bedenklich stimmt auch, daß Urlauber schon im Juni ins Hochgebirge streben, um dann bestenfalls im lahnigen Schnee stecken zu bleiben und umzudrehen. Bergfremde werden zu ungewohnten Anstrengungen animiert. Und sicher ist es ein Unding, eine Jausenstation in einem lawinengefährdeten Gebiet vorzeitig zu öffnen, nur weil schon Gäste im Tal sind. So geschehen bei der Pebellalm, an welcher der Steig zu den Umbalfällen beginnt! Als die Lawine niederging und die Häuser zerstörte, waren zum Glück gerade keine Menschen in der Nähe!

Die Urlaubs-Möglichkeiten haben sich in den letzten Jahrzehnten geändert und gesteigert, die ewigen Gefahren der Berge sind aber gleich geblieben – und nur der Mensch kann sein Verhalten den Gesetzen der Gebirge anpassen, niemals wird es umgekehrt sein! Mit diesem Wissen ausgestattet und auch sonst gut ausgerüstet, besuchen wir nun die neuen und alten Hütten und Gipfel zu beiden Seiten des Virgentales.

I. Südlich des Virgentales

1. Rundwanderung Zunigsee, Großer Zunig: Mit Pkw von *Matrei* zum *Gasthaus Lukasser* (1200 m, evtl. Weiterfahrt bis ca. 1500 m möglich) und nach Markierung, Fahrweg, zur *Zunig-*

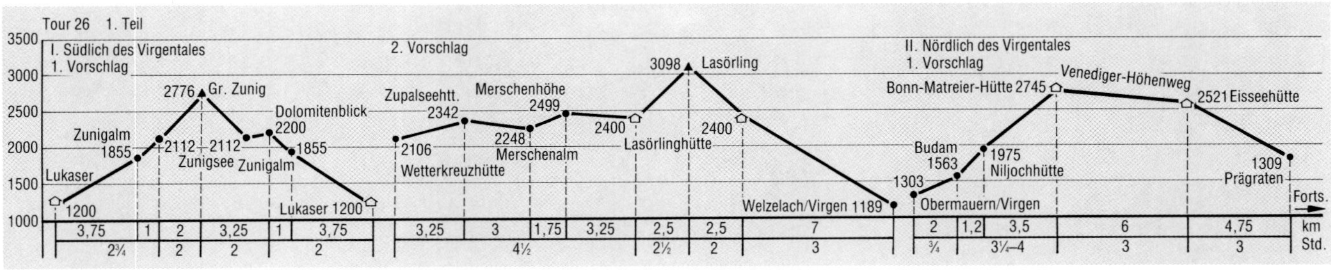

alm (1855 m, Jausenstation, 2 Std.). Weiter zum *Zunigsee* (2112 m, +¾ Std.). Dort Abzweigung der Nr. 317 zum *Großen Zunig* (2776 m, 2 Std.); über die Zunigscharte, sehr steile Schrofen, Trittsicherheit nötig, drei Felsgipfel, Pracht-Aussicht! Walter Mair, bekannt durch seine Osttirol-Bücher, nannte den Berg »Wachtturm des Landes«. – Abstieg zum See (1½ Std.). – Wir folgen dem Pfad vom See nach Osten (Wegtafel) zum *»Dolomitenblick«* (+½ Std.). Abstieg über die *Zunigalm* zum *Lukasser* (+2 Std.). – Die Tour kann mit der Besichtigung der berühmten romanischen St.-Nikolaus-Kirche oberhalb Matrei, Zufahrt, verbunden werden.

2. Wetterkreuzhütte, Zupalseehütte, Lasörlinghütte, Lasörling: Der Wirt der Wetterkreuzhütte, Besitzer des Gasthauses Rabenstein oberhalb Virgen, unterhält zum *First* (2106 m), dem Standort seiner *Wetterkreuzhütte,* einen Taxidienst. Nach Markierung 316 kommen wir über die *Höllerhöhe* (2185 m, Gipfel »Am Legerle«, 2527 m, von hier aus leicht ersteigbar) zur *Zupalseehütte* (2342 m) mit kleinem See; weiter, den Ausläufer des Donnersteins »Die Grifte« querend und zum See »Im Grachten«, durch das wasserreiche Kar »Steinkas« zur *Merschenhöhe* (2499 m), jenseits bergab und bergauf zur *Lasörlinghütte* (2400 m) im Glauritkar (ca. 4½ Std.). Der sechseckige, geräumige, holzverschindelte Bau wurde von einem Ehepaar aus Virgen geschaffen.

Zum *Lasörling*: Durch das Glaurit (Name aus der Bergbauzeit) neben einem Bach, Markierung und ein angedeutetes Steigl empor, gegen die SW-Flanke des zweigipfeligen felsigen Berges. In sehr steilem Blockhang sodann mühsam aufwärts zur Senke zwischen den Gipfeln, von denen fast nur die Nordwesterhebung erstiegen wird. Nach links über Blöcke zum Kreuz (3098 m, 2½ Std. Der SO-Gipfel, 3055 m, verlangt Kletterei, II). Abstieg nach derselben Route zur Hütte (2 Std.) und durch das Mullitztal, Nr. 315, nach *Welzelach* bei Virgen (1189 m, 3 Std.), Straße nach *Virgen* (2 km).

II. Nördlich des Virgentales

1. Bonn-Matreier-Hütte und »Venediger-Höhenweg«: In *Virgen-Obermauern* (1303 m), Straße von Virgen, berühmte spätgotische Kirche mit Freskenzyklus (liegt am Weg!). Die Zufahrt bis zum *Budamerhof* (1563 m) erspart ca. ¾ Stunden. Nach Markierung 922 gelangt man zuerst zur *Niljochhütte* (1975 m, Gasthaus), dann durch das Große Niltal steil und anstrengend zur *Bonn-Matreier-Hütte* (2745 m, +3½ bis 4 Std.). Das stattliche Haus liegt mit Fernblick am Fuße wilder Felsgipfel. (Zwei leichte, lohnende 3000er sind Rauhkopf, 3070 m, mark., 1 Std., und Säulspitze, 3209 m, mark., 1½ Std.) Wir nehmen den *»Venediger-Höhenweg«;* schmaler, anstrengender, auf- und absteigender Pfad, Mark. 923, zur *Eisseehütte* (2521 m, 3 Std.).

Abstieg von der Eisseehütte durch das Timmeltal nach *Prägraten* (3 Std.; evtl. mit einem Besuch der Sajathütte auf dem Prägrater Höhenweg, ca. 3 Std., je 700 m Ab- und Aufstieg, zu verbinden).

2. Über die Essener-Rostocker-Hütte zur Johannishütte. Vielbegangener Höhensteig. Von *Hinterbichl* (1329 m) bei Prägraten über *Ströden* (1403 m), vorbei an einer Jausenstation durch das einförmige Maurertal, stetig bergan zum geräumigen Komplex *Essener-Rostocker-Hütte* (2207 m, 2½ Std.). Hüttenberg ist das Rostock Eck (2749 m). Die Schutzhütte ist eine hervorragende Ausgangsbasis für zahlreiche hochalpine Sommer- und Skitouren über spaltige Gletscher, etwa Simonyspitzen (3488 m) und Dreiherrnspitze (3499 m). Wir steigen weiter auf zum *Türmljoch* (2790 m, markiert, +2 Std.) und jenseits hinab zur *Johannishütte* (erbaut 1857, 2116 m, +1½ Std.). Ab dort Aufstieg

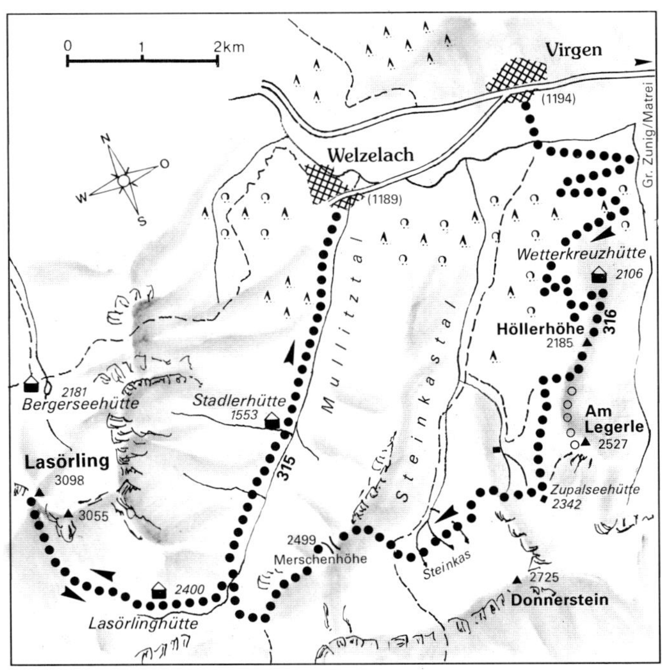

Vom Bergersee am Fuß des Lasörlings zeigen sich die schroffen Dreitausender am Venediger-Höhenweg.

zum Defreggerhaus (2962 m, 2½ Std.) möglich, bester Ausgangspunkt für die Gletschertour zum Großvenediger. Auf der Fahrstraße durch das Dorfertal haben wir einen unbeschwerlichen Abstieg nach *Hinterbichl* (2 Std., unterwegs Serpentin-Steinbruch). Dieser Straßenbau zeigt die Problematik einer Aufschließung für das geplant gewesene Venediger-Großlift-Projekt: Lawinengänge und Bergstürze vom zerklüfteten Grat der Schlüsselspitze!

Der Wasserschaupfad Umbalfälle und die Clarahütte erscheinen bei Tour 27.

Touristische Angaben

Alle angegebenen Touren sind – bis auf den Lasörling und einige der weiteren hochalpinen Ziele – noch leicht, teilweise gut begangen und durch Hütten erschlossen, aber zumeist anstrengend. Zu berücksichtigen ist, daß man sich in hohem Berggelände oft zwischen 2500 und 3000 Meter bewegt.

Beste Jahreszeit: Zunig Mitte Juli bis Ende Sept. alles andere Ende Juli bis Mitte September.

Höhendifferenzen: I. Südlich des Virgentales: *1. Vorschlag,* Lukasser bis Zunigsee, 900 m im Auf- und Abstieg; *2. Vorschlag,* Wetterkreuz-Lasörlinghütte, ca. 500–600 m, mit Höhenverlusten, im Aufstieg; Lasörling, 700 m im Auf- und Abstieg; Abstieg nach Welzelach 1300 m.

II. Nördlich des Virgentales: *1. Vorschlag,* Obermauern–Bonn-Matreier-Hütte 1150 m bis 1450 m im Auf- und Abstieg; Venediger-Höhenweg ca. 400 m im Auf- und Abstieg; nach Prägraten von der Eisseehütte 1200 m im Abstieg; *2. Vorschlag,* Essener-Rostocker-Hütte–Johannishütte, 1400 m im Auf- und Abstieg.

Der Lasörling vom Wetterkreuz über Virgen.

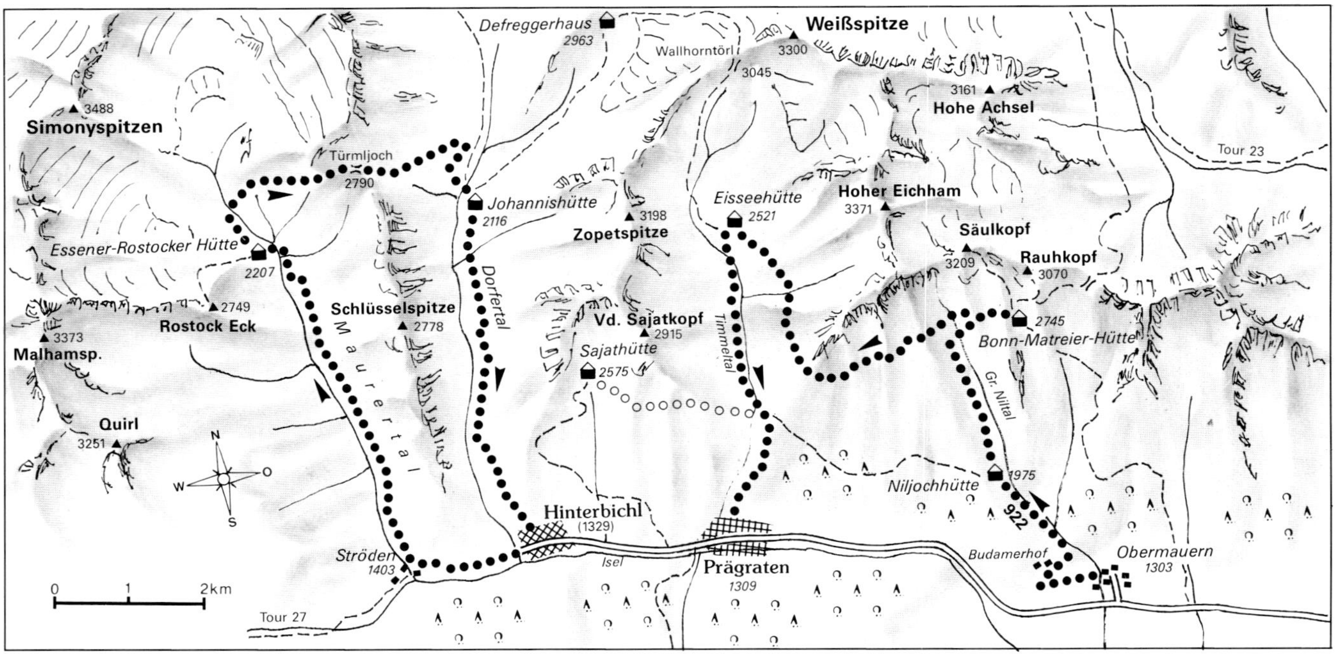

Reine Gehzeiten: I.: 1., Lukasser bis Zunigsee, 2¾ Std. im Aufstieg, 2 Std. im Abstieg; 2., Wetterkreuzhütte–Lasörlinghütte im Aufstieg 4½ Std., Lasörling 2½ Std. im Auf-, 2 Std. im Abstieg; nach Welzelach 3 Std. im Abstieg.

II. 1., Obermauern (Budamerhof)–Bonn-Matreier-Hütte je nach Zufahrt 3 bis 4½ Std. im Aufstieg, 2½ bis 3½ Std. im Abstieg; Venediger-Höhenweg 3½ Std. im Auf-, 3 Std. im Abstieg; 2., Essener-Rostocker-Hütte–Johannishütte, 4½ Std. im Auf-, 3½ Std. im Abstieg bis Hinterbichl.

Einkehrmöglichkeiten: Alle genannten bewirtschafteten Hütten, Gasthäuser und Jausenstationen, siehe Unterkünfte.

Unterkunft: *Wetterkreuzhütte,* 2106 m, Sommerwirtschaft, Touristenbetten, Zufahrt, siehe Text. – *Lasörlinghütte,* 2400 m, privat, AV-Ermäßigung, bew. Ende Mai bis Anf. Okt., Tel. (Tal) 04874/5258, Hüttenzugang von Welzelach bei Virgen 4 Std. – *Bonn-Matreier-Hütte,* 2745 m, DAV-S. Bonn und OeAV-S. Matrei, bew. Anf. Juli bis Mitte Sept., Tel. (Tal) 04875/6307, Zugänge, siehe Text. – *Eisseehütte,* 2521 m, privat, Sommerwirtschaft. – *Essener-Rostocker-Hütte,* 2207 m, DAV-S. Essen und Rostock, bew. Anf. Juni bis Ende Sept., Tel. 04877/5208, Zugänge, siehe Text. – *Johannishütte,* 2116 m, DAV-S. Prag, bew. Anf. Juni bis Ende Sept., Tel. (Tal) 04877/5283.

Talorte: *Matrei in Osttirol,* 975 m, siehe Tour 24. – *Virgen,* 1194 m, *Prägraten,* 1309 m, große Urlaubsorte mit Gasthöfen und Privatquartieren, ebenso im nahen *Hinterbichl* und in allen kleineren Siedlungen im Tal.

Karte: Österreichische Karte 1:50000, Bl. 151 Krimml, Bl. 152 Matrei in Osttirol und Bl. 178 Hopfgarten in Defereggen.

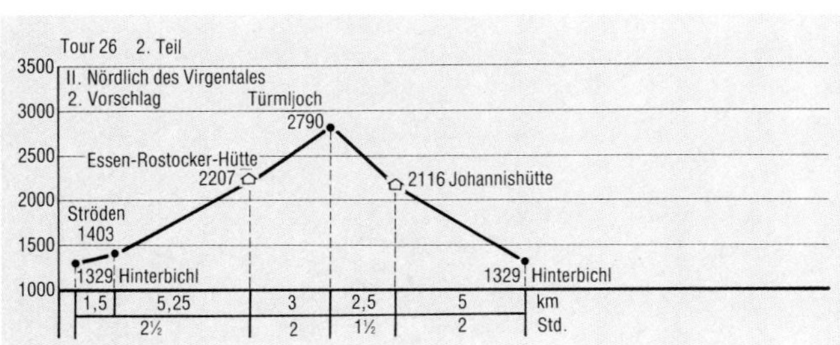

27 Bergwandern im Wirtschaftswunderland

Touren zu beiden Seiten des Defereggentales

Defereggen heißt das Gebirgstal an der Schwarzach, die nahe der Südtiroler Grenze bei der Rötspitze entspringt. Mit rund 40 Kilometer Länge in West-Ost-Richtung ist es eines der längsten Tauerntäler, klimatisch begünstigt durch den Schutz hoher Berge: Deferegger Alpen, Lasörlinggruppe, Panargenkamm und Rieserferner. Da die Schwarzach sich ihren Weg zur Isel durch hohe Felsen gebahnt hat, war das Defereggen in früheren Zeiten schwer zu erreichen. Erst um 1920 wurde eine gute Straße in jenes weltabgeschiedene Hochtal gebahnt, von dem man draußen sagte: »De verreckn da drin!« – wovon der Name Defereggen kommen soll. Zu manchen Zeiten sah es wirklich so aus. Der Blüte des Bergbaus folgten Jahrhunderte größter Not. Ende des 17. Jahrhunderts ließ ein grausamer Salzburger Erzbischof im strengsten Winter 800 protestantische Bergknappen

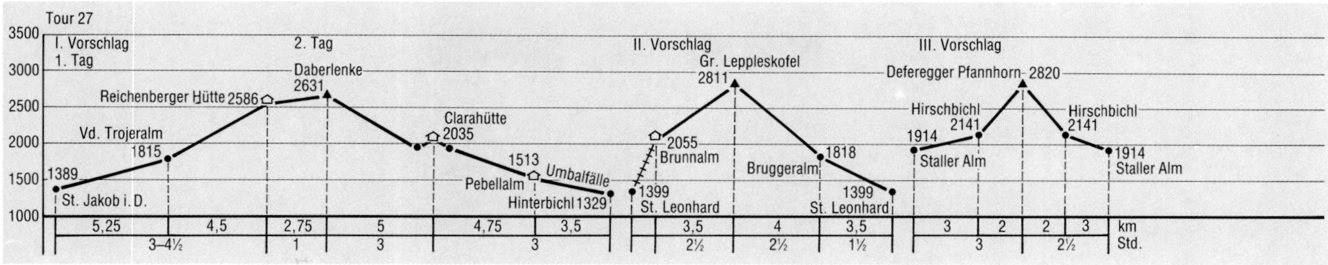

mit ihren Familien »austreiben«. Fast 300 Kinder unter 15 Jahren mußten sie zurücklassen, für ihre Erziehung wurde ein Großteil vom Erlös zwangsverkauften Besitzes eingezogen. Den nötigen Nebenerwerb fanden die Bergbauern später als Wanderhändler, sie waren vom September bis Mai in halb Europa unterwegs und kamen bis nach Rußland und Ägypten. Die zu Hause gebliebenen Bäuerinnen, meist mit vielen Kindern gesegnet, mußten zum eigenen schweren Tagewerk noch die Arbeit der Männer verrichten. Zuletzt wurde das Defereggen fast zum »sterbenden Tal«.

Ludwig Purtscheller, der auch dort manchen Alpengipfel erstmalig betrat, stellte 1897 noch fest, daß »die Gasthäuser jährlich kaum ein halb Dutzend Reisende beherbergen«. Erst die Eröffnung von Schutzhütten (Barmer Hütte 1906) brachte ein Erwerbszweiglein zum Sprießen, den Fremdenverkehr, der aber nur langsam weiterkam. Doch in den sechziger Jahren geschah im Defereggen das größte Wirtschaftswunder der inneren Alpentäler. Der »Skiverkehr« mit den Liftgebieten Brunnalm und Stallersattel verwandelte das Notstandsgebiet der Hohen Tauern in ein modernes Urlaubsparadies, das nun mit den Übernachtungszahlen an der Spitze des Osttiroler Fremdenverkehrs steht. Die begehrte »zweite Saison« im Sommer war folgerichtig. Nun sind manche, früher fast nie begangene Berge schon überlaufen zu nennen.

Das Defereggen ist in die Planung des österreichischen Nationalparks einbezogen, doch gibt es in Tirol noch immer kein Gesetz dafür. Das Defereggen hat bis jetzt nur zwei Naturdenkmäler.

I. Vorschlag: Im Panargenkamm der Venedigergruppe. Seit mehr als 60 Jahren erschließt die hochgelegene Neue Reichenberger Hütte ein eigenartig reizvolles Bergland dunkler Felsgipfel, heller Gewässer und besonders farbstarker Bergflora. Eine Überschreitung des hohen Kammes bringt unter anderem die Begegnung mit zwei Schaustücken der Hohen Tauern: der über tausend Meter hohen Trojerwand und der Daberschlucht, einer der wildesten Gegenden der Alpen. Von *St. Jakob in Defereggen* (1389 m) nach Nr. 313 erst auf einem Fahrweg bis zur *Vor-*

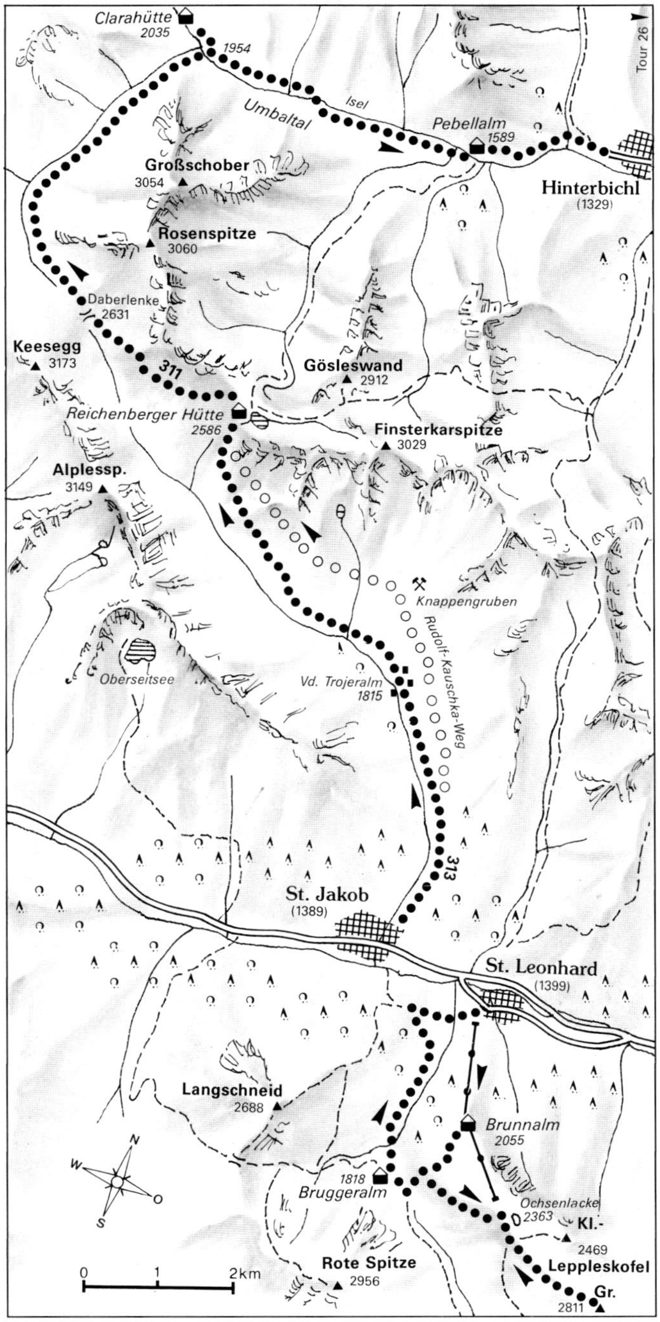

Folgende Doppelseite:

Linke Seite: Moos-Steinbrech (oben) und Roter Steinbrech (unten).
Rechte Seite: Am Weg zur Neuen Reichenberger Hütte im Trojeralmtal, links die Trojerwand.

deren Trojeralm (1815 m, evtl. mit Pkw möglich), dann auf Bergpfad entweder den »Höhenweg« (der weit im Trojer Almtal dahinführt) oder den alpineren, über hohe Hänge aussichtsreich ziehenden »Rudolf-Kauschka-Weg« zur *Neuen Reichenberger Hütte* (2586 m, 3–4½ Std.). Von beiden Steigen ist die westlich aufragende Trojerwand der Alplesspitze (3149 m) gut zu sehen. Nördlich vom Kauschka-Weg befindet sich das Bergbaugelände »Knappengruben«. In der Lasörlinggruppe wurde Gold, Silber, Blei und Kupfer geschürft. Hüttenberg der gemütlichen, wegen des nun größeren Tagesandranges ausgebauten Schutzhütte ist die turmartige *Gösleswand* (2912 m) mit Felsabsturz zum Bödensee, auf markiertem Pfad unschwer zu begehen (2 Std. hin und zurück). Weitere Ziele für Bergsteiger und Hochalpinisten: Finsterkarspitze, 3029 m, Keesegg, 3173 m. – Übergang auf neuer Route zur Lasörlinghütte möglich, siehe Tour 26.

Die *Reichenberger Hütte* und die Tour werden uns sicher eine Nächtigung wert sein. Anderntags beschäftigt uns der Rudolf-Tham-Steig (nur bei sichtigem Wetter und nicht nach Neuschnee!), eine der eindrucksvollsten Touren der Tauern. Hubert Peterka, Führerverfasser, nennt sie »gewaltig und schön«. Und Purtscheller schrieb darüber: »Fast schreckhaft ist der Blick in die Riesenspalte des Daberthales. Mit seinen entsetzlich steilen, wandgestuften Hängen bildet dieses Thal einen der wildesten Schauplätze der Lawinen...« Er war Ende Juli dort; wir sahen noch Anfang September Lawinenreste in der Schlucht! Der markierte Steig führt aber am sicheren Gegenhang.

Nach Markierung 311 von der Hütte vorerst fast eben nach Westen zur *Daberlenke* (2631 m, +1 Std.). Nun in noch sanftem Gefälle bergab (schöner Blick auf den dunklen, überfirnten Felsbau des Keesecks, aber auch zur Daber- und Rötspitze)

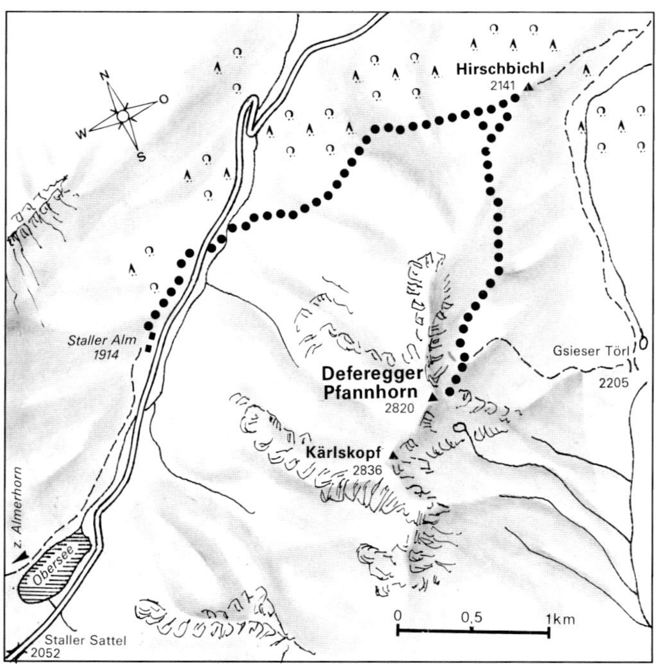

zum Talschluß, wo drei Gletscherbäche ineinander fließen. Nun in größerer Steilheit am Westhang von Rosenspitze und Großschober bergab, mit »Seitenblicken« in die gewaltige Daberschlucht. Ein Lawinengraben des Großschobers mit gesicherter Plattenrinne ist, neben zahlreichen kleinen Wasserläufen, zu queren; dann geht es noch lange am Steilhang bergab zur Brücke über die *Isel im Umbaltal* (1954 m), und etwas aufwärts zur *Clarahütte* (2035 m, +3 Std.). Von der Clarahütte wird, mit Zwischenstation am gut eingerichteten Philipp-Reuter-Biwak (2690 m), die Rötspitze (3495 m) oft bestiegen, Gletscher- und Klettertour. – Von der Clarahütte nach *Hinterbichl* absteigend, können wir den Wasserschaupfad Umbalfälle begehen und dabei beobachten, daß in dem noch immer nicht zum Nationalpark erklärten Gebiet bereits eine Straße angelegt worden ist! (+3 Std.). Von Hinterbichl Busverbindung über Huben zurück ins Defereggental.

II. Vorschlag: Rund um die Brunnalm. Der Sessellift von *St. Leonhard* (1399 m) bei St. Jakob bis zur *Brunnalm* (2055 m), eventuell noch bis zur *Ochsenlacke* (2363 m), erschließt ein ehedem unbekanntes hohes Berggebiet. Den *Kleinen Leppleskofel* (2469 m) hat man nach kaum einer Stunde im Tourenbuch. Zum *Großen Leppleskofel* (2811 m) benützt man die Markierung zur Ochsenlenke (2744 m, Übergang zur Volkzeiner Hütte, siehe Tour 28) und steigt, nach Südosten abbiegend, durch gut begehbare steile Schrofen auf bereits ausgeprägten Spuren zum Gipfel (2½ Std. von der Brunnalm). Abstieg auf gleicher Route (2 Std.). Zum Abstieg nach St. Leonhard benutzen wir den Querweg von der Brunnalm zur *Bruggeralm* (1818 m, ½ Std.), Gasthaus wie auf der Brunnalm. Über der Bruggeralm stehen die höchsten Berge der Defereggeer Alpen (die laut einer versuchten Neueinteilung der Ostalpen im Alpenvereinsjahrbuch 1984 plötzlich »Villgratner Berge« heißen sollen, womit weder die Villgrater noch die Defereggeer Einheimischen Freude haben werden!). Gipfel: Degenhorn, 2946 m, Langschneid, 2689 m, beide leicht; Rote Spitze, 2956 m, gesichert.

III. Vorschlag: Am Staller Sattel. Mit Hilfe der Fahrstraße von St. Jakob i. D. zum Stallersattel (gute Busverbindung) lassen sich einige hohe Gipfel gewinnen. Zu erwähnen: *Defereggeer Pfannhorn* (2820 m). Von der Bushaltestelle *Staller Alm* (1914 m) nach Markierung zum *Hirschbichl* (2141 m), mit kleinem See, und steil zum Nordostgrat des Berges. Auf und neben dem Grat, Steigspuren über Schrofen, zuletzt ein Stück ausgesetzt, zum *Gipfel* (3 Std., gleiche Route zurück 2½ Std.), Prachtaussicht! Im Gebiet des Stallersattels (2052 m) – das Bergkreuz mit dem Hochgall dahinter ist sicher das beliebteste Fotomotiv Osttirols! – ist die *Rote Wand* (2808 m) ein gutes Ziel. Markierter Fahrweg und Steig, zuletzt Schrofen (ab Stallersattel und zurück ca. 5 Std.). Mehr Ansprüche stellt die Tour zum *Almerhorn,*

Wie ein Dolomitzacken steht die Gösleswand über dem Bödensee.

Im Umbaltal, Blick auf die Rötspitze.

nach Markierung vom Obersee, zuletzt sehr steil in die Jägerscharte (2939 m, oft Wächten!) und zum Gipfel (2985 m, 3 Std.). Ein Übergang zur *Barmer Hütte* (2610 m), über das kleine Almerkees ist leicht möglich (1 Std.).

Touristische Angaben

I. Vorschlag, steile, aber unschwierige Hüttensteige. Bei Schneelage ist von der Begehung abzuraten; am Rudolf-Tham-Steig erfordert eine Stelle Trittsicherheit. – *II. Vorschlag,* Kleiner Leppleskofel ganz leicht, Großer Leppleskofel steil, Bergerfahrung nötig. – *III. Vorschlag,* Deferegger Pfannhorn, Trittsicherheit am Gipfel nötig.

Beste Jahreszeit: Für den Rudolf-Tham-Steig August bis höchstens Mitte September; Leppleskofeln ab Mitte Juli bis Mitte September; Deferegger Pfannhorn ab Mitte Juli bis Mitte September.

Höhendifferenzen: *I. Vorschlag,* ca. 750 bis 1200 m im Aufstieg, ca. 550 m im Abstieg und 80 m Wiederaufstieg zur Clarahütte; bis Hinterbichl ca. 600 m im Abstieg. – *II. Vorschlag,* Kl. Leppleskofel über 400 m im Auf- und Abstieg, Gr. Leppleskofel, fast 800 m im Auf- und Abstieg. – *III. Vorschlag,* ca. 900 m im Auf- und Abstieg.

Dieses beeindruckende Naturschauspiel der tosenden oberen Iselkatarakte im Umbaltal war durch umfangreiche Kraftwerksplanungen lange Zeit in Gefahr verlorenzugehen.

Reine Gehzeiten: *I. Vorschlag,* je nach Zufahrt 3 bis 4½ Std. im Aufstieg, 4 Std. im Abstieg, kurzer Wiederaufstieg zur Clarahütte, nach Hinterbichl +3 Std. – *II. Vorschlag,* Kl. Leppleskofel, ca. 1 Std. im Aufstieg, 2 Std. im Abstieg. – *III. Vorschlag,* 3 Std. im Aufstieg, 2½ Std. im Abstieg.

Einkehrmöglichkeiten: Reichenberger Hütte, Clarahütte, Gasthaus Brunnalm, Gasthaus Bruggeralm, Stallerseehütte.

Unterkunft: *Neue Reichenberger Hütte,* 2586 m, DAV-S. Reichenberg, bew. Anf. Juni bis Ende Sept., Tel. 04877/5225 (Funk); neuer Übergang zur Lasörlinghütte. *Clarahütte,* 2035 m, DAV-S. Essen, bew. Anf. Juli bis Ende Sept., Tel. 04877/5261 (Funk), Hüttenzugang von Hinterbichl über Ströden und den Wasserschaupfad Umbalfälle, 3½ Std. – *Stallerseehütte,* 2020 m, Gasthof, Nächtigung möglich.

Talorte: *St. Jakob in Defereggen,* 1389 m, Straße von Huben im Iseltal und über den Stallersattel ins Südtiroler Antholzertal, Busverbindung ab Lienz, großer Urlaubsort, wie auch *St. Veit in Defereggen,* 1495 m (schöne Hanglage), und *Hopfgarten in Defereggen,* 1107 m.

Weitere Tourenvorschläge: *Barmer Hütte* der DAV-S. Barmen, 2610 m, bew. 1. Juli bis 30. September, Anfahrt bis Patscher Hütte, 1675 m (Bushaltestelle Erlsbach, ab dort 3 km) und 3 Std. Fußpfad nach Markierung 112. Einige leichte Dreitausender, z. B. Roßhorn, Fennereck, Lenkstein. Übergang Hartdegensteig zur Hochgallhütte. – *Hochgall,* 3495 m, schwierige Gletscher- und Klettertour. – *Seespitze,* 3021 m, beliebter Dreitausender mit Oberseitsee, ab Erlsbach, 1554 m, bei St. Jakob, 5 Std., eine gesicherte Stelle, Abstieg 4 Std. – Neuer »OeAV-Blumenweg« Oberseite–St. Jakob, bis zur Oberseitalm, 2300 m im Gebiet der Seespitze.

Von St. Veit i. D. Fahrstraße zur Zischgealm, 1700 m, dann Markierung zum *Donnerstein,* 2723 m, 3 Std. – Mautstraße ab Erlsbach zur *Oberhauseralm,* 1786 m. Der mehrere Kilometer lange und bis über 2000 Meter Seehöhe reichende Oberhauser Zirbenwald soll der größte geschlossene Zirbenbestand der Ostalpen sein. Bequeme Wanderung auf Fahrweg, Nr. 111 zur *Jagdhausalm,* 2000 m, 2 Std., die von Südtirol her bestoßen wird. Ungewöhnliche Siedlungsform (Steinhäuser). Weiter zum *Klammljoch,* 2286 m, +1 Std.

Von *Hopfgarten i. D.* (Bauernhöfe bis in 1500 m Höhe, interessante Doppelhäuser) schöne Touren im Gebiet der Blosalm, 1800 m (Zufahrt): Geigensee und Pumpersee, markiert; Gagen, 2463 m. Einige hohe Gipfel – bis über 2700 Meter! – ohne Namen.

Karten: Österreichische Karte 1:50000, Bl. 151 Krimml, Bl. 152 Matrei in Osttirol (nur für Hinterbichl) Bl. 177 St. Jakob in Defereggen und Bl. 178 Hopfgarten in Defereggen.

Oben: Hohe Berge ohne Namen bei der Volkzeineralm.

Unten: Zusammenfluß von Isel und Daberbach im Umbaltal.

28 Hohe Berge ohne Namen

Volkzeiner Hütte – Hochgrabe und die Villgrater Berge

»Eine Art Schwermut, ein entschiedener
Mollaccord ist der Grundton
dieses Alpengebietes, und Sehnsucht
die Überschrift des Bildes ...« *(Ludwig Purtscheller)*

Schon als junges Mädchen hatte ich eine Schwäche für »Berge, die keiner kannte«. Das waren damals unter anderen die Villgrater Alpen, und sie gehören noch heute dazu. Ein vergriffener Kleiner Führer durch das Gebiet war meine erste Berglektüre. 1963 bin ich dann – noch zu Fuß! – von Sillian ins Volkzein gewandert. Damals gab es noch keine Fahrstraße. Wir mußten eine Übernachtung im Heu der Moosealm einschalten, wo ein wertvoller holzgeschnitzter Corpus Christi an der Außenwand eines Heustadels hing. Bei einem ärmlichen Haus schalt uns eine Bäuerin, weil wir Preiselbeeren brockten – das wenige, das sie hatte, wollten wir ihr wegnehmen! Da gingen uns erst die Augen auf über die Kargheit des Tales, die Ärmlichkeit der hochgelegenen Bauernhöfe, wo die Äcker mit Seilpflug bearbeitet werden.

Anfang der sechziger Jahre sind diese Berge erstmals für weitere Kreise entdeckt und markiert worden – dank der AV-Sektion Sillian und ihrer Helfer! Ein »Pfad« zum Villgrater Törl bestand nur aus Trittstufen im Steilrasen und erinnerte uns sehr an die »Urleiter«, den Baumstamm mit Kerben statt Sprossen, die ein einheimischer Volkskundler auf den Almen dort entdeckt hatte. Freilich waren die markanten Gipfel schon seit langem erstiegen, zum Teil noch vor der Jahrhundertwende. Ludwig Purtscheller, der Turnlehrer aus Salzburg, ein bergsteigerischer Übermensch, der ganze Alpenketten in unwiederholbarem Siegeslauf überrannte, war auch hier tätig gewesen und hat seine Neutouren gut lesbar in die alpinistische Literatur eingebracht. Bei aller Sportlichkeit und Eile hatte Purtscheller aber ein feines Gefühl für die Landschaft und ihre Stimmung, siehe das Motto über dieser Tour. Die seltsam erdbraunen, rötlichen, grauen und grünen Hänge und Gipfel wirken wirklich schwermütig, wie der große Erschließer es empfand. Und sie erwecken Sehnsucht: vielleicht nach dem nahen Sonnenland der Dolomiten, das sich über ihren einfachen Linien noch höher in den Himmel baut? Sind die Villgrater Berge also nur Kulissen? Hie und da schon. Doch durchwandert man sie, zeigen sie ihr Eigenleben! Sie regen die Phantasie an, sie sind formvollendet. Und das gleiche, oft unirdisch anmutende Licht wie über den Südalpen flutet über die weiten Flächen unseres Tauerngebirges. Segantini hätte auch da seine Bilder malen können!

Die Villgrater (auch Villgratner) Berge sind – entgegen der Festsetzung in dem Versuch einer neuen Alpenvereinseinteilung der Ostalpen (AVE) durch Dr. F. Graßler im AV-Jahrbuch 1984 – eine Untergruppe der Defereggger Alpen in deren Süd- und

Die Schrentebachalm und der darunterliegende Talkessel um die Volkzeiner Alm mit den Deferegger Bergen um den Regenstein im Hintergrund.

Ostteil, d. h. das Bergland um Außer- und Innervillgraten, mit der »Pustertaler Sonnenseite« und den »Schlaitner Bergen«. Pustertal, Gsiestal und Iseltal sind seine Grenzen. Bei dem AVE-Versuch wurden die ganzen Deferegger Alpen nicht zutreffend als Villgrater Berge eingeteilt.

Die wirklichen Villgrater Berge sind sicherlich die erstaunlichste Unterabteilung der Hohen Tauern: Es gibt dort noch etwa ein halbes Hundert kaum bekannter hoher Gipfel, Koten, die meist nur Einheimischen ein Begriff sind. Einer über 2800 Meter ist darunter, der nicht einmal einen eigenen Namen hat! Der Lienzer Bergsteiger Dipl.-Ing. Alfred Thenius nannte Teile des Gebietes »eine Arena der Einsamkeit«. Wie sind solche Bergwunder erklärlich? Der Mangel an Schutzhütten, die späte Aufschließung spielen da eine Rolle und ein bescheidenes Bergdasein einer vergessenen Gruppe, die keinen Dreitausender und keine Vergletscherung hat. Auch in bereits gut besuchten Teilstücken des Gebietes sind die Ziele noch immer nicht »überlaufen« zu nennen!

Die Deferegger Alpen haben sechs Gipfel über 2900 Meter, ihr dritthöchster Berg ist die Hochgrabe. Ihr Name kommt nicht vom Grab, sondern von grau (früher: graw). Die Hochgrabe ist also eine hohe Graue, ihr Name ist nach der Farbe entstanden, wie bei manchem anderen Berg dort. Den Namen Villgraten spricht man Filgraten aus; der Bergnamenforscher Dr. W. Brandenstein leitet ihn von Val ceratu = Ahorntal ab.

Selten wird man einen Gipfel vom Höhenrang der Hochgrabe finden, der so unbeschwerlich einzuheimsen ist und dennoch eine gute Bergtour bietet. Vielleicht wird manche(r) Hochgrabe-Besteiger(in) verstehen können, warum dieser Berg in meiner stattlichen Gipfelsammlung als »mein liebster Zweitausendneunhunderter« aufscheint!

Hochgrabe (2951 m), mit Pkw-Zufahrt auch als Tagestour: Ein Sträßlein ist von Außervillgraten her bis in die Nähe der Schutzhütte gebahnt. Die Volkzeiner Hütte (1884 m) liegt beherrschend im Kar Volkzein. Rundum hohe, dunkle Berge: Marcheggen, Hochwand, Karnase, Hochgrabe, weiter draußen Regenstein und Grabenstein. Die Hochalmspitze (2789 m) ist

Blick vom Goldtrögelesee zum Hochgall, im Aufstieg zur Hochgrabe.

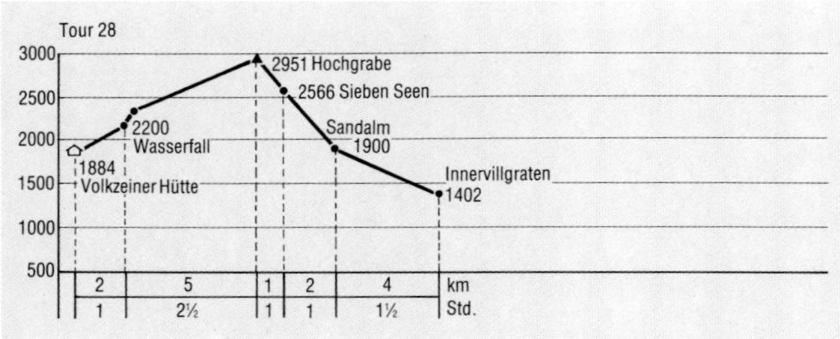

nicht zu verwechseln mit dem großen Berg gleichen Namens in der Ankogelgruppe.

Von der *Volkzeiner Hütte* zieht der markierte Pfad Nr. 326, 327 an der linken Seite des Schrentebaches stetig, aber sanft steigend, durch »Kraut und Gedachs« im breiten Hang der Schrentebachalmen bergan. In 2200 Meter Höhe (1 Std.) verlangt eine Bachquerung *(Wasserfall)* Aufmerksamkeit. Hoch über dem Tal kommt man zu einer prächtigen Aussichtskanzel *Punkt 2368* (+¾ Std.), wo sich besonders die beiden Degenhörner, aber auch Trojerspitze und Wagenstein eindrucksvoll zeigen. Durch die seltsame *»Wilde Platte«* geht es weiter über ein Flachdach von grauen und blauen Schiefern, mit Weiß und Wasseradern gesprenkelt. Gletscherschliffe, Felsplatten, Sand – alles ist gut zu begehen. Mitten drin das *Goldtrögele,* ein Felsspalt, mit klarem Wasser gefüllt. Aufwärts, nicht steil, zum Gipfelgrat der *Hochgrabe* und zum Bergkreuz mit Buch (2951 m, +1¾ Std.). Ist klare Sicht gegeben, bleibt zwischen dem weißen Großvenediger in seinem langen Gletscherkleid bis zur düster gewandeten Schobergruppe, der Glockengestalt der Rötspitze, dem Firntrapez des Hochgall und den am Horizont rosig aufblühenden Dolomiten nichts verborgen.

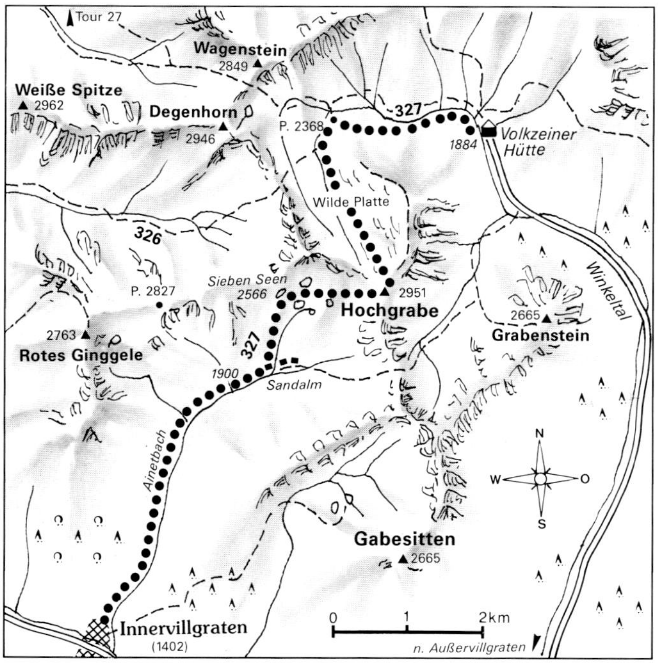

Wer zum Pkw zurück muß, nimmt absteigend die gleiche Route (2½ Std.). Wer ungebunden ist, dem bietet sich der interessante *Abstieg über die Sieben Seen.*

Nach den Nummern 327 vom Gipfel über den Westgrat in ein flacheres Kar hinab, an drei von den sieben Gewässern vorbei (2566 m, 1 Std.). Westlich der Sieben Seen ragt die unbenannte Kote 2827 auf – ein Kulminationspunkt über mehreren Graten! Dort ist die Einsamkeit der Berge derzeit eher zu finden als auf überlaufenen Trekking-Routen in den Weltbergen. An einer Hütte vorbei, nun steiler, zwischen Felshängen hinab. Bergwasser sind zu überschreiten (Vorsicht!). Etwas unterhalb der *Sandalm* (1900 m, +1 Std.) kommen wir zum breiteren Almweg, den wir am Ainetbach (Einöd...) und an zwei Almen vorbei talaus bummeln. Früher trieb das Wasser einige Mühlen. Im Bergdorf *Innervillgraten* (1402 m, +1½ Std.), mit der großen Kirche, finden wir nach der langen Tour sowohl Labung als auch eine Busstation.

Touristische Angaben

Unschwierige, sehr lohnende Bergtour mit Ersteigung eines hohen Gipfels, der vom Volkzein her gut besucht wird. »Über die Sieben Seen« ist es einsam, man sollte dort nur bei noch guter Kondition gehen. Verpflegung mitnehmen!

Beste Jahreszeit: Mitte Juli bis Oktober.

Höhendifferenzen: Ca. 1050 m im Auf- und Abstieg vom und zum Volkzein; ca. 1500 m im Abstieg nach Innervillgraten.

Reine Gehzeiten: 3½ Std. im Aufstieg, 2½ Std. im Abstieg zur Schutzhütte; nach Innervillgraten 3½ Std. im Abstieg.

Einkehrmöglichkeit: Volkzeiner Hütte, Innervillgraten.

Unterkunft: *Volkzeiner Hütte* (früher Sillianer Hütte, so heißt nun die ehemalige Viktor-Hinterberger-Hütte im Karnischen Kamm), 1884 m, privat, bew. Mitte Juni bis Mitte Sept., Zufahrt von Sillian über Außervillgraten und durch das Winkeltal zum Parkplatz bei der Hütte. Zu Fuß von Sillian 4½ Std., zwischen Sillian und Außervillgraten markierter Weg am Berghang, dann Fahrweg.

Talorte: *Sillian,* 1080 m, Hauptort im österreichischen Teil des Pustertales (Hochpustertal); gelegen an der Pustertalstraße zwischen Lienz und Brennerstraße (Franzensfeste). Bahnstation der Strecke Lienz–Franzensfeste. Bedeutender Urlaubsort, guter Ausgangspunkt auch für die Dolomiten und Karnischen Alpen. – *Außervillgraten,* 1286 m, *Innervillgraten,* 1403 m und *Kalkstein,* 1641 m, mit Wallfahrtskirche, sind ebenfalls mit Gasthöfen und Privatquartieren dem Fremdenverkehr bestens aufgeschlossen.

Karte: Österreichische Karte 1: 50000, Bl. 178 Hopfgarten in Defereggen.

Blick vom Hochkreuz auf Villgrater Törl, Rote und Weiße Spitze.

29 Im mildesten Tal der Hohen Tauern

Bergwanderungen über dem Gsiestal

Die Hohen Tauern haben nicht unbeträchtliche »Ländereien« in Südtirol, also auf italienischem Staatsboden. So in den Defereggеr Alpen, in der Rieserfernergruppe und in der Venedigergruppe. Zu diesem Anteil der Defereggеr Alpen gehört das Gsiestal, Valle di Casies, mit seinen Bergen. Es ist nicht wie mit dem Messer in die Hänge gekerbt, wie andere Tauerntäler, sondern sanft gegen den hohen Bergrand hingestrichen. Die Gipfel sind meist weich geformt, doch es gibt auch wuchtige Bergbrocken. Das Gsiestal ist nicht typisch für sein Stammgebirge. Man kann ihm das Attribut »mildestes Tal der Hohen Tauern« verleihen! Es fällt auf in der Nachbarschaft der Rieserferner, die den Begriff Wildheit darstellen.

Das Gsiestal beginnt schon mit der Zufahrt so zahm: Nach der kurzen Kehre von Welsberg (Monguelfo) ist die Steigung der

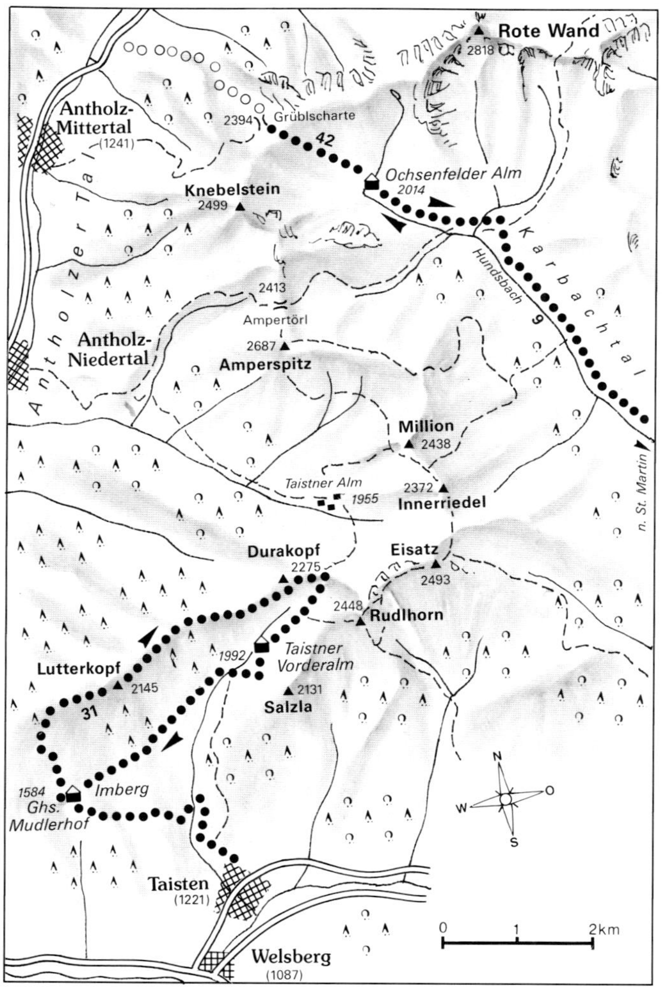

guten Straße auf 15 bis 20 Kilometer Länge fast unmerklich. Sie endet in kaum 1500 Meter Seehöhe; das Gsiestal ist kein Durchzugstal. Vielleicht ist es deswegen ein wenig vergessen? Ist das Fehlen von Dreitausendern ein Mangel? Oder sind es die »Antipoden«, die prunkenden Dolomiten im Süden über dem Pustertal, die den Gsiesern zwar nicht die gute Luft und das helle Licht wegnehmen können, wohl aber durch ihr bloßes Dasein die Gäste abwerben? Freilich sind die Dolomiten attraktiver. Doch im Gsiestal finden wir den guten, weichen Wanderboden, der so vielen beliebteren Berggebieten fehlt und der den Beinen wohler tut als hartes Geröll. Rauhe Wetter, wie bei den »höheren Herrn«, sind im Gsiestal selten, durch seine nach Süden geöffnete Lage hat es ein sonniges, windarmes Klima.

Gar so niedrig sind wir im Gsiestaler Bergland übrigens nicht: Der Hauptgipfel »Kärlskopf« ist immerhin 2836 m hoch! Im Gebiet steht auch der »teuerste« Gipfel der Welt, die Million (2438 m), unscheinbar und leicht zu besteigen. Welches Gebirge kann uns sonst noch eine Million bieten?

Im Gsiestal habe ich von allen Ost- und Südtiroler Tauerntälern die meisten und schönsten alten Bauernhöfe gesehen. Freilich sind sie auch gemischt mit modernen Bauten. Auch hohe sakrale Kunst ist dort zu Hause. Am Ausgang des Tals liegt, etwas erhöht, das Dorf *Taisten* (Tesido). Es war die Heimat des berühmten Malers Simon Marenkl, genannt Simon von Taisten, etwa 1460 bis 1530. Wie Dr. Josef Rampold, Bozen, der unermüdliche Künder von Südtirols Landschaft, Geschichte und Gegenwart in seiner Südtiroler Landeskunde, Band Pustertal, zitiert, ist Simon »der fruchtbarste unter den heimischen Freskomalern gewesen, der als später Zeitgenosse Michael Pachers diesen gewissermaßen in die pustertalisch-bäuerische Mundart übersetzt hat«. Seine Bilder finden wir bis nach Osttirol (Obertilliach) hinüber. Taisten mit seinem berühmten Bildstock, mit den beiden Kirchen und ihren Fresken ist so sehenswert, daß man sich mindestens einen halben Tag für das Dorf allein freihalten sollte.

Die Gemeinde *Gsies* reicht vom Hauptort Durnwald über St. Magdalena (S. Maddalena in Casies) bis zum Gsieser Törl (2205 m). In den einzelnen Weilern sind unter anderem zu sehen: in Pichl große Bauernhöfe, in Durnwald die Maria-Hilf-Kapelle mit romanischem Gekreuzigten, in Nieder- und Oberplanken die Kapellen, und in St. Martin steht das Denkmal des wilden rotbärtigen Paters Joachim Haspinger, eines Fanatikers der Heimatliebe in den Tiroler Freiheitskämpfen 1809. Auch die Pfarrkirchen von St. Martin und St. Magdalena sind unseres Besuches wert.

1. Vorschlag: Ab *Taisten* (1221 m): Auf staubfreier Höhenstraße 4 Kilometer bis zum uralten, heute vielbesuchten *Mudlerhof*, Gasthaus am Imberg (1584 m, 1½ Std.). Schöne Ausblicke in die Dolomiten (Dürrenstein!). In der Nähe Straßenschranken. Zuerst auf Fahrweg, dann Waldsteig (Nr. 31) auf den *Lutterkopf* mit Bergwiesen (2145 m, +1¾ Std.). Über zwei Anhöhen weiter, markiert, zum *Durakopf* (2275 m, +1 Std.). Hinab zur *Taistner Vorderalm* (Gasthaus, 1992 m, +¾ Std.) und auf Gü-

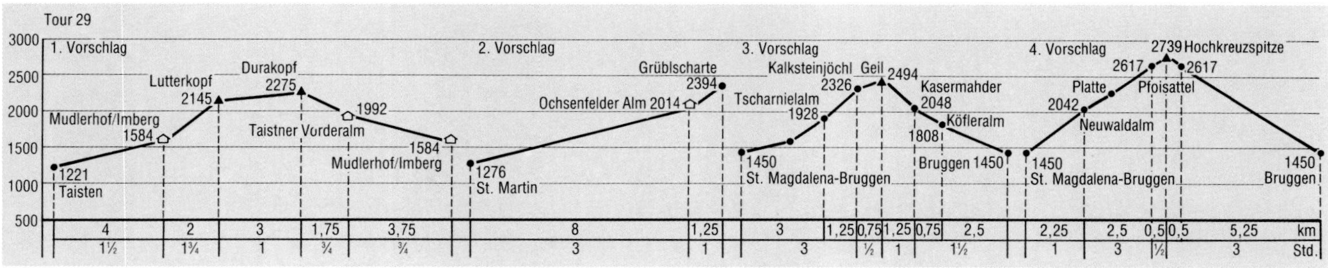

terweg nach *Imberg* (+¾ Std.). – Der genannte Güterweg wird von Einheimischen dazu benützt, Gäste auf urigen Fahrzeugen zur Taistner Vorderalm zu befördern, wo es außer dem Durakopf noch einiges andere zu erwandern gibt: etwa die *Salzla* (2131 m, ½ Std., Aussichtsbank). Zum schrofferen Rudlhorn und zum höheren Eisatz wendet man sich von der Taistner Vorderalm nach Osten durch ein Tal zu einem Sattel, markiert, von dem man nach Südwesten zum *Rudlhorn* (2443 m) und nach Nordwesten zum felsigen *Eisatz* steigt (ca. 4 Std. hin und zurück). Der Bergkranz um die Vorderalm mit Rudlhorn–Eisatz –Innerriedel–Million–Wetterkreuz–Taistner Alm (1955 m)–Durakopf–Taistner Vorderalm erfordert eine etwa 5stündige, lohnende Bergwanderung (nach Markierung).

2. Vorschlag: Von St. Martin (1276 m): Das Karbachtal wird auf markiertem Fahrweg (Nr. 9, 42) gerne durchwandert. Die bewirtschaftete *Ochsenfelder Alm* ist Jausenstation (2014 m, 3 Std., Abstieg 2½ Std.). Steigt man noch auf die *Grüblscharte* (2394 m), so sieht man ins berühmtere *Antholzer Tal* (+1¾ Std. hin und zurück). Ein Übergang Grüblscharte – Antholzer Tal ist möglich (4 Std. bis Antholz-Mittertal).

3. Vorschlag: Von St. Magdalena: Auf Kalksteinjöchl und Geil. Gültigen Grenzausweis und Verpflegung mitnehmen! Von *Bruggen* (1450 m) etwa 1 Kilometer talein, nach Markierung 48 über Wiesen und durch Wald zu einer Wegteilung (1590 m). Wir steigen nach Süden ins Tscharnieltal und zur *Tscharnielalm* (1928 m) und zu zwei Bergkreuzen (1977 und 2205 m). In dieses Kar stürzen Hochstein und Kerlsspitze (2612 m) mit schroffen Felsen ab. Wir haben es unschwierig, aber steil bis zum *Kalksteinjöchl* (2326 m, 3 Std.), einem uralten Übergang frommer Wallfahrer zwischen Gsiestal und Villgratental. Nicht weit entfernt ist ja die Wallfahrtskirche Maria Schnee in Kalkstein. Wir sind auf der Grenze zwischen Italien und Österreich. Auf dem breiten Kamm ist gut zu rasten, man hat Einblick in die kaum bekannte Bergwelt der Defereggder Alpen: Heimwald, Rotlahner und Riepenspitze sind über 2700 Meter hoch! Auch uns kann noch ein kleinerer Gipfel »blühen« (im wahrsten Sinne des Wortes, denn die Flora dort ist üppig) der nahe *Geil* (2494 m, ¾ Std. hin und zurück), über den unschwierigen Grasrücken.

Der Abstieg kann (unmarkiert) nach Norden auf Steigen zum *Kasermähder* (2048 m, +1 Std.), über die *Köfleralm* (1808 m) und durch das Köflertal nach *St. Magdalena* genommen werden (+1½ Std.). Diese Tour bietet: Einsamkeit, besondere Bergpflanzen und – vielleicht – auch Pilzfunde. Das ganze Gsiestal ist bekannt für seinen Reichtum an den begehrten »Schwammerln«! Standorte zu verraten wäre Verrat an der Natur, denn die Zahl vor allem italienischer Sammler aus Großstädten ist an den Wochenenden so groß, daß es in Südtirol bereits Verordnungen gibt, nach denen nur an bestimmten Wochentagen gesammelt werden darf.

4. Vorschlag: Von St. Magdalena auf den Grenzberg *Hochkreuzspitze.* Dieser mächtige Berg sieht nicht spektakulär aus, hat es aber in sich und will Kuppe um Kuppe, Buckel um Bukkel erwandert werden. (Vom Defereggental her ist er mit Zufahrt zur Alpe Stalle weniger anstrengend, aber auch flacher.) Außer Verpflegung auch gültigen Grenzausweis mitnehmen! – Vom oberen Gsiestal (St. Magdalena-Obertal) ab *Bruggen* (1450 m) nach Markierung 12 – bald sehr steil! – durch Wald ins Pfoital. In etwa 1800 m Seehöhe (ca. 1 Std.) biegt man westlich (auch mit Nr. 12 markiert) und immer zügig steigend ab zur *Neuwaldalm* (2042 m). Nun über Bergwiesen vor die Platte

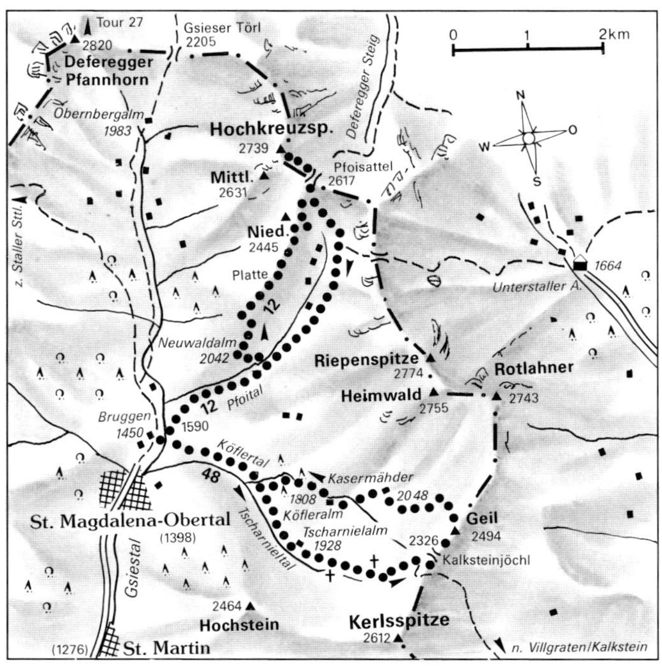

Alter Hof im Gsiestal, gegen Hinterbergkofel und Innerrodelkunke.

(2264 m). Den Almweg, der nördlich zum Gsieser Törl führt und sicherlich ein alter Übergang ist, verlassen wir auf markiertem Steig, der das Niedere Hochkreuz (2483 m) zur Rechten umgeht und vor dem Pfoisattel in den »zweiten 12er« mündet (der im Pfoital markiert ist). Nun an einem Seeauge vorbei zum *Pfoisattel* (2617 m, +3 Std.), Grenze zwischen Italien und Österreich! Die Zeichen weisen über die Grenze nach Norden, Felsen umgehend, wir kommen an den mehr begangenen *Deferegger Steig* von der Alpe Stalle heran.
In +½ Stunde ist der *Gipfel* (2739 m) mit dem Kreuz erstiegen. Herrliche Aussicht zu den höheren Tauern und in die Dolomiten. Zurück zum Pfoisattel und nun durch das Pfoital, ein gras- und wasserreiches Tal mit vielen Almhütten (Weg Nr. 12) zum Ausgangspunkt (+3 Std.).

Touristische Angaben

Keine der Bergwanderungen ist schwierig, alle sind markiert, die Hochkreuztour ist die anstrengendste. Bei Vorschlag 3 und 4 Verpflegung und Grenzausweis nicht vergessen!
Beste Jahreszeit: Vorschlag 1 und 2 ab Mitte Juni, 3 und 4 ab Mitte Juli, alle bis Oktober, zur Herbstzeit besonders schön.
Höhendifferenzen: 1. Mudlerhof – Durakopf: 700 m im Auf- und Abstieg; Rudlhorn – Eisatz: ab und zur Taistner Vorderalm 600 m im Auf- und Abstieg. 2. Ochsenfelder Alm 700 m im Auf- und Abstieg, Grüblscharte +370 m im Auf- und Abstieg. 3. Kalksteinjöchl 1000 m im Auf- und Abstieg, Geil +150 m im Auf- und Abstieg. 4. Hochkreuzspitze 1300 m im Auf- und Abstieg.

Reine Gehzeiten: 1. Durakopf ca. 4¼ Std., Rundtour Rudlhorn – Eisatz +4 Std. ab und zur Taistner Vorderalm. 2. Ochsenfelder Alm: 3 Std. im Auf-, 2½ Std. im Abstieg, Grüblscharte +1¾ Std. im Auf- und Abstieg. 3. Kalksteinjöchl 3 Std. im Aufstieg, 2½ Std. im Abstieg, Geil +¾ Std. insges. 4. Hochkreuzspitze 4½ Std. im Auf-, 3 Std. im Abstieg.

Einkehrmöglichkeiten: Gute Gasthöfe in allen Orten. Einige Almen sind bewirtschaftet und Jausenstationen. Im ganzen Bereich leider keine Schutzhütte!

Talorte: Einige gute Urlaubsorte, wie *Taisten* (Tesido), 1221 m; *Durnwald*, 1206 m, Gemeindeamt und Gendarmerie; *St. Martin*, 1319 m, Postamt, Fremdenverkehrsamt und Sitz der AV-Sektion Hochpustertal, Bank, Tankstelle und Taxi; *St. Magdalena*, 1398 m, Busverkehr mit Welsberg (Monguelfo) im Pustertal.

Weitere Tourenvorschläge: *Gsieser Törl* (2205 m), sehr lohnend. Vom Ende der Fahrstraße auf Fahrweg bequem zu einigen Almen (Obernbergalm, 1983 m, 1½ Std., eine Hütte mit Jausenstation), zum Törl mit Grenzhütte (+1 Std.), schöne Ausblicke. – Zahlreiche weitere markierte Wege und weglose Rou-

Blick vom Pfoisattel zu den einsamsten Gipfeln der Defereggen Alpen. Links die Riepenspitze.

ten, mit deren Hilfe gute Bergsteiger die Bergkämme, westlich bis zur Roten Wand und zum Staller Sattel, östlich vom Toblacher Pfannhorn bis zum Deferegger Pfannhorn (2820 m), überschreiten könnten (jeweils mehrere Tage mit Übernachtung auf Almen oder mit Biwakieren; die Ostseite ist schwieriger und alpiner!). Zahlreiche unmarkierte, auch unbenannte hohe und schroffe Gipfel sind zu entdecken! – Der den Talausgang sperrende Waldriegel Eggerberg (1665–1878 m) ist einer der schönsten Aussichtsberge der Alpen! Von Toblach, Dobbiaco, im Pustertal her mit Lift erschlossen, Gasthöfe und zahlreiche markierte Wege. Von Durnwald steiler Weg, markiert; von Niederplanken schöner Rundweg (Nr. 91, 60, 41, 9) über Radsberg und Frondeigen, Halbtagstour.
Karte: Österreichische Karte 1:50000, Bl. 177 St. Jakob in Defereggen.

30 Wo Getrenntes sich berührt

Die Hohen Tauern reichen bis ins Ahrntal

Daß die Hohen Tauern bis ins Südtiroler Ahrntal reichen, ist nicht allgemein bekannt. Vielleicht am ehesten bei Geologen – manche rechnen auch noch die Zillertaler Alpen zu den Hohen Tauern. Doch soweit wollen wir hier nicht gehen!
Der wilde Ahrnbach (Ahr = Wasser) entspringt unterhalb der Birnlücke, einem seit vielen Jahrhunderten bekannten hohen Paß zwischen der Venedigergruppe und den Zillertalern sowie zwischen den Gebieten Salzburg und Südtirol. Verstärkt durch Hunderte von Gletscherbächen aus allen Falten dieser Gebirge mündet die Ahr bei Bruneck in die kleinere Rienz. Die Landschaft des gesamten Laufs wird von Einheimischen »Tauferer-Ahrntal« genannt. Über Geschichte, Volkstum und Berge des Ahrntales haben schon Befugtere als ich berichtet. In unserer Zeit: Dr. Josef Rampold in bestem Stil und mit unglaublichem Wissen in seiner »Südtiroler Landeskunde«. Und in dem im Ahrntal ansässigen Arzt Dr. Werner Beikircher hat sich dort ein junger Schriftsteller entwickelt, der als Bergsteiger wie als Stilist höchstwertig ist – was viel sagen will.
Nach Kupfer wurde im Ahrntal vermutlich schon in prähistorischer Zeit gegraben, es galt als das reinste der Welt. Der Bergbau wurde gegen Ende des 19. Jahrhunderts eingestellt. Heute ist die Haupt-Einnahmequelle der Einheimischen wohl der Fremdenverkehr, weitere kleinere Einnahmen fließen ihnen aus dem Mineraliensammeln und dem Spitzenklöppeln der Frauen zu. Man kann die Bergbäuerinnen an warmen Abenden vor den Häusern bei ihrer Arbeit beobachten.
In einem der vielen Urlaubsorte des Ahrntales gut aufgehoben, können wir das »Bergbauernland im Lichte der Firne«, wie Dr. Rampold es nennt, ausgiebig durchstreifen und die hellen Wasser der Ahr und ihrer vielen Nebenbächlein beobachten – im Ahrntal bangt man mit Recht um sie! An die zwanzig Bäche zwischen der Birnlücke, dem Klammljoch und der Rieserfernergruppe sollen durch einen 40 Kilometer langen Tunnel in ein noch zu bauendes Großkraftwerk bei Rain abgeleitet werden!
I. Vorschlag: Zur Birnlücke. Früher Aufbruch nötig. Die Ahrntal-Straße endet beim alten (geschlossenen) *Trinksteinhaus* (1671 m, kleiner Parkplatz, zu Fuß ¾ Std. von Kasern, Casere, Bus-Endhaltestelle). Nun nach Markierung 13 auf gepflastertem Weg in Blockwerk wenig steigend dahin. Zur Linken zweigt der uralte Saumpfad zum Krimmler Tauern (2633 m), ab, der in den Zillertalern liegt. Er wird heute noch, wie alljährlich im ORF zu sehen, zum riskanten Viehtrieb zu den zehn von Südtirolern bewirtschafteten österreichischen Almen im Krimmler Tauerntal benützt. An der urigen Steinalm und *Lahneralm* (1979 m, Jausenstation) vorbei überqueren wir den nassen Boden des Lahnachmooses. Zur Rechten die vier Gipfel des Roßhufs und der Gamstod mit zackigen Graten und Gletschern wie eisige Wasserfälle. Über die Talstufe des Lahnacherkragens in vielen Kehren auf ungewöhnlich steinigem, aber gut bereitetem Pfad zur *Birnlückenhütte* (Rifugio Tridentina, 2440 m, 2½ Std.). Blick zu den schönen Firnschultern der Dreiherrnspitze (3499 m), des höchsten Gipfels über dem Ahrntal. Weiter über einen sandigen Kamm und etwas Schnee in den breiten Sattel der *Birnlücke* (2667 m, +1 Std.) mit Kreuz und Tafel »Staatsgrenze«. Jenseits führt der Birnlückensteig hinab in das Krimmler Achental. Aussicht in die Eisbrüche des wilden Krimmler Keeses.
Abstieg gleiche Route (+2½ Std. zum Trinksteinhaus). Oft begangen wird ab der Birnlücke der *»Lausitzer Steig«* Nr. 13 zur verfallenen Neugersdorfer Hütte und einer Grenzhütte unterhalb des Krimmler Tauerns, mit sehr steilem Abstieg zum Trink-

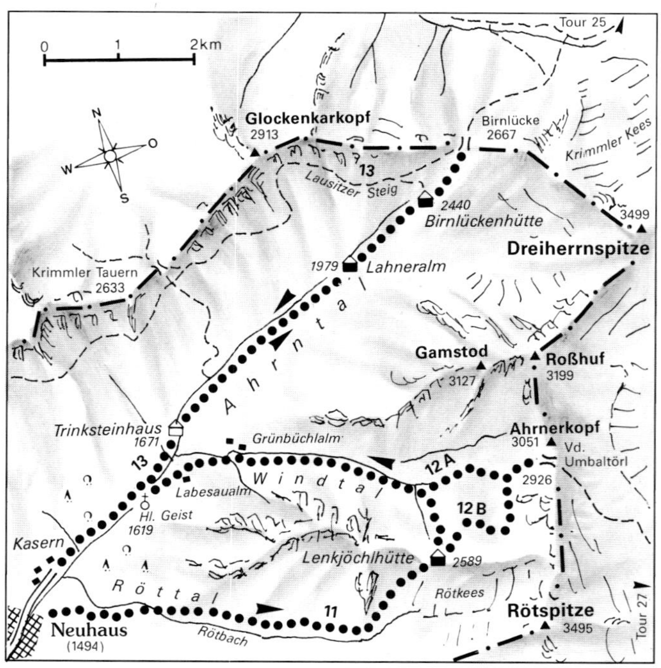

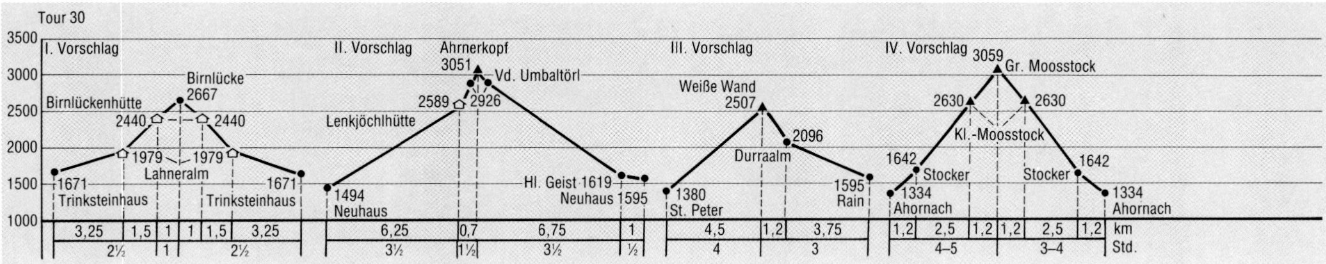

steinhaus (4 Std.), sehr anstrengend, besser im Aufstieg zu empfehlen!

II. Vorschlag: Zwei große Täler, ein kleiner Dreitausender. Röttal–Ahrnerkopf–Windtal. Von *Neuhaus* (Canova, 1494 m) im Ahrntal, nach Markierung 11 steil durch Wald, zur Linken der Fall des Rötbaches. Auf einer Verebnung mit Kreuz (»Knappenberg«) alte Stollen. Das rötliche Gestein ist auffallend. Eine flache Langstrecke, an Almen vorbei, steht im Banne der eisigen Rötspitze-Westwand (Rötkees). Dann steiler am Hang des Rainhart zur *Lenkjöchlhütte* (Rif. Giogo Lungo, 2589 m) über dem *Lenkjöchl* (2573 m, 3½ Std.). Ausgangspunkt für die Rötspitze (3495 m), die nach dem Gestein die Rote, nach den Gletschern aber mit altem Namen Welitz, die Weiße, heißt; Kletter- und Firngrate (3½ Std. von der Lenkjöchlhütte).

Wir steigen nach der Markierung 12B am Rande des kleinen Virglkeeses zum *Vorderen Umbaltörl* (2926 m) auf und unschwierig über einen Vorgipfel auf kleinem Steig zum breiten Kamm des *Ahrnerkopfs* (3051 m, +1½ Std.). Herrliche Aussicht auf die Eisriesen, auch der Zillertaler! Zurück zum *Vorderen Umbaltörl,* ein Stück mit 12B nach Westen und dann auf Markierung 12A steil ins *Windtal* zur Hauptmarkierung 12 hinab. Weiter zu einem wasserdurchzogenen Talboden, zur Grünbüchl- und Labesaualm und bergab zur Bergkirche *Hl. Geist* (1619 m) aus dem 15. Jahrhundert, die inmitten von Felstrümmern liegt (+3½ Std.). Auf der Straße 1½ Kilometer nach *Kasern* (20 Min.). – Von Hl. Geist geht heute noch der seit 600 Jahren bekannte Erntebittgang zur Korn-Muttergottes von Ehrenburg bei Bruneck aus; eine Strecke beträgt 50 Kilometer!

III. Vorschlag: Durreckgruppe. Die rund 15 Kilometer lange Berggruppe stellt einen Südwestausläufer der Venedigergruppe, der auch zu den Rieserfernern gezählt wird dar. Sie ist von einigen Dreitausendern gekrönt. Dr. Werner Beikircher nennt sie »ein märchengleiches Wunderland«. Farbiges Gestein, seltene Flora (auch Wälder von Zirben und Lärchen) und Fauna (seltene Arten von Schmetterlingen) und einige schöne Bergseen tragen zu ihrem noch kaum entdeckten Zauber bei. In diesem Kamm ist der Fuldaer Höhenweg in Richtung Nord-Südwest (Aufstieg im Schatten) zu empfehlen. Der Steig beginnt ca. 2 Kilometer östlich (unterhalb) von *St. Peter in Ahrn* (San Pietro) an der nach Prettau führenden Straße nach der »Klammgalerie«. Der Nr. 1 folgend über den Ahrnbach und an drei Almen vorbei das Hasental bergauf, zuletzt eine abschreckend aussehende, aber auf gut gebahntem, gesichertem Steig unschwierig zu überwindende Steilflanke auf die *Weiße Wand* (2507 m, 4 Std.), mit Kreuz. Besonders schöne Ausblicke auf den Hochgall in voller Pracht, aber auch nach Norden, etwa zum Rauchkofel der Zillertaler Alpen. Nun nach Südwesten hinab, wieder durch sehr steile Hänge, dort aber Gras. Pfad und Markierung nicht verlieren! Hinab zur *Durraalm* (2096 m, die Jausenstation wird sehr erwünscht sein!) und zur Straße ins Knuttental. Auf ihr 2 Kilometer nach *Rain* (1595 m, +3 Std.). Taxibus nach Sand in Taufers, Busverbindung zurück ins Ahrntal.

IV. Vorschlag: Von Ahornach auf den Moosstock (Moosnock). Der einzige markierte Gipfel der scharfen Durreckberge wird öfter bestiegen. Die sehr anstrengende Tour unternimmt man am besten nach Nächtigung in dem schön gelegenen Bergdorf *Ahornach* (1334 m) oberhalb von Sand in Taufers (Zufahrt). Bis zum obersten Hof *Stocker* (1642 m) Fahrweg. Zur Rechten zweigt der wunderschöne »Almenweg« Nr. 10 nach Rain ab. Wir halten uns nach Nr. 10A in stetiger Steilheit durch Wald zur *Schlafhauseralm* und kommen an einer Gedenktafel für zwei junge Skifahrer vorbei. Der Steig zieht zu einer Wand em-

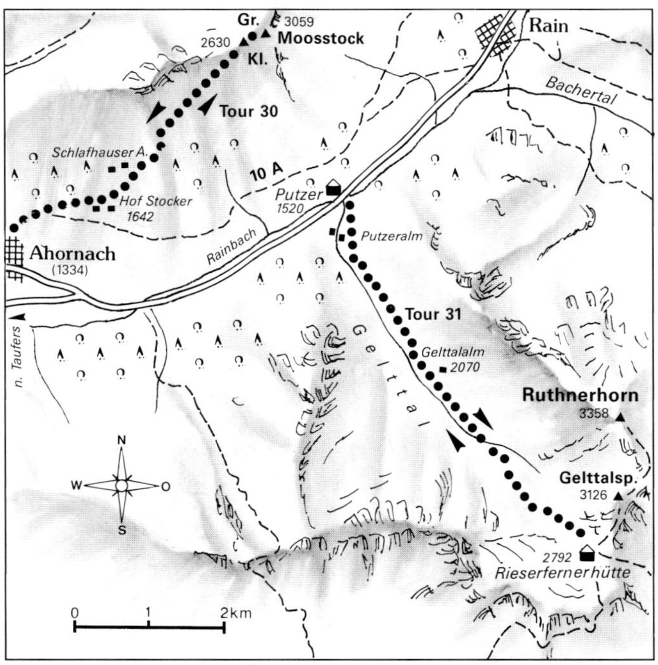

por, eine Felsplatte und eine »Drahtseil-Stelle« lassen sich gut überwinden. In dem einsamen Berggelände war vor dem Ersten Weltkrieg ein Schutzhüttenbau geplant! Über zwei Vorgipfel (*Kleiner Moosstock,* 2630 m) auf den Grat zum *Großen Moosstock* (3059 m, 4–5 Std., Kreuz und Buch). Im Kar unterhalb ein namenloser See. Schöne Ausblicke: Dolomiten, Durreck (3130 m), höchster Berg der Gruppe. *Rückweg* gleiche Route (+3–4 Std.).

Touristische Angaben

I. Vorschlag, früher Aufbruch zum Ausnützen des Bergschattens, anstrengende Bergwanderung, sehr lohnend. – *II. Vorschlag,* mit Ahrnerkopf sehr anstrengende Bergtour, Pickel mitnehmen; auch ohne Ahrnerkopf sehr lohnend! – *III. Vorschlag,* anstrengende Bergtour, früher Aufbruch günstig (Schatten!), Verpflegung mitnehmen, Trittsicherheit nötig. – *IV. Vorschlag,* sehr anstrengende Bergtour, Schwindelfreiheit nötig, Verpflegung mitnehmen.

Beste Jahreszeit: Ab Ende Juli bis Mitte September.

Höhendifferenzen: *I. Vorschlag,* 1000 m im Auf- und Abstieg. – *II. Vorschlag,* 1100 m im Aufstieg, 1000 m im Abstieg, mit Ahrnerkopf +450 m im Auf- und Abstieg. – *III. Vorschlag,* über 1200 m im Aufstieg, ca. 1000 m im Abstieg. – *IV. Vorschlag,* ca. 1400 m bis 1700 m im Auf- und Abstieg.

Reine Gehzeiten: *I. Vorschlag,* 3½ Std. im Aufstieg, 2½ Std. im Abstieg. – *II. Vorschlag,* 3½ Std. im Aufstieg, 3 Std. im Abstieg, mit Ahrnerkopf +2 Std.. – *III. Vorschlag,* 4 Std. im Aufstieg, 3 Std. im Abstieg. – *IV. Vorschlag,* 4–5 Std. im Aufstieg, 3–4 Std. im Abstieg.

Einkehrmöglichkeiten: Jausenstation Lahneralm, Birnlückenhütte, Lenkjöchlhütte, Jausenstation Durraalm, Ahornach.

Unterkunft: *Birnlückenhütte,* Rif. Tridentina des CAI, 2440 m, bew. Anf. Juli bis Ende Sept. – *Lenkjöchlhütte,* Rif. Giogo Lungo des CAI, 2589 m, bew. Mitte Juli bis Mitte Sept.

Talorte: *Bruneck,* Brunico, 838 m, Stadt im Pustertal an der Pustertalstraße und -bahnstrecke. Zahlreiche interessante Bauten, Freilichtmuseum im nahen Dietenheim. Straße ins Ahrntal mit Busverbindung bis Kasern. – Im Tauferer-Ahrntal: *Sand in Taufers,* Campo Tures, 878 m, großer Urlaubsort, Bergführer. Beherrschend Burg Taufers, Besichtigung möglich. Straße nach Rain. – Gemeinde Ahrntal: *Luttach,* 962 m, *St. Johann in Ahrn, Steinhaus* (Sessellift Kleinklausen), *St. Peter in Ahrn, Prettau,* 1475 m, und *Kasern,* 1566 m. Hochgelegene Urlaubsorte mit sehenswerten Kirchen.

Karten: Österreichische Karte 1:50000, Bl. 151 Krimml (nur für das obere Ahrntal); Tabacco-Wanderkarte 1:50000, Bruneck–Sand in Taufers–Ahrntal (in den Urlaubsorten erhältlich).

Von den Sossenalmen bieten sich schöne Ausblicke zur weltvergessenen Durreckgruppe.

31 Zu den klaren Quellen des Ursprungtales

Weiße Gletscher, blauer Tonalit in der Rieserfernergruppe

Die kleinräumige Rieserferner-Gruppe, mit 300 Quadratkilometern die zweitkleinste Tauerngruppe, umfaßt noch 34 Dreitausender. Ihr größter Teil liegt in Südtirol, auf italienischem Staatsgebiet. Sie gehört (noch) zu den nicht überlaufenen Gebieten der Ostalpen. Sie bietet nicht allzuviel zum Bergwandern, mehr zum Gletschergehen und Klettern. Ein unbändiges Felsland, von 10 »Fernern« umflossen! So wenig bekannt ist sie, daß heute noch oft Riesen- statt Rieserferner geschrieben wird. So riesig sind die Gletscher aber nicht, und das »Rieser« stammt aus der Wortwurzel »Reis«, was ungefähr »beweglich« bedeutet (etwa die »Reisigen« früherer Kriege!). Die Felsen dort bestehen aus dem – zum Betrachten! – wohl schönsten aller Gesteine, einem bläulichen bis grauen Tonalit. Seltsame Formen haben sich gebildet: Der Fensterlekofel könnte in den Dolomiten stehen, ebenso die Almersäulen; die Ohrenspitzen zeigen Schwerter, und der Wildgall mit seinem Zackengrat trägt seinen Namen zu Recht. Im Gegensatz dazu steht der architektonisch wundervoll gebaute Hochgall (3435 m), ein einfaches Trapez aus Eis mit Felsrippen, einer der faszinierenden Hochgipfel der Alpen, dem Format nach fast ein Westalpenberg. Sein Name kommt von dem alten Wort Galle, was so viel wie glänzend bedeutet. Italienisch heißt er wenig schmeichelhaft Coll'alto, der hohe Hügel.

In einer anspruchsvollen Hüttentour und einer großzügigen Umrundungs-Tour befreunden wir uns mit der Rieserfernergruppe. Im Namenswirrwar hält die noch neuwertige Schutzhütte auf dem Gänsebichljoch wohl den Rekord. Dort stand früher eine 1903 erbaute Fürther Hütte. Das Joch war sicherlich einmal ein Gemsbichl, so meinen die Einheimischen. Die neuzeitliche Hütte hat im Internationalen Hüttenatlas vier Namen: Alte Fürther Hütte, Gänsebichljochhütte, Rif. Forcella Val Fredda, Hanns-Forcher-Mayr-Hütte. Im Verzeichnis des Alpenvereins heißt sie Rieserfernerhütte. Auch die Hochgallhütte hat drei zusätzliche Namen: Kasseler Hütte, Rifugio Roma, Rifugio Vedretta del Ries (oder »del Gigante«, das ist eine der unzutreffenden Italianisierungen). Das dritte Schutzhaus, in Österreich, hat nur einen Namen: Barmer Hütte. Alle drei liegen sie nahe beim Hochgall.

Der Name Ursprung klingt dem Menschen angenehm und vielsagend. In den Bergen, wo er die Ursprünge von Bächen bezeichnet, glaubt man gerne, zurück zu den Quellen – den Ursprüngen des Lebens – zu gehen. Das klare Wasser vermag totes Gestein auch wunderbar zu beleben – und den Menschen dazu. So wird einem Bergwanderer die Umrundung des Ursprung- und Bachertales zu Füßen von Hochgall und Lenkstein sicherlich einiges geben können.

Durchquerung eines Gletscherbaches beim Abstieg vom Hochgall.

I. Vorschlag: Auf dem Arthur-Hartdegen-Weg um das Ursprung- und Bachertal. Diese gesicherte Höhenroute ist fast 80 Jahre alt und wurde zur Verbindung von Kasseler Hütte und Alter Barmer Hütte über das Lenksteinjoch hinweg angelegt. Nach dem Ende des Ersten Weltkriegs waren grenzüberschreitende Touren lange nicht möglich. So bürgerte sich ein Teil des Hartdegen-Steigs wohl als großartige Umrundung zu Füßen von zwanzig felsstrotzenden und eisstarrenden Dreitausendern ein.
Zufahrt von Bruneck (Brunico) nach Sand in Taufers (Campo Tures) und 26 Kilometer durch das Raintal nach *Rain* (Riva in Tures), *Unterdorf* (1595 m), großer Parkplatz.
Auf Weg Nr. 1 steil durch Wald zu zwei Almen; zweimal sind Bäche zu überschreiten, auch ein Wasserfall ist nahe, zur *Hochgallhütte* (2276 m, 2 Std.), Übernachtung empfohlen. – Hüttenberg ist das *Tristennöckl* (2465 m), es gilt als höchster alpiner Standort der Zirbe, leichter Klettersteig mit Seilsicherungen (¾ Std.).
Anderntags früher Aufbruch empfohlen, da an die zwanzig Bäche überschritten werden, von denen einige während des Tages durch Schneeschmelze anschwellen können. Der »Genußhatscher«, wie ihn der Führerverfasser Dr. W. Beikircher nennt, beginnt bei der Hochgallhütte, Markierung Nr. 8. In wenig steigender Querung durch Moränengelände mit fünf jungen Bächen gegen den Riesernock, dessen Ausläufer auf einer ca. 30 Meter hohen Felsstufe (Drahtseil) überwunden werden muß. Mehrfach kurz ab- und aufsteigend kommt man in eine Zone

Kletterei auf den Graten des Hochgall.

von Gletscherschliffen (Wegtafel, 2350 m, +2½ Std.), wo der Original-Hartdegen-Steig mit Nr. 8 nach Osten aufwärts bezeichnet ist. Der hier abzweigende Übergang zur Neuen Barmer Hütte folgt über ein Stück des Lenksteinferners zum Kamm (3170 m, 2½ Std., Grenze). Der Lenkstein-Gipfel (3236 m) in braunem magnetithaltigem Gestein ist in ½ Stunde ersteigbar. Abwärts zur Roßhornscharte (2916 m) und durch eine gesicherte Felsklamm kommt man schließlich zur Barmer Hütte (2591 m, 2 Std.).

Wir wandern nach Markierung 8A weiter, überqueren das oberste *Ursprungtal,* die Brücke des Ursprungbaches (2325 m) und weitere »Wässerchen«. Noch ein kleiner Aufstieg zur *Ursprungalm* (2396 m), ab dort eben und bergab nach Westen, die Ausläufer einiger Kare querend, in denen überall wunderschöne Bergseen liegen (im Koflerkar deren acht!), zur *Brunnerhütte* (2322 m) und den beiden Kofleralmen, nun schon im Zirbenwald. Stets mit herrlicher Aussicht in die gegenüberliegende Hochgallgruppe, zuletzt steil bergab zum *Ebnerhof.* Will man nach Rain-Oberdorf, folgt man der Markierung ins Knuttental und zur Kirche von Rain. Zum *Unterdorf* kürzt man über Wiesen ab (+3 Std.). – Unterwegs Abstieg möglich, zwei markierte Steige von der Ursprungalm nach Rain (2½ Std.).

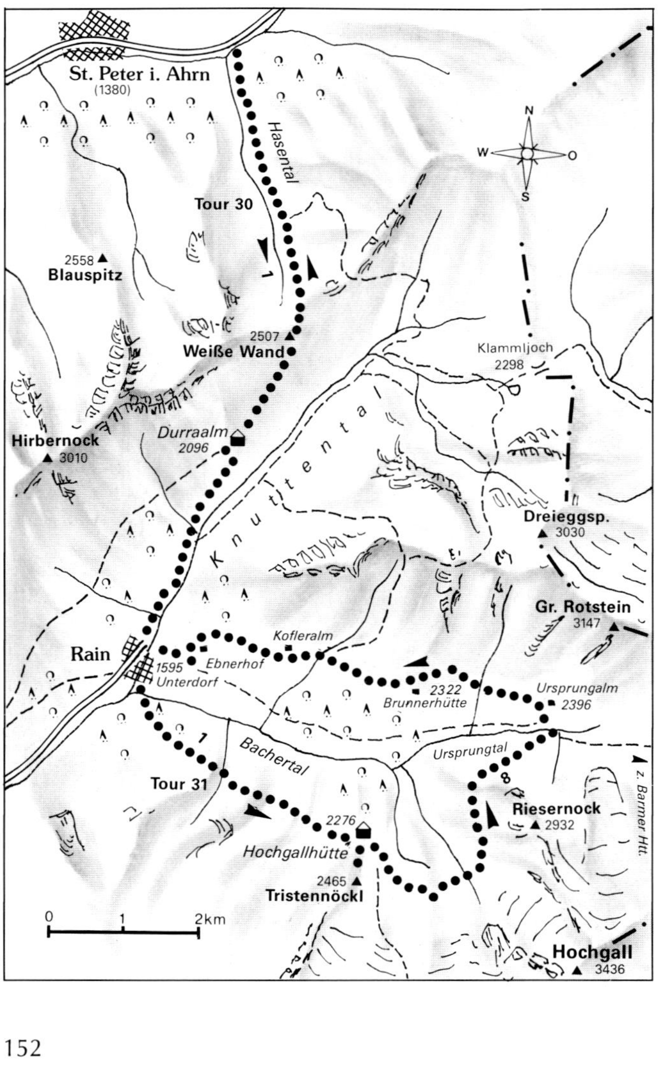

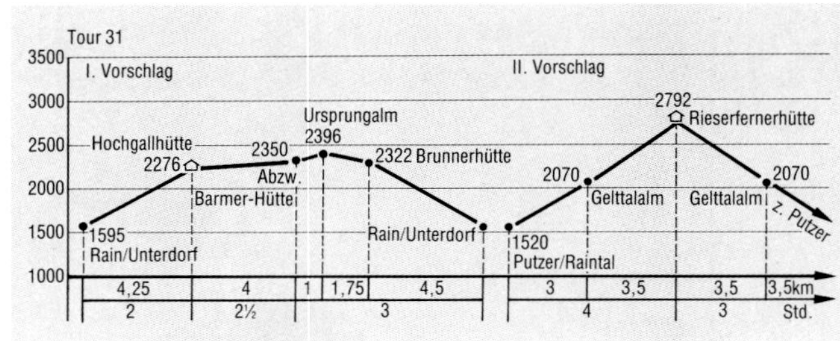

II. Vorschlag: Zur Rieserfernerhütte durch das Gelttal. Dieses früher nur Spezialisten bekannte, von wilden Bergen umstandene, doch eher freundliche Tal wird seit der Einweihung der Schutzhütte 1980 oft besucht. Eine Tagestour von und nach Rain ist lohnend, aber auch sehr anstrengend, daher wird Übernachtung in dem einladenden, sehr praktisch gebauten und eingeteilten Schutzhaus empfohlen. *Parkplatz* am Ausgang des Gelttales (1500 m, 2–3 km Straße) südwestlich von Rain. Nach Markierung 3 durch Wald zu den Putzer- und *Gelttalalmen* (2070 m, Milch erhältlich) und – stets mit Blick auf abenteuerlich geformte Felsen – steil bergauf zur *Rieserfernerhütte* (2792 m, 4 Std.). Das kleine Gelttalkees braucht nicht betreten zu werden. Ausblicke auf die »Hüttendreitausender« Schwarze Wand, Morgenkofel und Wasserkopf, aber auch zum Magerstein, Hochgall und Wildgall. – Der zweite Hüttenzugang (auch Materialseilbahn) von Antholz-Mittertal (1241 m) im Antholzertal ist anstrengender als das Gelttal, aber gut markiert und neu gesichert (5 Std.). – In der bestens bewirtschafteten, holzgetäfelten Hütte erinnern zwei Vitrinen mit allen vorkommenden Mineralien an den Aufenthalt eines Studenten, der dort seine Doktorarbeit gemacht und die Sammlung hinterlassen hat. – *Hüttenberge:* Gelttalspitze (3126 m); Fernerköpfl (3249 m), auf Steig nicht schwierig (1½ Std.); Übergang zum Ruthnerhorn, Schneebiger Nock (3358 m, eine Stelle II, ½ Std.). – Schwarze Wand (3105 m), Morgenkofel (3073 m) und Wasserkopf (3135 m) sind nicht schwierig zu ersteigen, doch muß das fast spaltenfreie Gelttalkees dazu gequert werden. – *Abstieg* nach gleicher Route (+3 Std.).

Touristische Angaben

I. Vorschlag, Bergwanderung mit einer gut gesicherten Stelle, die abschreckender aussieht als sie ist, Verpflegung mitnehmen! – *II. Vorschlag,* anspruchsvolle Hüttentour, anstrengend.
Beste Jahreszeit: Beide Vorschläge ab Mitte Juli bis Mitte September.
Höhendifferenzen: *I. Vorschlag,* Zur Hochgallhütte fast 700 m

Das wundervolle Fels- und Firntrapez des Hochgall über dem Ursprungtal.

Die noch junge Rieserfernerhütte erschließt ein prächtiges Dreitausender-Gebiet.

im Aufstieg, Hartdegen-Steig und Markierung 8A wenig Steigung, über 800 m im Abstieg. – *II. Vorschlag,* ca. 1300 m im Auf- und Abstieg.

Reine Gehzeiten: *I. Vorschlag,* zur Hochgallhütte 2 Std., Hartdegen-Steig und Markierung 8A ca. 5½ Std., davon 3 Std. im Abstieg. – *II. Vorschlag,* 4 Std. im Aufstieg, 3 Std. im Abstieg.

Einkehrmöglichkeiten: Hochgallhütte, Rieserfernerhütte.

Unterkunft: *Hochgallhütte,* Rif. Roma des CAI, 2276 m, bew. Anf. Juli bis Ende Sept. – *Rieserfernerhütte,* 2792 m, AVS-S. Bruneck, Tel. (im Tal) 0474/42107, bew. Anf. Juli bis Ende Sept.

Talorte: *Rain (auch Rein) in Taufers,* Riva in Tures, 1536–1595 m, große neugotische Kirche, Gasthöfe und Privatquartiere. Sehenswerte alte Bauernhöfe. Straße von Sand in Taufers, vorbei an den prächtigen Wasserfällen des Rainbaches; Taxibusverkehr. – Das *Antholzer Tal* (Valle di Anterselva) ist eines der schönsten Tauerntäler, viel besucht. Einige gute Urlaubsorte wie Rasen, Antholz-Niedertal, -Mittertal und -Obertal. Campingplatz. Naturwasser Antholzer See, 1641 m. Besonders schöne Flora und Fauna. Zur Linken gewaltige Abstürze der Rieserferner, zur Rechten die sanfteren Deferegger Alpen. Straße aus dem Pustertal, bei Olang (Valdaora), auch Bahnstation, nach Norden abzweigend, 20 Kilometer bis zum Grenzübergang Stallersattel (2052 m), zuletzt steil und kurvenreich (einspurig). Jenseits in Österreich bessere Straße nach St. Jakob in Defereggen.

Karten: Tabacco-Wanderkarte 1:50000, Bl. Bruneck–Sand in Taufers–Ahrntal–Antholzer Tal (in den Urlaubsorten erhältlich); Österreichische Karte 1:50000, Bl. 177 St. Jakob in Defereggen (nur östlicher Teil).

32 Die Streckenführung in den Hohen Tauern

Von der Sticklerhütte (Niedere Tauern) zur Warnsdorfer Hütte

Wie in »Höhenwege in den Niederen Tauern« ist dem Zentralalpenweg mit dem Tauernhöhenweg auch in diesem Buch ein eigenes Kapitel gewidmet. Die Problematik der Bezeichnung »Weg« für solche Routen im hochalpinen Gelände habe ich hier anhand einzelner, besonders spektakulärer Strecken wiederholt aufgezeigt.
Im Bereich der Hohen Tauern ist ein Teil der 30. bis 43. Tagesetappe des Zentralalpenweges zwischen dem Murtörl (Sticklerhütte) und der Warnsdorfer Hütte (Krimmler Achental) markiert. Dabei geht es, nachdem schon vorher einige gefährliche Strekken zu passieren waren, ab der 34. bis zur 40. und in der 42. und 43. Etappe ausgesprochen hochalpin zu, mit Überschreitung spaltiger Gletscher und auch Kletterei in großer Höhe. Besonders wichtige Etappen – von denen einige viel begangen werden – oder solche, über die im allgemeinen Unkenntnis herrscht, habe ich hier in eigenen Tourenkapiteln ausführlich behandelt.
Zur Entschärfung der hohen Routen und Umgehung der gefährlichsten Teilstrecken wurde eine *Hauptvariante A* durchmarkiert, die vom Tappenkarsee ins Großarltal hinab, über den Gamskarkogel ins Gasteiner Tal und über die Seebachscharte nach Rauris-Taxenbach und weiter durch Berggelände weist, das nicht mehr den Tauern angehört. Ab dem Hohen Sonnblick wurde eine *Variante B* geschaffen, die über Heiligenblut nach Kals, über den Sudetendeutschen Höhenweg zum Matreier

Auf der Hohen Riffl. Tiefblick zum Ödenwinkel; rechts die Eiskögele-Nordwand.

Tauernhaus und zur Neuen Prager Hütte führt. Interessante Strecken auch dieser Varianten wurden hier in ausgewählten Tourenkapiteln geschildert.

Fritz Peterka, der Verfasser des Führers Zentralalpenweg 02, hat vom 11. 7. bis 16. 8. 1987 mit Gefährten eine Non-Stop-Begehung (»Transalpin 1987«) der gesamten Route zwischen Hainburg/Donautal und Feldkirch/Rheintal unternommen, und auch ein gut bebildertes Bergbuch darüber herausgebracht. Die ausgezeichneten Bergsteiger und schnellen Geher litten auf der Tauernstrecke besonders unter Gewittern und Regen, wobei sie auf den Gletschern des Hohen Sonnblicks mit der Spaltengefahr konfrontiert wurden und ein Ausrutscher eines Gefährten auf dem vereisten Normalsteig, dem Südostgrat dieses Sonnblicks, bedenklich und zu anderer Routenwahl stimmte. Schwierige Gletscheretappen zwischen Oberwalder Hütte und Rudolfshütte sowie am St. Pöltener Ostweg schafften sie bei Regen und Sturm, wobei im Nebel eine »falsche« Scharte an der Granatspitze für Zeitverlust sorgte. Ende Juli hatten sie am St. Pöltener Westweg noch zahlreiche Schneeflächen zu queren und am Großvenediger erlebten sie unter Schneeschauern die »Grenzsituation«. Und noch bis ins Krimmler Achental, beim Hinüberwechseln in die Zillertaler, begleiteten sie Nebel und Nieselregen...

Nachfolgend »technische« Angaben aus dem Führer Zentralalpenweg 02 über die einzelnen Etappen der Zentralalpenroute, auch Strecke des Tauernhöhenweges:

30. Tagesetappe: Zwischen Tappenkarseehütte und Osnabrükker Hütte, sehr schwere Tour. Bis Albert-Biwak 4–5 Std. Weiterweg siehe Touren 1 (Ausgangspunkt Sticklerhütte) und 3 dieses Buches.

31. Tagesetappe: Zwischen Osnabrücker Hütte und Hannoverhaus, siehe Tour 3 dieses Buches.

32. Tagesetappe: Zwischen Hannoverhaus und Hagener Hütte, siehe Tour 4 dieses Buches.

33. Tagesetappe: Hagener Hütte – Duisburger Hütte, siehe Tour 10 dieses Buches.

34. Tagesetappe: Duisburger Hütte (2572 m) – Niedere Scharte (2695 m) – Hoher Sonnblick (3105 m, Mark. 102) 4–5 Std.; 780 m im Aufstieg, 230 m im Abstieg; sehr schwere Tour. Einzelheiten siehe Führer. Auf die Spaltengefahr am Wurtenkees und Vogelmair-Ochsenkar-Kees wird hingewiesen; Sonnblick-Südostgrat siehe auch Tour 11 dieses Buches.

35. Tagesetappe: Zwischen Hohem Sonnblick und Hochtor, vollständig in Tour 16 dieses Buches beschrieben.

36. Tagesetappe: Hochtor–Glocknerhaus, wie 35. Tagesetappe in Tour 16 dieses Buches.

37. Tagesetappe: Glocknerhaus (2136 m) – Oberwalderhütte (2972 m); 840 m im Aufstieg; Gletscherquerung, auch bei ausgetretener Spur und Stangenbezeichnung Einbruchgefahr! Einzelheiten siehe Führer.

Über den Gletschersattel zwischen Hohe Riffel und Johannisberg führt eine gefährliche Etappe der Zentralalpenroute.

38. Tagesetappe: Oberwalderhütte (2972 m)–Obere Ödenwinkelscharte (3228 m)–Rudolfshütte 2315 m; 500 m im Aufstieg, 1120 m im Abstieg; sehr schwere Tour, tückische Gletscherspalten, bei Neuschnee Lawinengefahr! Siehe Führer.

39. Tagesetappe: Rudolfshütte (2315 m)–St. Pöltener Ostweg bis Karl-Fürst-Hütte, umfassend in Tour 20 dieses Buches beschrieben.

40. Tagesetappe: Karl-Fürst-Hütte–St. Pöltener Hütte, St. Pöltener Ostweg, umfassend in Tour 20 dieses Buches beschrieben.

41. Tagesetappe: St. Pöltener Hütte–Alte Prager Hütte–Neue Prager Hütte, St. Pöltener Westweg, umfassend in Tour 20 dieses Buches beschrieben.

42. Tagesetappe: Neue Prager Hütte (2796 m)–Venedigerscharte (3414 m)–Kürsingerhütte (2549 m), 6 Std.; 620 m im Aufstieg, 870 m im Abstieg, sehr schwere Tour, große Spaltengefahr am Schlaten- und Obersulzbachkees! Einzelheiten wie auch für 43. Etappe im Führer.

43. Tagesetappe: Kürsingerhütte–Krimmler Törl (2787 m)–Warnsdorfer Hütte (2334 m)–Krimmler Achental (1622 m), 6 Std.; ca. 500 m im Aufstieg, 1420 m im Abstieg; sehr schwer, siehe Führer und Tour 25 dieses Buches.

Hauptvariante A, wesentlich leichtere Strecken

30. Tagesetappe: Zwischen Tappenkarseehütte und Hüttschlag im Großarltal (1030 m), Nr. 502A, 4 Std.; 260 m im Aufstieg, 1050 m im Abstieg, siehe Führer.

31. Tagesetappe: Hüttschlag–Badgasteiner Hütte auf dem Gamskarkogel (2467 m)–Bad Hofgastein (858 m). Mit Aufstieg von Bad Hofgastein und Erwähnung des Anstieges von Hüttschlag in Tour 7 dieses Buches beschrieben.

32. Tagesetappe: Bad Hofgastein–Seebachscharte (1995 m)–Rauris (948 m)–Taxenbach (779 m), Nr. 102A, 8 Std.; 1140 m im Aufstieg, 1220 m im Abstieg, siehe Führer.

Variante B, zur Umgehung von Gletscher- und Kletterstrecken

35. Tagesetappe: Hoher Sonnblick (3105 m)–Heiligenblut (1288 m), Nr. 102B, 4 Std., schwere Tour, wobei eine kurze Gletscherzone zu passieren ist. Siehe Führer.

36. Tagesetappe: Mit Aufstieg zur Stockerscharte und Glorerhütte in Tour 17 dieses Buches beschrieben. Siehe Führer.

37. Tagesetappe: Stüdlhütte (2802 m)–Lucknerhütte (2227 m)–Kals (1325 m), Nr. 702B; 3½ Std. ca. 1500 m im Abstieg, mittelschwere Tour, siehe Führer.

38. Tagesetappe: Kals (1325 m)–Sudetendeutscher Höhenweg–Sudetendeutsche Hütte, ab Kals-Matreier Törlhaus zur Gänze in Tour 21 dieses Buches beschrieben.

39. und 40. Tagesetappe: Sudetendeutsche Hütte (2650 m)–Nussingscharte (2700 m)–Matreier Tauernhaus (1512 m)–Alte und Neue Prager Hütte, 9½ Std., Nr. 520B, 902B und 902; schwere Touren, siehe Führer.

Führer: Fritz Peterka, »Zentralalpenweg 02«, 3., verbesserte Auflage, Verlag Wienerland, A-2103 Langenzersdorf.

Anhang

Zum praktischen Gebrauch dieses Buches

Dieses Buch ist nach bestem Wissen und Gewissen und auf dem neuesten Stand verfaßt, zusammengestellt und bebildert worden. Nach seinem Erscheinen kann sich an Unterkünften, Wegen, Steigen und Markierungen einiges ändern. Es wird um Verständnis dafür gebeten, daß Autorin und Verlag nicht für Nachteile oder Schäden haften können, die sich aus solcherart geänderten Bedingungen im Gebirge ergeben.
Die Höhenwege der Hohen Tauern sind hier von Ost nach West fortlaufend und mit jeweils sinnvoll angepaßten Nord- und Südteilen beschrieben. *Richtungen* sind nicht im orographischen Sinn (was umständlich ist und leicht zu Mißverständnissen führt), sondern *im Sinn des Auf- und Absteigens* genannt.

Einteilung und Schwierigkeit der Touren

Zur Kennzeichnung von Schwierigkeiten der Touren wurden, wie schon in »Höhenwege in den Niederen Tauern«, klar verständliche Angaben und Unterscheidungen getroffen: Wanderungen, Bergwanderungen, Bergtouren und hochalpine Touren. Gletschertouren und Klettereien kommen hier nur in mäßiger Schwierigkeit und Gefährlichkeit vor, wobei jeweils auf diese besonderen Eigenschaften hingewiesen wurde. *Wanderungen* macht man auf meist breiten Wegen, oft ohne Gipfel, bis in etwa 1500 Meter Seehöhe; *Bergwanderungen*, auch mit Gipfel zwischen 1500 und bis über 2000 Meter Höhe in noch leichtem Gelände, doch meist schon auf schmalen Steigen. *Bergtouren* führen auf Gipfel, auch noch über 2500 Meter hinaus, meist auf schmalen Pfaden oder Spuren, gelegentlich auch mit Sicherungen (aber keine sogenannten »Eisenwege«!). *Hochalpine Touren* führen meist in Dreitausenderzonen oder über lange Strecken im schwierigen Gelände, das auch niedriger sein kann.
Wanderungen: Tour 6.
Bergwanderungen: Tour 7, 8, 11, 29.
Bergtouren: Tour 1, 2, 12, 13, 17, 18, 19, 20 (Westweg), 21, 22, 23, 24, 25, 26, 27, 28, 31.
Hochalpine Touren: 4, 5, 6 (mit Gipfel), 9, 10, 11 (mit Gipfel), 14, 27 (mit Almerhorn und -kees), 30 (mit Ahrnerkopf), 32.
Gletscher- und Klettertouren: Tour 3 (mit Ankogel), 15, 16, 20 (Ostweg), 23 (mit Großvenediger), 32 (längere Strecken).
Wie aus dieser Einteilung zu ersehen ist, handelt es sich hier zumeist um »gehobene« Touren im Berggelände. Bei allen Touren in den Hohen Tauern ist die große Seehöhe sowohl der Ausgangsorte, als auch der Gipfel zu berücksichtigen. Jeder Regen – um so mehr ein Wettersturz! – kann auch leichtes Gelände im Nu in unangenehmes, ja sogar schwieriges verwandeln. Die hohen Dreitausender der Tauern beeinflussen auch die Tallagen wettermäßig. Über allgemeine Wetterlagen in einem so weitgezogenen Gebirge etwas auszusagen, ist schwierig. Die Südseite der Hohen Tauern ist meistens mehr von der Sonne begünstigt als die herbere Nordseite, die dafür »frischer« ist (daher treiben auch Südtiroler ihr Vieh zu den weniger ausgebrannten Weiden nördlicher Täler). Um den Tauernhauptkamm können Nebel und Regenwolken tagelang hängen oder ziehen – dann ist zu raten, in südlichere Regionen auszuweichen. Bei Gewittern sollte man Gipfel, Grate, ausgesetzte Stellen schnell, aber ohne Panik verlassen. Unter Bäumen und einzelnen Felsen sollte man nicht Schutz suchen, ebenso jeden, auch den kleinsten Wasserlauf meiden. Bei Blitzgefahr an geeigneten Plätzen (trockene Mulden) in Hockstellung abwarten!

Jahreszeiten, Gehzeiten usw.

Die Hohen Tauern sind ein sehr hohes Gebirge, und hier wird ihr Gipfelgelände, nicht die Urlaubslandschaft eingehend beschrieben. Den Talorten und Fremdenverkehrsbelangen wurde dennoch ausreichend Raum gegeben. Aus triftigen Gründen wurden, wo notwendig, Warnungen ausgesprochen. Bei jeder Tour wurde auf die günstigste Jahreszeit hingewiesen. Die Hohen Tauern sollte man frühestens ab Mitte Juli besuchen (mit Ausnahme von Tallagen und Vorbergen), um nicht mit lebensgefährlichen Altfirnfeldern in Berührung zu kommen. Ab Mitte September kann schon neuer Schnee liegen und Vereisung auftreten. Extra soll erwähnt sein, daß viele Schutzhütten und Berggasthäuser, wegen des zu erwartenden Besuches von Talurlaubern, schon vor Sommerbeginn geöffnet werden. Wozu dies führen kann, ist bei Tour 26 geschildert (Lawine im Umbaltal).
Für die Gehzeiten gilt kein Renntempo, sondern die alte Faustregel: 300 bis 400 Höhenmeter im Aufstieg (je nach Gepäck), im Abstieg bis zu 600 Höhenmeter pro Stunde. Rasten wurden nicht eingerechnet, sie sind individuell einzuplanen – bei Touren mit Kindern oder älteren Bergsteigern reichlich bemessen! Fast der wichtigste Ratschlag: wer aus dem Flachland kommt, möge sich selbst einige Tage des Eingewöhnens (Akklimatisation) im Hochgebirge gönnen. Die Vorbereitung daheim, mit Lauftraining oder anderem Sport, ersetzt nicht die Höhenanpassung.

Über einen spaltigen Teil des Wurtenkeeses (Bildmitte) und die Niedere Scharte ist die sehr schwere 34. Tagesetappe der Zentralalpenroute markiert. Links oben das Alteck.

Ferner: die Touren nicht zu tief im Tal beginnen! In Schutzhütten (Quartier vorbestellen) kann man heutzutage sehr gut nächtigen – viele sind nur von Tagesgästen überlaufen. Man hat den Vorteil, die Tour früher am Tag und ohne große Hitze antreten zu können.
Wer im Berggelände der Hohen Tauern unterwegs ist, sollte kein Anfänger im Bergsteigen sein. Solchen ist eine solide Ausbildung in einer Bergsteigerschule (bei den Touren sind mehrere davon genannt!) anzuraten, die heutzutage dem Stand moderner Technik angepaßt, im Übrigen aber auch unterhaltsam sind. Mit Bergführer zu gehen ist keine Schande, sondern in allem ein Vorteil.

Ausrüstung und Gesundheit

Dazu gibt es gute Lehrbücher über »Bergwandern heute«, »Bergsteigen heute« sowie »Bergmedizin heute« im Bruckmann Verlag.
Was man neben der Bergausrüstung unbedingt braucht (und »gerne« vergißt!) sind Sonnenbrille und Sonnencreme (im Hochgebirge mit höchstem Sonnenschutzfaktor!), Handschuhe und die Taschenlampe. Älteren Bergsteigern sind, vor allem für den Abstieg, *zwei* zusammenschiebbare (Teleskop-)Stöcke zu empfehlen, sie ersetzen mindestens ein Knie!
Ein abschließender Rat: Überfordern Sie weder sich selbst, noch Ihre Mitmenschen und lassen Sie sich durch nichts und niemanden hetzen.

Literatur (Auswahl)

Alpenvereinsjahrbücher (»Zeitschrift«) der Jahre 1898, 1928, 1931, 1956, 1966, 1968, 1974, 1976, 1979;
Adele Bogensberger, Gasteiner Tal – Pongau, Kompass-Wanderbuch, Starnberg 1985;
Buchenauer/Gallin, Kärntner Wanderbuch, Tyrolia, Innsbruck 1976;
Liselotte Buchenauer, Hohe Tauern, Band I, Leykam, Graz 1980;
Liselotte Buchenauer, Hohe Tauern, Band II, Leykam, Graz 1981;
Hasso Lutz Germann, Mineralienkassetten-Fundstellenführer Nr. 2, 3, 4, Geo-Buch, München;
Christa Hammerl, Der Rauriser Sonnblick, Leykam, Graz 1987;
Helmut Hartl/Thomas Peer, Die Pflanzenwelt der Hohen Tauern, Carinthia, Klagenfurt;
Hutter/Beckel, Großglockner – Saumpfad, Römerweg, Hochalpenstraße, Residenz-Verlag, Salzburg 1985;
Oskar Kühlken, Das Glocknerbuch, Das Berglandbuch, Salzburg;
Oskar Kühlken, Das Venedigerbuch, Eigenverlag der Verkehrsvereine des Oberpinzgaues;
Walter Mair, Osttiroler Wanderbuch, Tyrolia, Innsbruck 1984;
Nationalpark Hohe Tauern, dreibändiges Bildwerk;
Band I, *Retter/Floimair,* Der Salzburger Anteil, Band II, *Retter/Floimair,* Der Kärnter Anteil, Band III, *Retter/Floimair/Haßlacher,* Der Tiroler Anteil, Druckhaus Nonntal, Salzburg;
Harald Schueller, Salzburger Wanderbuch, Tyrolia, Innsbruck;
Sepp Schnürer, Hohe Tauern, BLV, München 1983.

Führerwerke

Werner Beikircher, AVF Rieserfernergruppe, Bergverlag R. Rother, München 1983;
Beikircher/Hellweger, Alpinführer Tauferer – Ahrntal, Athesia, Bozen 1981;
Buchenauer/Holl, Alpenvereinsführer (AVF) Ankogel – Goldberggruppe mit Hafner-, Hochalmspitz- und Reißeckgruppe, Bergverlag R. Rother, München, 3. Aufl. 1987;
Rudolf Gritsch, Führer Kreuzeck- und Reißeckgruppe, Bergverlag R. Rother, München 1977;
Ernst Herrmann, Tauernhöhenwegführer, Gerlach & Wiedling, Wien;
Walter Mair, AVF Schobergruppe, Bergverlag R. Rother, München;
Walter Mair, AVF Hohe Tauern – Südseite, Bergverlag R. Rother, München;
Hubert Peterka, AVF Glockner- und Granatspitzgruppe (letzte Auflage irrtümlich unter dem Namen End erschienen), Bergverlag R. Rother, München;
Hubert Peterka, AVF Venedigergruppe, Bergverlag R. Rother, München;
Fritz Peterka, Weitwanderwegführer Zentralalpenweg 02, Wienerland, Langenzersdorf, 3. Aufl. 1988;
Wurst/Rachoy/Feix, Weitwanderweg 10, Böhmerwald – Gasteinertal – Karnische Alpen, Styria, Graz, 1981;
Wurst/Rachoy/Steffan, Der Eisenwurzen-Weitwanderweg 08, Waldviertel – Gesäuse – Karawanken, Styria, Graz 1980.

Landkarten

Bei den jeweiligen Touren werden die erforderlichen Kartenblätter der »Österreichischen Karte« 1:50000 genannt. Zusätzlich finden sich dort auch Hinweise auf die zutreffenden Blätter der Alpenvereinskarte, wenn ihr Gebrauch, vor allem wegen des größeren Maßstabs (1:25000), empfehlenswert ist.
Die Schreibweise der Namen und die Höhenangaben wurden in diesem Buch der Österreichischen Karte entnommen. Als gut fortgeführtes amtliches Kartenwerk, dessen Höhenangaben auf dem letzten Stand der Vermessung beruhen, ist sie die zuverlässigste verfügbare Kartengrundlage. Die Schreibweise der Namen und die Höhenangaben weichen in anderen Kartenwerken (z. B. Alpenvereinskarten, italienische Karten) gelegentlich von den Angaben der Österreichischen Karte ab.

Register

Verzeichnis der wichtigsten geographischen Begriffe der Haupttourentexte. Hinweise auf Namen in den Bildlegenden sind *kursiv* gesetzt.

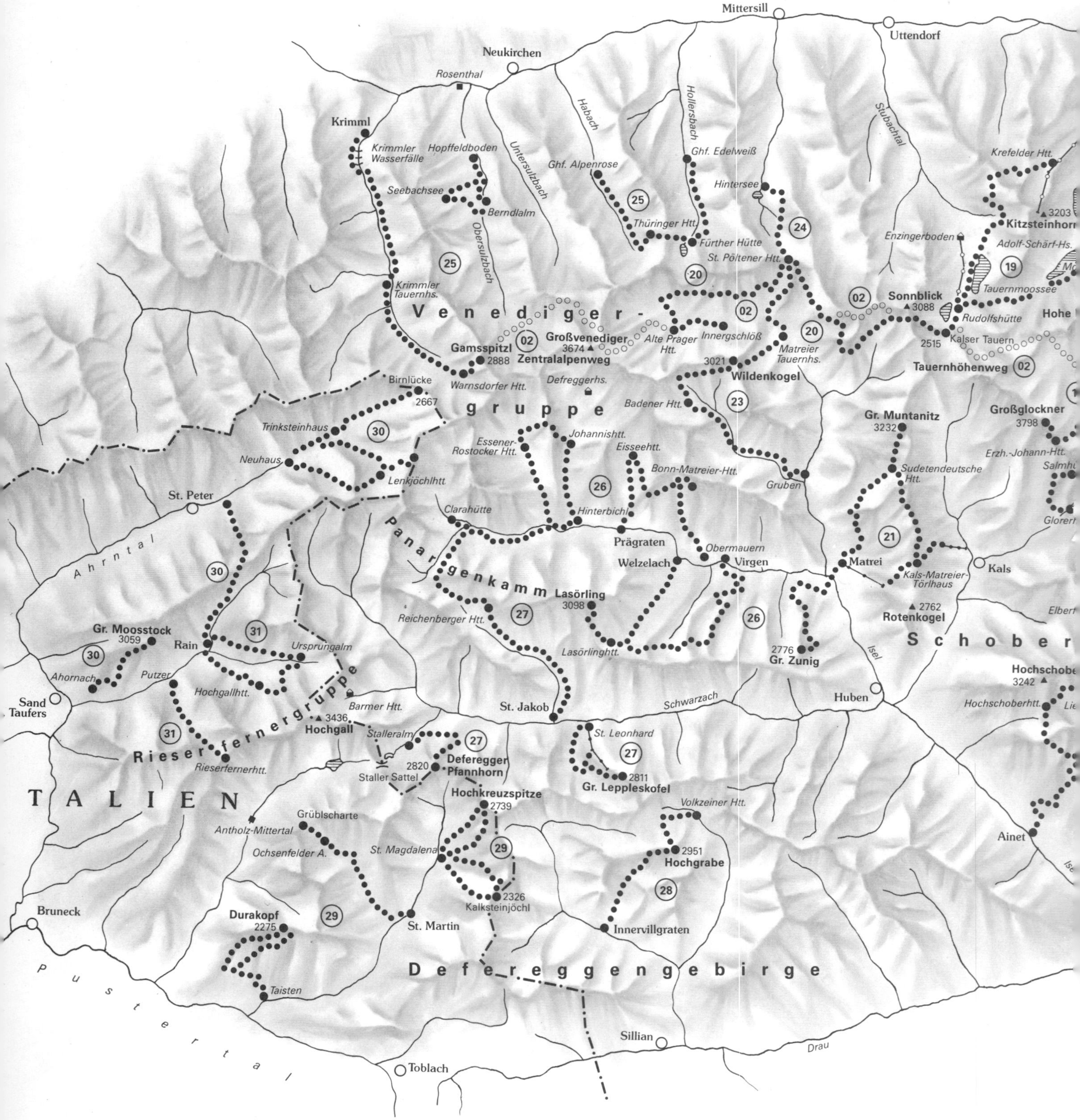

Mittersill
Uttendorf
Neukirchen
Rosenthal
Krimml
Krimmler Wasserfälle
Hopffeldboden
Seebachsee
Berndlalm
Obersulzbach
Untersulzbach
Habach
Hollersbach
Stubachtal
Ghf. Alpenrose
Ghf. Edelweiß
Hintersee
Thüringer Htt.
Fürther Hütte
St. Pöltener Htt.
Krefelder Htt.
Kitzsteinhorn
3203
Enzingerboden
Adolf-Schärf-Hs.
Tauernmoossee
Sonnblick
3088
Rudolfshütte
Hohe
2515
Kalser Tauern
Tauernhöhenweg
Krimmler Tauernhs.
Venediger-
gruppe
Großvenediger
3674
Alte Prager Htt.
Innergschlöß
Matreier Tauernhs.
Gamsspitzl
2888
Zentralalpenweg
3021
Wildenkogel
Warnsdorfer Htt.
Defreggerhs.
Birnlücke
2667
Badener Htt.
Trinksteinhaus
Johannishtt.
Essener-Rostocker Htt.
Eisseehtt.
Bonn-Matreier-Htt.
Gruben
Gr. Muntanitz
3232
Sudetendeutsche Htt.
Großglockner
3798
Erzh.-Johann-Htt.
Salmhü
Glorerh
Neuhaus
Lenkjöchlhtt.
St. Peter
Ahrntal
Clarahütte
Hinterbichl
Prägraten
Panargenkamm
Welzelach
Obermauern
Virgen
Matrei
Kals
Kals-Matreier-Törlhaus
Lasörling
3098
Rotenkogel
2762
Elbert
Schober
Gr. Moosstock
3059
Rain
Ursprungalm
Reichenberger Htt.
Lasörlinghtt.
2776
Gr. Zunig
Isel
Ahornach
Putzer
Hochgallhtt.
Sand
Taufers
Rieserfernergruppe
3436
Hochgall
Barmer Htt.
St. Jakob
Schwarzach
Huben
Hochschobe
3242
Hochschoberhtt.
Lie
Stalleralm
St. Leonhard
Rieserfernerhtt.
Staller Sattel
2820
Deferegger Pfannhorn
2811
Gr. Leppleskofel
TALIEN
Hochkreuzspitze
2739
Volkzeiner Htt.
Antholz-Mittertal
Grüblscharte
Ochsenfelder A.
St. Magdalena
2951
Hochgrabe
Ainet
2326
Kalksteinjöchl
Bruneck
Durakopf
2275
St. Martin
Innervillgraten
Defereggengebirge
Pustertal
Taisten
Sillian
Drau
Toblach
02
19
20
21
23
24
25
26
27
28
29
30
31